附中学本

U1019581

U+语文
文言练习
下册

丛书主编	欧　健　张　勇
丛书副主编	刘汭雪　梁学友　黄仕友　彭红军　徐　川
本册主编	张爱明　苟晓东
本册副主编	陈杏留　谭　平　刘　迪
本册编委	王　玉　王　陈　毛群梅　田　苗　向海蓉　刘秋娟　许银花　孙艳华　李　岩　何文修　余丽华　张万国　张爱明　张　婧　张渝宁　陈杏留　陈海亮　苟晓东　周　蕾　赵引欢　赵渊博　胡　雪　姚　楠　徐佳艺　徐　娟　唐　雪　黄小强　彭　力　蒋　薇　蒲　祎　谭　平　戴　鑫

高中选修

西南大學出版社
SWUP　国家一级出版社　全国百佳图书出版单位

U⁺语文·文言练习　下册（高中选修）

U⁺ YUWEN · WENYAN LIANXI　XIACE（GAOZHONG XUANXIU）

丛书主编：欧　健　张　勇

本册主编：张爱明　苟晓东

策划编辑：王　宁　刘江华

责任编辑：张桂萍

责任校对：时曼卿

装帧设计：闰江文化

排　　版：贝　岚

出版发行：西南大学出版社（原西南师范大学出版社）

地址：重庆市北碚区天生路2号

邮编：400715

印　　刷：重庆三达广告印务装璜有限公司

成品尺寸：210 mm×297 mm

印　　张：13.25

字　　数：280千字

版　　次：2025年3月　第1版

印　　次：2025年3月　第1次印刷

书　　号：ISBN 978-7-5697-3031-9

定　　价：50.00元

目录

MULU

上册

中册

下册

上册

《论语》十二章

课前预习练 解释下列粗体字的含义

《论语》十二章

子曰："君子**食**(　　　)无求饱,居无求安,**敏**(　　　)于事而慎于言,**就**(　　　)**有道**(　　　)而**正**(　　　)焉,可谓好学也**已**(　　　)。"(《学而》)

子曰:"人**而**(　　　)不仁,**如礼何**(　　　如……何:　　　)? 人而不仁,如乐何?"(《八佾》)

子曰:"朝**闻**(　　　)道,夕死可矣。"(《里仁》)

子曰:"君子**喻**(　　　)于义,小人喻于利。"(《里仁》)

子曰:"见**贤**(　　　)**思**(　　　)**齐**(　　　)焉,见不贤而**内**(　　　)自省也。"(《里仁》)

子曰:"**质**(　　　)胜**文**(　　　)则**野**(　　　),文胜质则**史**(　　　)。**文质彬彬**(　　　),然后君子。"(《雍也》)

曾子曰:"士不可以不**弘毅**(　　　弘:　　　),任重而道远。仁**以为**(　　　)己任,不亦重乎? 死而后**已**(　　　),不亦远乎?"(《泰伯》)

子曰:"譬如**为**(　　　)山,未成一**篑**(　　　),止,吾止也。譬如**平**(　　　)地,虽**覆**(　　　)一篑,进,吾往也。"(《子罕》)

子曰:"**知**(　　　)者不惑,仁者不忧,勇者不惧。"(《子罕》)

颜渊问仁。子曰:“**克己复礼**(　　　　克:　　　;复:　　　)为仁。一**日**(　　　)克己复礼,天下**归**(　　　)仁焉。为仁**由**(　　　)己,**而**(　　　)由人乎哉?”颜渊曰:“请问其**目**(　　　)。”子曰:“非礼勿视,非礼勿听,非礼勿言,非礼勿动。”颜渊曰:“回虽不敏,请**事**(　　　)斯语矣。”(《颜渊》)

子贡问曰:“有一**言**(　　　)而可以终身**行**(　　　)之者乎?”子曰:“**其**(　　　)‘恕’乎!己所不**欲**(　　　),勿**施**(　　　)于人。”(《卫灵公》)

子曰:“**小子**(　　　)**何莫**(　　　)学夫(　　　)《诗》?《诗》可以**兴**(　　　),可以**观**(　　　),可以**群**(　　　),可以**怨**(　　　)。**迩**(　　　)之**事**(　　　)父,远之事君。多识于鸟兽草木之名。”(《阳货》)

课后巩固练

一 基础过关练

(一)通假字:写出下列加点字所通之字并解释。

知者不惑　　　“知”同“____”,________

(二)一词多义:解释下列加点字的含义。

1.质

①质胜文则野________

②援疑质理________

③黄池之役,先主与吴王有质________

2.事

①请事斯语矣________

②远之事君________

3.行

①有一言而可以终身行之者乎________

②三人行,必有我师焉________

③则知明而行无过矣________

④感吾生之行休________

⑤汉天子我丈人行也________

(三)词语解释:解释下列加点词的含义。

1.就有道而正焉 ________

2.见贤思齐焉 ________

3.见贤思齐焉 ________

4.文质彬彬,然后君子 ________

(四)特殊句式:指出下列句子在句式上的特殊之处并翻译。

1.敏于事而慎于言。

句式:________

译文:________

2.止,吾止也。

句式:________

译文:________

3.克己复礼为仁。

句式:________

译文:________

4.有一言而可以终身行之者乎?

句式:________

译文:________

(五)成语积累:判断下列句子中加点成语使用的正误。

1.“感动中国”颁奖晚会传递的正能量,将激励全社会人心向善,见贤思齐。 ( )

2.我们平时要注意食无求饱,不能暴饮暴食。 ( )

3.凡事都要设身处地替别人着想,要与人为善,助人为乐,真正做到己所不欲,勿施于人。 ( )

4.“辽宁舰”的横空出世,标志着中国百年航母梦想初步实现,但该舰要真正形成战斗力依然任重道远。 ( )

5.为了人民的利益,周总理一生勤勤恳恳,任劳任怨,鞠躬尽瘁,死而后已,无私地奉献自己的一切。 ( )

6.电视剧《鹤唳华亭》以“礼”制营造出了克己复礼的整体氛围,展现了以含蓄、克制、隐

而不发为特点的多重情感关系。（ ）

7.如果每个人都能发扬温润敦厚的君子之风，那么社会风气也会文质彬彬、和谐包容。（ ）

(六)文化常识：判断下列古代文化常识的正误。

1."六经"指六部儒家经典著作，是指经过孔子整理而传授的六部先秦古籍。它们是《论语》《诗经》《尚书》《礼经》《乐经》《周易》。（ ）

2.风人，指诗人。"风"为诗经六义之一，故以"风人"指诗人。孔子认为诗之本义在于"兴观群怨"。（ ）

3.语录体，常用于门人弟子记录导师的言行，有时也用于佛门的传教记录。（ ）

(七)名句填空：根据文章相关内容填空。

1.《〈论语〉十二章》中，"__________，__________"这两句最能体现孔子的道德价值观：懂得了仁义的道理，就应该用自己的一生去实践它，有时为了捍卫它，甚至不惜牺牲自己的生命。

2.被联合国推崇为国与国交往最高法则的孔子的思想，也就是在《论语·卫灵公》中，孔子所认为的"恕"是可以终身奉行的处世准则，它在行动上表现为：__________，__________。

3.唐太宗李世民曾说"以人为鉴，可以明得失"，由此可以想到《论语·里仁》中的：__________，__________。

4.在《〈论语〉十二章》中，反映了"君子"和"小人"不同的价值追求的句子是：__________，__________。

5.读书人应立志成为国家和民族的脊梁，承担起社会的重任，《论语·泰伯》中曾子就曾指出：__________，__________。

6.在《论语·学而》中，孔子对有道德、有修养的君子在吃饭和居住方面提出了要求的句子是：__________，__________。

7.在《〈论语〉十二章》中，"__________，__________"这两句很好地阐释了"文"和"质"的关系。

8.在《〈论语〉十二章》中，孔子认为实行仁德，在于自己，不在于别人的句子是：__________，__________。

9. 在《〈论语〉十二章》中，孔子认为君子之道主要有三个方面，这三方面分别是：________
________，________，________。

10. 在《〈论语〉十二章》中，孔子教育学生要多读《诗经》、多学诗，因为学诗可以激发热情，可以提高观察力，还“________，________”，意思是还可以团结群众，抒发不满。

11. 在《〈论语〉十二章》中，孔子对君子在做事和说话方面提出的要求是“________
________”，他认为君子做事要敏捷、迅速，但说话要谨慎。

12. 在《〈论语〉十二章》中，孔子认为要克制自己，按照礼的要求去做的句子是：________
________。

二 拓展阅读练

阅读下面三个文言文片段，完成1—2题。(9分)

文段一

子曰：“饭疏食，饮水，曲肱而枕之，乐亦在其中矣。不义而富且贵，于我如浮云。”

(节选自《论语·述而》)

文段二

孟子曰：“君子有三乐，而王天下不与存焉。父母俱存，兄弟无故，一乐也；仰不愧于天，俯不怍于人，二乐也；得天下英才而教育之，三乐也。”

(节选自《孟子·尽心上》)

文段三

庄子钓于濮水，楚王使大夫二人往先焉，曰：“愿以境内累矣！”庄子持竿不顾，曰：“吾闻楚有神龟，死已三千岁矣，王以巾笥而藏之庙堂之上。此龟者，宁其死为留骨而贵乎？宁其生而曳尾于涂中乎？”二大夫曰：“宁生而曳尾涂中。”庄子曰：“往矣！吾将曳尾于涂中。”

(节选自《庄子·秋水》)

1. 下列各组句子中，加点词的意义和用法相同的一组是(　　)(3分)

A. 曲肱而枕之　　而王天下不与存焉

B. 于我如浮云　　庄子钓于濮水

C. 愿以境内累矣　　王以巾笥而藏之庙堂之上

D.乐亦在其中矣　　宁其死为留骨而贵乎

2.孔子、孟子和庄子都是追求快乐的人,概括回答他们所追求的快乐有什么不同?(6分)

①孔子:______

②孟子:______

③庄子:______

三 高考真题练

(2018年全国卷Ⅲ)阅读下面的文言文,完成1—4题。(19分)

纯礼字彝叟以父仲淹荫知陵台令兼永安县永昭陵建京西转运使配木石砖甓及工徒于一路独永安不受令使者以白陵使韩琦,琦曰:"范纯礼岂不知此?将必有说。"他日,众质之,纯礼曰"陵寝皆在邑境,岁时缮治无虚日,今乃与百县均赋,曷若置此,使之奉常时用乎?"琦是其对。还朝,用为三司盐铁判官,以比部员外郎出知遂州。泸南有边事,调度苛棘,纯礼一以静待之,辨其可具者,不取于民。民图像于庐,而奉之如神,名曰"范公庵"。草场火,民情疑怖,守吏惕息俟诛。纯礼曰:"草湿则生火,何足怪!"但使密偿之。库吏盗丝多罪至死,纯礼曰:"以棼然之丝而杀之,吾不忍也。"听其家趣买以赎,命释其株连者。除户部郎中、京西转运副使。徽宗立,以龙图阁直学士知开封府。前尹以刻深为治,纯礼曰:"宽猛相济,圣人之训。方务去前之苛,犹虑未尽,岂有宽为患也。"由是一切以宽处之。中旨鞫享泽村民谋逆,纯礼审其故,此民入戏场观优,归途见匠者作桶,取而戴于首曰:"与刘先生如何?"遂为匠擒。明日入对,徽宗问何以处之,对曰:"愚人村野无所知,若以叛逆蔽罪,恐辜好生之德。以不应为杖之,足矣。"曰:"何以戒后人?"曰:"正欲外间知陛下刑宪不滥,足以为训尔。"徽宗从之。纯礼沉毅刚正,曾布惮之,激驸马都尉王诜曰:"上欲除君承旨,范右丞不可。"诜怒。会诜馆辽使,纯礼主宴,诜诬其辄斥御名,罢为端明殿学士、知颍昌府,提举崇福宫。五年,复左朝议大夫,提举鸿庆宫。卒,年七十六。

(节选自《宋史·范纯礼传》,有删改)

1.下列对文中画波浪线部分的断句,正确的一项是(　　)(3分)

A.纯礼字彝叟/以父仲淹荫/知陵台令兼永安县/永昭陵建京西转运使/配木石砖甓及工

徒于一路/独永安不受令/

B. 纯礼字彝叟/以父仲淹/荫知陵台令兼永安县/永昭陵建/京西转运使配木石砖甓及工徒于一路/独永安不受令/

C. 纯礼字彝叟/以父仲淹/荫知陵台令兼永安县/永昭陵建京西转运使/配木石砖甓及工徒于一路/独永安不受令/

D. 纯礼字彝叟/以父仲淹荫/知陵台令兼永安县/永昭陵建/京西转运使配木石砖甓及工徒于一路/独永安不受令/

2. 下列对文中加点词语的相关内容的解说,不正确的一项是(　　)(3分)

A. 陵寝是帝王死后安葬的陵墓,陵墓建成后,还需设置守陵奉祀的官员以及禁卫。

B. "株",本义树根,根与根间紧密相连,因而"株连"又指一人有罪而牵连他人。

C. 前尹在文中指开封府前任府尹,"尹"为官名,如令尹、京兆尹,是知府的简称。

D. 御名指皇帝名讳,古代与皇帝有关的事物前常加"御"字,如御玺指皇帝印信。

3. 下列对原文有关内容的概括和分析,不正确的一项是(　　)(3分)

A. 纯礼敢于抗言,受到韩琦赏识。主管官员分配劳赋不当,他有理有据地提出异议,认为永安县负责陵寝日常维护,不应与各县均等,得到陵使韩琦认同。

B. 纯礼关怀下属,处分重在惩戒。他在遂州任上对下属宽厚,草场失火,守吏惶恐等候诛杀,库吏因盗丝将被处死,他均认为罪不至死而采用赔偿的惩处。

C. 纯礼鉴察往事,治事去苛从宽。在开封府任上,有村民被误告谋逆,他发现事实并非如此,认为应判杖刑,并以彰显皇上刑罚不滥为由,征得皇上认可。

D. 纯礼坚毅刚直,不幸遭人算计。他的正直让曾布恐惧,曾布挑唆驸马都尉王诜诬告纯礼,王即借纯礼宴请辽使之事构陷纯礼,致使纯礼蒙冤,最终遭到免职。

4. 把文中画横线的句子翻译成现代汉语。(10分)

(1)方务去前之苛,犹虑未尽,岂有宽为患也。

____

____

(2)愚人村野无所知,若以叛逆蔽罪,恐辜好生之德。

____

____

大学之道

课前预习练 解释下列粗体字的含义

大学之道

《礼记》

大学之道,在**明**(　　　　　)明德,在亲民,在止于**至善**(　　　　　)。知**止**(　　　)而后有定,定而后能**静**(　　　　　),静而后能**安**(　　　　　),安而后能**虑**(　　　),虑而后能**得**(　　　　　)。物有本末,事有终始,知所先后,则近道矣。

古之欲明明德于天下者,先治其国。欲治其国者,先**齐**(　　　　　　　　　)其家。欲齐其家者,先修其身。欲修其身者,先正其心。欲正其心者,先诚其意。欲诚其意者,先**致其知**(　　　　)。致知在**格物**(　　　　　　　)。物格而后知至,知至而后意诚,意诚而后心正,心正而后身修,身修而后家齐,家齐而后国治,国治而后天下平。自天子以至于庶人,**壹是**(　　　　　)皆以修身为**本**(　　)。

课后巩固练

一 基础过关练

(一)一词多义:解释下列加点的字。

1.修

①欲齐其家者,先修其身________

②乃重修岳阳楼________

③邹忌修八尺有余________

④余独好修以为常________

2.安

①静而后能安________

②而今安在哉________

3.诚

①先诚其意________

②帝感其诚________

③臣诚知不如徐公美________

④楚诚能绝齐________

(二)词语解释:解释下列加点词的含义。

1.大学之道,在明明德 ________

2.欲齐其家者 ________

3.欲正其心者 ________

4.欲诚其意者 ________

(三)特殊句式:指出下列句子在句式上的特殊之处并翻译。

古之欲明明德于天下者。

句式:____

译文:____

(四)成语积累:判断下列句子中加点成语使用的正误。

1.革命无止境,倘使世上真有什么“止于至善”,这人间世便同时变了凝固的东西了。 (　　)

2.人到中年了,期望多多,多不过父母健康幸福之乐;担子重重,重不过儿子修身齐家之责。 (　　)

3.工匠精神所深藏的,有格物致知的生命哲学,也有超然达观的生命信条。 (　　)

(五)文化常识:判断下列古代文化常识的正误。

1.《大学》提纲挈领地论说“三纲”“八目”的体系,“三纲”即“明明德”“亲民”“止于至善”,“八目”即“格物”“致知”“诚意”“正心”“修身”“齐家”“治国”“平天下”。 (　　)

2.“四书”,宋代朱熹抽取《礼记》中的《大学》《中庸》两篇,和《论语》《孟子》编在一起,合称“四书”。 ( )

3.《礼记》是儒家“十三经”中的三部礼学经典之一,另外两部分别是记载周代各种礼仪的《仪礼》和记载周代官制及战国时期各国制度的《周礼》。 ( )

4.“大学”一词在古代有两种含义:一是“博学”的意思;二是相对于“小学”而言的“大人之学”,教以穷理、正心、修身、治人之道。 ( )

(六)名句填空:根据文章相关内容填空。

1.《大学之道》中,提出普天之下,不论身份高低,都应将加强个人品性修养作为根本的句子是:________________,____________________。

2.《大学之道》中指出获得知识的途径在于探究事理的句子是:____________________________。

3.《大学之道》中点出了“三纲八目”的“三纲”,即“____________________,____________________,____________________”。这是“大学之道”的纲领旨趣,也是儒学“垂世立教”的目标所在。

4.《大学之道》中“____________________,____________________”两句从“三纲”出发,表明要想彰明美德于天下,应该先治理好自己的国家。

5.《大学之道》中,用“____________________,____________________”两句强调家庭经营有序与国家治理走上正轨的重要性。

6.在这个世界上,每一样东西都有根本、有枝节,每件事情都有发端、有结束,用《大学之道》中的话说就是:____________________,____________________。

7.《大学之道》中,写知道应达到的境界才能够志向坚定,志向坚定才能够做到心不妄动的句子是:____________________,____________________。

8.《大学之道》中,写要想使自己的意念真诚,先要获得知识的句子是:____________________,____________________。

9.《大学之道》中,齐家的前提条件是“____________________”,修身的前提条件是“____________________”。

10.《大学之道》中,写儒家以修、齐、治、平层层推进,由己及人,达到天下太平的句子是:____________________,____________________,____________________。

二 拓展阅读练

阅读下面的文言文片段，完成1—2题。(7分)

子曰：“富与贵，是人之所欲也；不以其道得之，不处[1]也。贫与贱，是人之所恶也；不以其道得之，不去也。君子去仁，恶乎成名？君子无终食之间违仁，造次[2]必于是，颠沛必于是。”

（节选自《论语·里仁》）

【注】①处：居，占有，占用。②造次：仓促，紧迫。

1.“不以其道得之，不处也。”本句中的“其道”指什么？全段表达了孔子的什么思想？(3分)

____

____

2.“不以其道得之，不去也。”杨伯峻《论语译注》认为，“得之”应改为“去之”；也有学者认为，“不以其道得之”的“不”字应删去。请根据以上两种不同解读，分别解释句意。(4分)

____

____

三 高考真题练

(2018年全国卷Ⅰ)阅读下面的文言文，完成1—4题。(19分)

鲁芝字世英，扶风郿人也。世有名德，为西州豪族。父为郭汜所害，芝襁褓流离，年十七，乃移居雍，耽思坟籍。郡举上计吏，州辟别驾。魏车骑将军郭淮为雍州刺史，深敬重之。举孝廉，除郎中。后拜骑都尉、参军事、行安南太守，迁尚书郎。曹真出督关右，又参大司马军事。真薨，宣帝代焉，乃引芝参骠骑军事，转天水太守。郡邻于蜀，数被侵掠，户口减削，寇盗充斥，芝倾心镇卫，更造城市，数年间旧境悉复。迁广平太守。天水夷夏慕德，老幼赴阙献书，乞留芝。魏明帝许焉。曹爽辅政，引为司马。芝屡有谠言嘉谋，爽弗能纳。及宣帝起兵诛爽，芝率余众犯门斩关，驰出赴爽，劝爽曰：“公居伊周之位，一旦以罪见黜，虽欲牵黄犬，复可得乎！若挟天子保许昌，杖大威以羽檄征四方兵，孰敢不从！舍此而去，欲就东市，岂不痛哉！”爽懦惑不能用遂委身受戮芝坐爽下狱当死而口不讼直志不苟免宣帝嘉之赦而不诛俄而起为并州刺史 诸葛诞以寿春叛，魏帝出征，芝率荆州文武以为先驱。诞平，迁大尚书，掌刑理。武帝践祚，转镇东将军，进爵为侯。帝以芝清忠履正，素无居宅，使军兵为作屋五十间。芝以年及悬车，告老逊位，章表十余上，于是征为光禄大夫，位特进，给吏卒，门施行马。

羊祜为车骑将军，乃以位让芝，曰："光禄大夫鲁芝洁身寡欲，和而不同，服事华发，以礼终始，未蒙此选，臣更越之，何以塞天下之望！"上不从。其为人所重如是。泰始九年卒，年八十四。帝为举哀，谥曰贞，赐茔田百亩。

（节选自《晋书·鲁芝传》）

1.下列对文中画波浪线部分的断句，正确的一项是（　　）（3分）

A.爽懦惑不能用/遂委身受戮/芝坐爽/下狱/当死/而口不讼直/志不苟免/宣帝嘉之/赦而不诛/俄而起为并州刺史/

B.爽懦惑不能用/遂委身受戮/芝坐爽下狱/当死/而口不讼直志/不苟免/宣帝嘉之/赦而不诛/俄而起为并州刺史/

C.爽懦惑不能用/遂委身受戮/芝坐爽下狱/当死/而口不讼直/志不苟免/宣帝嘉之/赦而不诛/俄而起为并州刺史

D.爽懦惑不能用/遂委身受戮/芝坐爽/下狱/当死/而口不讼直志/不苟免/宣帝嘉之/赦而不诛/俄而起为并州刺史/

2.下列对文中加点词语的相关内容的解说，不正确的一项是（　　）（3分）

A.《三坟》《五典》相传为我国古代典籍，后又以"坟籍""坟典"为古代典籍通称。

B."阙"原指皇宫前面两侧的楼台，又可用作朝廷的代称，赴阙也指入朝觐见皇帝。

C."践阼"原指踏上古代庙堂前的台阶，又表示用武力打败敌对势力，登上国君宝座。

D.逊位，也称为让位、退位，多指君王放弃职务和地位，这里指鲁芝的谦让行为。

3.下列对原文有关内容的概括和分析，不正确的一项是（　　）（3分）

A.鲁芝自小受苦，仕途少有挫折。他家本为豪族，但幼年失去父亲后，即流离失所；入仕后受到郭淮器重，后又随从曹真出督关右，官职也不断得到升迁。

B.鲁芝倾心革新，治政卓有成效。任天水太守时，蜀地饱受侵扰，人口减少，他全力守卫，修建城市，恢复旧境；离任时，天水各族百姓均请求让他留任。

C.鲁芝审时度势，进言劝谏曹爽。曹爽辅政时，他在曹爽手下任司马，曹爽受到讨伐，他率部下驰援，并提出应对策略，劝曹爽挟天子以号令四方，然而未被采纳。

D.鲁芝洁身自好，深受羊祜推重。羊祜任车骑将军时辞让说，鲁芝为人清心寡欲，与人和睦又不苟同，任职到老，以礼始终，自己愿意将车骑将军礼让给鲁芝。

4.把文中画横线的句子翻译成现代汉语。(10分)

(1)诸葛诞以寿春叛,魏帝出征,芝率荆州文武以为先驱。

____

(2)帝以芝清忠履正,素无居宅,使军兵为作屋五十间。

____

人皆有不忍人之心

课前预习练　解释下列粗体字的含义

人皆有不忍人之心

《孟子》

孟子曰:“人皆有不**忍人**(　　　　忍人:　　　　)之心。先王有不忍人之心,斯有不忍人之政矣;以不忍人之心行不忍人之政,治天下可**运**(　　)之掌上。所以谓人皆有不忍人之心者:今人**乍**(　　　　)见孺子将入于井,皆有**怵惕**(　　　　)**恻隐**(　　　　)之心;非所以**内交**(　　　内:　　　)于孺子之父母也,非所以**要**(　　　)誉于乡党朋友也,非恶其声而然也。由是观之,无恻隐之心,非人也;无羞恶之心,非人也;无辞让之心,非人也;无是非之心,非人也。恻隐之心,仁之**端**(　　　)也;羞恶之心,义之端也;辞让之心,礼之端也;是非之心,智之端也。人之有是四端也,犹其有**四体**(　　)也。有是四端而自谓不能者,自**贼**(　　)者也;谓其君不能者,贼其君者也。凡有四端于我者,知皆扩而充之矣,若火之始**然**(　　　　),泉之始**达**(　　　　　　)。苟能充之,足以**保**(　　)四海;苟不充之,不足以事父母。”

课后巩固练

一　基础过关练

(一)通假字:写出下列通假字所通之字并解释。

1.非所以内交于孺子之父母也　“内”同“_____”,_________

2.若火之始然 "然"同"____",________

(二)一词多义:解释下列加点字的含义。

1.所以

①所以谓人皆有不忍人之心者________

②非所以内交于孺子之父母也________

③所以传道受业解惑也________

2.是

①人之有是四端也________

②斯是陋室________

3.事

①不足以事父母________

②今日之事何如________

4.乍

①今人乍见孺子将入于井________

②乍暖还寒时候,最难将息 ________

(三)词语解释:解释下列加点词的含义。

1. 人皆有不忍人之心________

2. 治天下可运之掌上________

3. 今人乍见孺子将入于井________

4. 皆有怵惕恻隐之心________;________

5. 非所以要誉于乡党朋友也________

6. 非恶其声而然也________

7. 恻隐之心,仁之端也________

8. 自贼者也________

9. 苟能充之________

(四)特殊句式:指出下列句子在句式上的特殊之处并翻译。

1. 无恻隐之心,非人也。

句式:____

译文:____

2. 非所以内交于孺子之父母也。

句式：________________

译文：________________

3. 非所以要誉于乡党朋友也。

句式：________________

译文：________________

(五)文化常识：判断下列古代文化常识的正误。

仁、义、礼、智、信为儒家“五常”，孔子提出“仁、义、礼”，孟子延伸为“仁、义、礼、智”，董仲舒扩充为“仁、义、礼、智、信”。这“五常”是做人的起码道德准则，成为中国价值体系中的最核心的因素。（　　）

二 拓展阅读练

阅读下面的文言文，完成1—3题。(10分)

孟子见梁惠王。王立于沼上，顾鸿雁麋鹿，曰：“贤者亦乐此乎？”孟子对曰：“贤者而后乐此，不贤者虽有此，不乐也。《诗》云[①]：‘经始灵台，经之营之[②]。庶民攻之，不日成之。经始勿亟，庶民子来[③]。王在灵囿，麀鹿攸伏[④]。麀鹿濯濯[⑤]，白鸟鹤鹤[⑥]。王在灵沼，於牣[⑦]鱼跃。’文王以民力为台为沼，而民欢乐之，谓其台曰灵台，谓其沼曰灵沼，乐其有麋鹿鱼鳖。古之人与民偕乐，故能乐也。《汤誓》[⑧]曰：‘时日害丧[⑨]？予及女偕亡！’民欲与之偕亡，虽有台池鸟兽，岂能独乐哉？”

（节选自《孟子·梁惠王上》）

【注】①《诗》云：下面所引的是《诗经·大雅·灵台》，全诗共四章，文中引的是前两章。②经，测量；营，营造。③庶民子来：老百姓像儿子似的来修建灵台。④麀鹿：母鹿；攸：同“所”。⑤濯(zhuó)濯：肥胖而光滑的样子。⑥鹤鹤：羽毛洁白的样子。⑦於，wū，词的前缀，无实义；牣，rèn，满。⑧《汤誓》：《尚书》中的一篇，记载商汤王讨伐夏桀时的誓师词。⑨时日害丧：害，同“曷”，何，何时；丧，毁灭。

1. 解释文中加点的字词。(4分)

(1)顾鸿雁麋鹿________　(2)庶民攻之________

(3)不日成之________　(4)经始勿亟________

2. 翻译下面的语句。(4分)

(1)古之人与民偕乐，故能乐也。

译文：________________

(2)时日害丧？予及女偕亡！

译文：____

3.请简要概述，本段表达了孟子的什么思想？(2分)

答：____

三 高考真题练

(2012年新课标全国卷)阅读下面的文言文，完成1—4题。(19分)

萧燧字照邻，临江军人。燧生而颖异，幼能属文。绍兴十八年，擢进士高第。授平江府观察推官。时秦桧当国，其亲党密告燧，秋试必主文①漕台，燧诘其故，曰："丞相有子就举，欲以属公。"燧怒曰："初仕敢欺心耶！"桧怀之，既而被檄秀州，至则员溢，就院易一员往漕闱，秦熺果中前列。孝宗初，除诸王宫大小学教授。轮对，论"官当择人，不当为人择官"。上喜，制《用人论》赐大臣。淳熙二年，进起居郎。先是，察官阙，朝论多属燧，以未历县，遂除左司谏。时宦官甘昪之客胡与可、都承旨王抃之族叔秬皆持节于外，有所依凭，无善状，燧皆奏罢之。时复议进取，上以问燧，对曰："今贤否杂糅，风俗浇浮，兵未强，财未裕，宜卧薪尝胆以图内治。若恃小康，萌骄心，非臣所知。"上曰："忠言也。"因劝上正纪纲，容直言，亲君子，远小人；近习有劳可赏以禄，不可假以权。上皆嘉纳。出知严州。严地狭财匮，始至，官镪②不满三千，燧俭以足用。二年之间，以其羡补积逋，诸邑皆宽。上方靳职名，非功不予，诏燧治郡有劳，除敷文阁待制，移知婺州。父老遮道。几不得行，送出境者以千数。婺与严邻，人熟知条教，不劳而治。岁旱，浙西常平司请移粟于严，燧谓："东西异路，不当与，然安忍于旧治坐视？"为请诸朝，发太仓米振之。八年，召还，言："江、浙再岁水旱，愿下诏求言，仍令诸司通融郡县财赋，毋但督迫。"十年，上言广西诸郡民身丁钱之弊。事多施行。庆典霈泽，丁钱减半，亦自燧发之。绍熙四年卒，年七十七。

(节选自《宋史·萧燧传》)

【注】①主文：主持考试。②镪：成串的钱。

1.对下列句子中加点的词的解释，不正确的一项是(　　)(3分)

A.丞相有子就举，欲以属公　　属：托付。

B.桧怀之，既而被檄秀州　　怀：衔恨。

C.就院易一员往漕闱　　易：更换。

D.察官阙，朝论多属燧　　阙：失职。

2.以下各组句子中,全都表明萧燧恪尽职守的一组是(　　)(3分)

①燧怒曰:"初仕敢欺心耶!"

②论"官当择人,不当为人择官"

③有所依凭,无善状,燧皆奏罢之

④若恃小康,萌骄心,非臣所知

⑤官镪不满三千,燧俭以足用

⑥为请诸朝,发太仓米振之

A.①③⑤　　B.①④⑥　　C.②③④　　D.②⑤⑥

3.下列对原文有关内容的概括和分析,不正确的一项是(　　)(3分)

A.萧燧天分很高,为官不畏权贵。他自幼能文,进士及第后进入仕途;其时秦桧当权,与其亲党密告萧燧,要他主持秋试录用其子秦熺,遭到萧燧的拒绝。

B.萧燧刚直敢言,所奏切中时弊。皇上向他征询意见,他乘便讽劝皇上亲近君子疏远小人,亲信有功可赏赐财物却不可赋予权力,得到皇上赞许采纳。

C.萧燧政绩卓著,受到皇上嘉勉。严州面积狭小、财物匮乏,他勤俭理政,以盈余填补拖欠,各地都感到宽松;皇上升迁萧燧的职位,调他去治理婺州。

D.萧燧回到朝廷,仍关注各地大事。淳熙年间,江浙两年水涝干旱,他奏请下诏诸司协助解决,又奏言广西百姓深受身丁钱之害,建议大多得以施行。

4.把文中画横线的句子翻译成现代汉语。(10分)

(1)今贤否杂糅,风俗浇浮,兵未强,财未裕,宜卧薪尝胆以图内治。

____

____

(2)燧谓:"东西异路,不当与,然安忍于旧治坐视?"

____

____

《老子》四章

课前预习练 解释下列粗体字的含义

《老子》四章

三十**辐**(　　)共一**毂**(　　　　　　　)，当其**无**(　　　　　　)，有车之用。**埏埴**(　　　　)以为器，当其无，有器之用。凿**户牖**(　　　　　)以为室，当其无，有室之用。故有之以为**利**(　　　　)，无之以为用。(第十一章)

企(　　　)者不立，跨者**不行**(　　　)，自**见**(　　　)者不**明**(　　)，自**是**(　　　　)者不**彰**(　　　)，自**伐**(　　　)者无**功**(　　　　)，自**矜**(　　　)者不**长**(　　　)。其在道也，曰**余食**(　　)**赘行**(　　　　行：　　　)，**物**(　　)或恶之，故有道者不**处**(　　　)。(第二十四章)

知人者智，<u>自知者明</u>(句式：　　　　　)。胜人者有力，<u>自胜者强</u>(句式：　　　　　)。知足者富，**强行者**(　　　)**有志**(　　　　)。不失其所者久，死而不亡者**寿**(　　)。(第三十三章)

其安易持(　　　　　　　　　)，**其未兆易谋**(　　　　　　　　　　　　　　　)，其脆易**泮**(　　　　　　)，其微易散。<u>为之于未有，治之于未乱</u>(句式：　　　　　　　　　　)。合抱之木，生于**毫末**(　　　　　　　)；九层之台，起于**累土**(　　　累：　　　)；千里之行，始于足下。为者败之，执者失之。是以圣人**无为**(　　　　　　　　)，故无败；**无执**(　　　　)，故无失。民之**从事**(　　　　　)，常于**几**(　　　　　　)成而败之。慎终如始，则无败事。是以圣人**欲不欲**(　　　　　　)，不贵难得之货，**学不学**(　　　　　　　)，**复**(　　　　)众人之所过，以辅万物之自然而不敢为。(第六十四章)

课后巩固练

一 基础过关练

(一)通假字:写出下列通假字所通之字并解释。

1. 自见者不明。“见”同“_____”,_________

2. 其脆易泮。“泮”同“_____”,_________

3. 九层之台,起于累土。“累”同“_____”,_________

(二)一词多义:解释下列加点字的含义。

1. 当

①有大石当中流_________

②猥以微贱,当侍东宫________

③人君当神器之重,居域中之大_________

④吏当广所失亡多,为虏所生得______

⑤先祖当贤,后子孙必显________

2. 道

①会天大雨,道不通_________

②伐无道,诛暴秦______

③策之不以其道_______

④不足为外人道也_______

⑤臣之所好者道也_______

3. 伐

①坎坎伐檀兮,置之河之干兮______

②纵金伐鼓下榆关_________

③北救赵而西却秦,此五霸之伐也_________

④故上兵伐谋,其次伐交______

⑤每一令出,平伐其功________

4. 恶

①惧谗邪则思正身以黜恶_______

②廉君宣恶言，而君畏匿之______

③所恶有甚于死者，故患有所不避也______

④以小易大，彼恶知之______

⑤恶！是何言也________

（三）词语解释：解释下列加点词的含义。

1. 凿户牖以为室________

2. 企者不立，跨者不行________；________

3. 自见者不明，自是者不彰________；________

4. 物或恶之，故有道者不处________

5. 其未兆易谋________

6. 为者败之，执者失之________；________

7. 是以圣人无为，故无败________

8. 不贵难得之货________

（四）特殊句式：指出下列句子在句式上的特殊之处并翻译。

为之于未有，治之于未乱。

句式：____

译文：____

（五）成语积累：判断下列句子中加点成语使用的正误。

1. 一个人纵使才高八斗，学富五车，也不能凡事固执己见，自以为是。（　　）

2. 然而阿斗有自知之明，自己知道昏庸无用，所以就把全权交给诸葛亮，由他去治理国家。（　　）

3. 各级政府部门应慎终如始做好常态化疫情防控。（　　）

（六）名句填空：根据文章相关内容填空。

1. 了解别人很重要，认识自己更难能可贵，在《〈老子〉四章》中表达这一意思的句子是：________________，________________。

2.《〈老子〉四章》中劝诫人不要固执己见、自以为是的两句是：____________，____________。

3. 我们常说要防患于未然，要未雨绸缪，在《〈老子〉四章》里也表达了同样的意思的句子是：________________，________________。

4.《〈老子〉四章》中指出，人们做事常常是在接近成功时而容易失败，即“__________”，如果能做到“__________”，就不会失败。

5.《〈老子〉四章》中体现“很遥远的行程，是从足下那一小步走出来的”一句是“__________，__________”。

6. 老子以“__________，__________”为喻，引出“自见者”“自是者”“自伐者”“自矜者”的后果都是不好的。

7. 荀子在《劝学》中说“积土成山，风雨兴焉”，《〈老子〉四章》中也有类似的表述：__________，__________。这些名言都启发我们做事要从点滴做起。

8. 自我夸耀常常只得一时风光，难以维持。《〈老子〉四章》中的“__________，__________”正好说明这个道理。

9.《〈老子〉四章》中，老子关于强者的看法是__________，__________。

10.《〈老子〉四章》总是提醒世人注意观察日常事物那通常容易被忽视的一面。如通过观察车子、器皿、房室等日常事物，老子看到了“无”的意义，并得出“__________，__________”的结论。

11.《〈老子〉四章》中，“__________，__________”两句说明一个对自己的事业执着追求的人，人可谢世，而精神、事业、价值却可以万古长青。

二 拓展阅读练

阅读下面的文言文，完成1—4题。(17分)

宋清，长安西部药市①人也，居善药。有自山泽来，必归宋清氏，清优主之。长安医工得清药辅其方，辄易雠②，咸誉清。疾病庀疡者，亦毕乐就清求药，冀速已。虽不持钱者，清亦乐然响应，皆与善药，积券如山，未尝诣取直。或不识遥与券，清不为辞。岁终，度不能报，辄焚券，终不复言。市人以其异，皆笑之曰：“清，蚩妄人也。”或曰：“清其有道者欤？”清闻之曰：“清逐利以活妻子耳，非有道也。然谓我蚩妄者也亦谬。”

清居药四十年，所焚券者百数十人，或至大官，或连知数州，受俸博，其馈遗清者，相属于户。虽不能立报，而以赊死者千百，不害清之为富也。清之取利远，远故大，岂若小市人哉？一不得直则怫然怒再则骂而仇耳彼之为利不亦翦翦乎吾见蚩之有在也。清诚以是得大利，又不为妄，执其道不废，卒以富。求者益众，其应益广，或斥弃沉废，亲与交；视之落然者，清不以怠遇其人，必与善药如故。一旦复柄用，益厚报清。其远取利皆类此。

吾观今之交乎人者，炎而附，寒而弃，鲜有能类清之为者。世之言，徒曰“市道交”。呜呼！清，市人也，今之交有能望报如清之远者乎？幸而庶几，则天下之穷困废辱得不死者众矣。

柳先生曰：“清居市不为市之道，然而居朝廷、居官府、居庠塾乡党以士大夫自名者，反争为之不已，悲夫！然则清非独异于市人也。”

（柳宗元《宋清传》，有删改）

【注】①市：买卖场所，后文也指经商、交易。②雠：这里指售出、成交。

1.下列对文中画波浪线句子的断句，正确的一项是（　　）（3分）

A.一不得/直则怫然/怒再则骂/而仇耳/彼之为利/不亦翦翦乎/吾见蚩之有/在也

B.一不得直/则怫然/怒再则骂/而仇耳/彼之为利/不亦翦翦乎/吾见蚩之有在也

C.一不得/直则怫然怒/再则骂而仇耳/彼之为利/不亦翦翦乎/吾见蚩之有/在也

D.一不得直/则怫然怒/再则骂而仇耳/彼之为利/不亦翦翦乎/吾见蚩之有在也

2.下列对文中加点字词的解说不正确的一项是（　　）（3分）

A.居，囤积。与《愚公移山》中“面山而居”和成语“居为奇货”中的“居”意思都不同。

B.券，券据。由竹、木刻制成，分成两半，双方各执其一，作为凭证。后世多用纸为券。

C.知，主管。与《劝学》中“则知明而行无过矣”中的“知”的意思不同。

D.庠，指地方性学校，具有民间办学的性质，与国子监、太学等中央官学不同。

3.下列对原文内容的理解和分析不正确的一项是（　　）（3分）

A.宋清是个药商，他的药材质量好。长安医工用他的药配方易出售；许多病人也乐意买他的药。

B.世人对宋清焚券行为不解，有人认为愚笨，有人认为他是有道之人，宋清对此都予以了否认。

C.一般商人计较的是蝇头小利，而宋清做生意其实并不为赚钱，而是追求高尚的做人的境界。

D.作者在文中将宋清与士大夫进行对比，目的是讽刺一些士大夫争名夺利、趋炎附势的丑态。

4.翻译文中画横线的句子。（8分）

（1）虽不持钱者，清亦乐然响应，皆与善药，积券如山，未尝诣取直。

(2)吾观今之交乎人者,炎而附,寒而弃,鲜有能类清之为者。

三 高考真题练

(2021年全国甲卷)阅读下面的文言文,完成1—4题。(19分)

九月契丹大举入寇时以虏寇深入中外震骇召群臣问方略王钦若临江人请幸金陵陈尧叟阆州人请幸成都帝以问寇准,准曰:“不知谁为陛下画此二策?”帝曰:“卿姑断其可否,勿问其人也。”准曰:“臣欲得献策之人,斩以衅鼓,然后北伐耳!陛下神武,将臣协和,若大驾亲征,敌当自遁;不然,出奇以挠其谋,坚守以老其师,劳佚之势,我得胜算矣。奈何弃庙社,欲幸楚、蜀,所在人心崩溃,敌乘胜深入,天下可复保耶?”帝意乃决,因问准曰:“今虏骑驰突,而天雄军实为重镇,万一陷没,则河朔皆虏境也。孰为可守?”准以王钦若荐,且曰:“宜速召面谕,授敕俾行。”钦若至,未及有言,准遽曰:“主上亲征,非臣子辞难之日,参政为国柄臣,当体此意。”钦若惊惧不敢辞。闰月乙亥,以参知政事王钦若判天雄军兼都部署。契丹主隆绪同其母萧氏遣其统军顺国王萧挞览攻威虏、顺安军,三路都部署击败之,斩偏将,获其辎重。又攻北平砦及保州,复为州砦兵所败。挞览与契丹主及其母合众攻定州,宋兵拒于唐河,击其游骑。契丹遂驻兵阳城淀,号二十万,每纵游骑剽掠,小不利辄引去,徜徉无斗志。是时,故将王继忠为契丹言和好之利,契丹以为然,遣李兴议和。帝曰:“朕岂欲穷兵,惟思息战。如许通和,即当遣使。”冬十月,遣曹利用诣契丹军。十二月庚辰,契丹使韩杞持书与曹利用俱来,请盟。利用言契丹欲得关南地。帝曰:“所言归地事极无名,若必邀求,朕当决战!若欲货财,汉以玉帛赐单于,有故事,宜许之。”契丹犹觊关南,遣其监门卫大将军姚东之持书复议,帝不许而去。利用竟以银十万两、绢二十万匹成约而还。

(节选自《宋史纪事本末·契丹盟好》)

1.下列对文中画波浪线部分的断句,正确的一项是(　　)(3分)

A.九月/契丹大举入寇时/以虏寇深入/中外震骇/召群臣问方略/王钦若/临江人请幸金陵/陈尧叟/阆州人请幸成都/

B.九月/契丹大举入寇/时以虏寇深入/中外震骇/召群臣问方略/王钦若/临江人请幸金陵/陈尧叟/阆州人请幸成都/

C. 九月/契丹大举入寇/时以虏寇深入/中外震骇/召群臣问方略/王钦若/临江人/请幸金陵/陈尧叟/阆州人/请幸成都/

D. 九月/契丹大举入寇时/以虏寇深入/中外震骇/召群臣问方略/王钦若/临江人/请幸金陵/陈尧叟/阆州人/请幸成都/

2. 下列对文中加点词语的相关内容的解说，不正确的一项是(　　)(3分)

A. 衅鼓，指古代战争时杀人或杀牲取血涂在鼓上以举行祭祀仪式。

B. 庙社，庙指宗庙，社指社稷，庙社在古代常用来借指国家朝廷。

C. 闰月，农历逢闰年加一个月，闰某月指加在某月之前的那个月。

D. 辎重，文中指行军时随军运载的军械、粮草、被服等军用物资。

3. 下列对原文有关内容的概述，不正确的一项是(　　)(3分)

A. 契丹军队南侵宋朝，面对强敌，寇准坚决反对退避内地，提出应当严惩主张避战的大臣，并力促皇上御驾亲征。

B. 寇准举荐主张避战的王钦若镇守天雄军，并告诫钦若：皇上决定亲征，臣子不可辜负圣意。钦若惊惧不敢推辞。

C. 契丹军队屡次侵犯宋朝，先攻威虏、顺安军，又攻北平砦及保州，而后又合兵攻定州，均遭到宋军迎头痛击。

D. 在战局有利的情况下，宋朝皇帝为了息战，主动提出议和，并派曹利用到契丹军中谈判，最终与契丹达成盟约。

4. 把文中画横线的句子翻译成现代汉语。(10分)

(1)每纵游骑剽掠，小不利辄引去，徜徉无斗志。

____

(2)若欲货财，汉以玉帛赐单于，有故事，宜许之。

____

五石之瓠

课前预习练 解释下列粗体字的含义

五石之瓠

《庄子》

惠子谓庄子曰："魏王**贻**(　　)我大**瓠**(　　)之种，我**树**(　　)之**成**(　　)而**实**(　　)五**石**(　　)。**以**(　　)盛水浆，其**坚**(　　)不能自**举**(　　)也。剖之**以为**(　　)瓢，则**瓠落**(　　)无所容。非不**呺然**(　　)大也，吾**为**(　　)其无用而**掊**(　　)之。"庄子曰："夫子**固**(　　)拙于**用**(　　)**大**(　　)矣。宋人有善为不**龟**(　　)手之药者，世世以**洴澼絖**(　　洴澼：　　絖：　　)为**事**(　　)。客闻之，请买其方百金(句式：　　)。聚族而谋之曰：'我世世为洴澼絖，不**过**(　　)数金。今一朝而**鬻**(　　)技百金，请**与**(　　)之。'客得之，**以**(　　)**说**(　　)吴王。越有**难**(　　)，吴王使之**将**(　　)。冬，与越人**水**(　　)战，大**败**(　　)越人，**裂地**(　　)而**封**(　　)之。能不龟手一(　　)也，**或**(　　)以封，或不免于洴澼絖，则所用之异也。今子有五石之瓠，何不**虑**(　　)以为大**樽**(　　)而浮乎江湖，而忧其瓠落无所容？则夫子犹有**蓬之心**(　　蓬：　　)也夫！"

课后巩固练

一 基础过关练

(一)通假字:写出下列通假字所通之字并解释。

1.宋人有善为不龟手之药者 “龟”同“______”,__________

2.客得之,以说吴王 “说”同“______”,__________

(二)一词多义:解释下列加点字的含义。

1.贻

①魏王贻我大瓠之种__________

②贻笑大方__________

2.固

①夫子固拙于用大矣__________

②汝心之固,固不可彻__________

③人固有一死__________

④固国不以山溪之险__________

3.与

①今一朝而鬻技百金,请与之__________

②冬,与越人水战__________

③失其所与,不知__________

④王之所大欲,可得闻与__________

⑤选贤与能,讲信修睦__________

⑥吾与点也__________

4.说

①客得之,以说吴王__________

②秦伯说,与郑人盟__________

③而听细说,欲诛有功之人__________

④生死契阔,与子成说__________

⑤说尽心中无限事__________

(三)词语解释:解释下列加点词的含义。

1.魏王贻我大瓠之种________

2.我树之成而实五石________

3.吾为其无用而掊之________

4.夫子固拙于用大矣________

5.今一朝而鬻技百金________

6.越有难,吴王使之将________

7.能不龟手一也________

8.何不虑以为大樽而浮乎江湖__________

(四)特殊句式:指出下列句子在句式上的特殊之处并翻译。

1.其坚不能自举也

句式:________________

译文:________________

2.宋人有善为不龟手之药者。

句式:________________

译文:________________

3.请买其方百金。

句式:________________

译文:________________

4.或以封。

句式:________________

译文:________________

(五)成语积累:判断下列句子中加点成语使用的正误。

1.我一直觉得,领导干部为老百姓办实事的价值应远远超过那座大而无当的办公大楼。 ( )

2.对于废气、废渣、废水,我们不要抱怨材大难用,一定要本着物尽其用的原则,加快开发利用的速度,力争早日变废为宝。 ( )

3.如果说《逍遥游》是以一系列寓言、比喻形象地勾画出了庄子思想的框架。那么,《齐物论》则主要是以抽象思辨的方式对这一框架所涉及的各个方面作了补充与说明,两篇文章相得益彰,构成了庄子思想的完整体系。（　　）

(六)文化常识:判断下列古代文化常识的正误。

1.斗与石,都是容量单位。十升为一斗,十斗为一石。石也是一种重量单位,比如《汉书·律历志上》中说“三十斤为钧,四钧为石”。（　　）

2.《老子》与《庄子》在表达技巧上不同,前者善于借助寓言,曲达旨意;后者善于汲取世俗经验展开哲理思辨。（　　）

3.诸子散文,是春秋战国时期各个学派的著作,反映着不同学派的思想倾向、政治主张和哲学观点。诸子百家中,影响较大的是儒、法、道、墨四家。（　　）

4.《庄子》又称《南华经》,是春秋中期思想家庄子所著的一部道家著作,内容丰富,博大精深,涉及哲学、人生、政治等诸多方面。（　　）

5.金,货币单位。秦代以黄金二十两为一金,汉代以黄金一斤为一金。（　　）

(七)名句填空:根据文章相关内容填空。

1.《五石之瓠》中惠子认为大葫芦大而无用,一是不能盛水,二是因为:__________,__________。

2.《五石之瓠》中对于“不龟手之药”,不同的人“所用之异”:一种是“__________”;一种是“__________”。

3.《五石之瓠》中庄子认为惠子“拙于用大”,“__________,__________”才是真正的见识通达。

4.《五石之瓠》中庄子对惠子的评价是“__________”和“__________”。

5.《五石之瓠》中,庄子讲述宋人所从事的职业的句子是:__________,__________。

6.《五石之瓠》中,惠子描述大葫芦装上水后状态的句子是“__________”,描述大葫芦剖成瓢后状态的句子是“__________”。

7.《五石之瓠》中,庄子认为使用大葫芦的正确方法是“__________”。

8.《五石之瓠》中,同样的不龟手之药,有人可以得到封赏,而有人只能免于漂洗丝絮的原因是:__________。

9.《五石之瓠》中，宋人将不龟手药方卖给客人的原因是他认为“________，________”，而一旦卖了这个药方，马上就可以得到百金。

二 拓展阅读练

阅读下面的文言文，完成1—2题。(6分)

任公子为大钩巨缁，五十犗以为饵，蹲乎会稽，投竿东海，旦旦而钓，期年不得鱼。已而大鱼食之，牵巨钩，陷没而下，骛扬而奋鬐，白波若山，海水震荡，声侔鬼神，惮赫千里。任公子得若鱼，离而腊之，自制河以东，苍梧以北，莫不厌若鱼者。

已而后世辁才讽说之徒皆惊而相告也夫揭竿累趣灌渎守鲵鲋其于得大鱼难矣！饰小说以干县令，其于大达亦远矣。是以未尝闻任氏之风俗，其不可与经于世亦远矣。

(《庄子·外物》)

1. 下列对文中画波浪线部分的断句，正确的一项是(　　)(3分)

A. 已而后世辁才讽说之/徒皆惊而相告也夫/揭竿累/趣灌渎/守鲵鲋/其于得大鱼难矣

B. 已而后世辁才讽说之徒/皆惊而相告也/夫揭竿累趣/灌渎守鲵鲋/其于得大鱼难矣

C. 已而后世辁才讽说之/徒皆惊而相告也/夫揭竿/累趣灌渎/守鲵鲋其/于得大鱼难矣

D. 已而后世辁才讽说之徒/皆惊而相告也/夫揭竿累/趣灌渎/守鲵鲋/其于得大鱼难矣

2. 下列对这则寓言的寓意的解说，最恰当的一项是(　　)(3分)

A. 宣扬小大无别的“齐物论”。

B. 真正的“大达”应有高远深邃的思想。

C. 治国应志存高远。

D. 做事要有耐心。

三 高考真题练

(2018年全国卷Ⅱ)阅读下面的文言文，完成1—4题。(19分)

王涣字稚子广汉郪人也父顺安定太守涣少好侠尚气力数通剽轻少年晚而改节敦儒学习《尚书》读律令略举大义 为太守陈宠功曹，当职割断，不避豪右。宠风声大行，入为大司农。和帝问曰：“在郡何以为理？”宠顿首谢曰：“臣任功曹王涣以简贤选能，主簿镡显拾遗补阙，臣奉宣诏书而已。”帝大悦，涣由此显名。州举茂才，除温令。县多奸猾，积为人患。涣以方略讨击，悉诛之。境内清夷，商人露宿于道。其有放牛者，辄云以属稚子，终无侵犯。在温三年，迁兖州刺史，绳正部郡，风威大行。后坐考妖言不实论，岁余，征拜侍御史。永元十五年，从驾南巡，还为洛阳令。以平正居身，得宽猛之宜。其冤嫌久讼，历政所不断，法理所难平者，莫不曲尽情诈，压塞群疑。又能以谲数发擿奸伏，京师称叹，以为涣有神算。元兴元年，病卒。百姓市道莫不咨嗟。男女老壮皆相与赋敛，致奠醊以千数。涣丧西归，道经弘农，民庶皆设盘案于路。吏问其故，咸言平常持米到洛，为卒司所抄，恒亡其半。自王君在事，不见侵枉，故来报恩。其政化怀物如此。民思其德，为立祠安阳亭西，每食辄弦歌而荐之。延熹中，桓帝事黄老道，悉毁诸房祀，唯特诏密县存故太傅卓茂庙，洛阳留王涣祠焉。自涣卒后，连诏三公特选洛阳令，皆不称职。永和中，以剧令勃海任峻补之。峻擢用文武吏，皆尽其能，纠剔奸盗，不得旋踵，一岁断狱，不过数十，威风猛于涣，而文理不及之。峻字叔高，终于太山太守。

（节选自《后汉书·王涣传》）

1.下列对文中画波浪线部分的断句，正确的一项是（　　）（3分）

A.王涣字稚子/广汉郪人也/父顺/安定太守/涣少好侠/尚气力/数通剽轻少年/晚而改节敦/儒学习《尚书》/读律令/略举大义/

B.王涣字稚子/广汉郪人也/父顺/安定太守/涣少好侠/尚气力/数通剽轻少年/晚而改节/敦儒学/习《尚书》/读律令/略举大义/

C.王涣字稚子/广汉郪人也/父顺/安定太守/涣少/好侠尚气力/数通剽轻少年/晚而改节敦/儒学习《尚书》/读律令/略举大义/

D.王涣字稚子/广汉郪人也/父顺/安定太守/涣少/好侠尚气力/数通剽轻少年/晚而改节/敦儒学/习《尚书》/读律令/略举大义/

2.下列对文中加点词语的相关内容的解说，不正确的一项是（　　）（3分）

A.豪右，指旧时的富豪家族、世家大户；汉代以右为尊，所以习惯上称为“豪右”。

B.顿首，即以头叩地而拜，是古代交际礼仪；又常常用于书信、表奏中作为敬辞。

C.茂才，即秀才，东汉时为避光武帝刘秀名讳，改称茂才，后世有时也沿用此名。

D.京师是古代京城的通称，现代则称为首都；“京”“师”单用，旧时均可指国都。

3.下列对原文有关内容的概括和分析，不正确的一项是（　　）（3分）

A.王涣初入仕途，才干受到赏识。他在太守陈宠手下担任功曹，遇事敢于决断；陈入朝为大司农，回答皇上询问时褒奖他善于简贤选能，王由此得以显名。

B.王涣扫除积弊，境内风清气正。他担任温县县令，以谋略铲除奸猾之徒，世面清平，商人露宿于道；升任兖州刺史后，又依法整肃下属部门，极有声威。

C.王涣办案严谨，治事宽猛相济。他对于疑难案件以及法理难平者，探寻本来面目，尽力还以公正；又能够揭发奸隐之事，深受外界称叹，被誉为有神算。

D.王涣政绩卓著，后任难以比肩。他死于洛阳令任上，皇上下令特选其继任者，均不称职；后来选用任峻，任充分发挥文武属吏才干，仍然忙得无法分身。

4.把文中画横线的句子翻译成现代汉语。(10分)

(1)民思其德，为立祠安阳亭西，每食辄弦歌而荐之。

____

____

(2)一岁断狱，不过数十，威风猛于涣，而文理不及之。

____

____

兼　爱

课前预习练 解释下列粗体字的含义

兼　爱

《墨子》

圣人(　　　　　　)**以**(　　)治天下**为**(　　　)事者也(句式：　　　)，必知乱之所**自起**(　　　)，**焉**(　　　)能治之；不知乱之所自起，则不能**治**(　　)。**譬**(　　)之如医之**攻**(　　　)人之疾者**然**(　　　)，必知疾之所自起，**焉**(　　　)能攻之；不知疾之所自起，则**弗**(　　)能攻。治乱者何独不然？必知乱之所自起，**焉**(　　)能治之；不知乱之所自起，则弗能治。

圣人以治天下为事者也，不可不**察**(　　　)乱之所自起。**当**(　　　　　　)察乱何自起(句式：　　　　　)？起不相爱。臣子之不**孝**(　　　　)君父，所谓乱也。子自爱(句式：　　　　)，不爱父，故**亏**(　　　　　)父而自**利**(　　　　　)；弟自爱，不爱兄，故亏兄而自利；臣自爱，不爱君，故亏君而自利。此所谓乱也。**虽**(　　　)父之不**慈**(　　　　　)子，兄之不慈弟，君之不慈臣，此亦天下之所谓乱也。父自爱也，不爱子，故亏子而自利；兄自爱也，不爱弟，故亏弟而自利；君自爱也，不爱臣，故亏臣而自利。是何也？皆起不相爱。虽至天下之为**盗贼**(　　　　　　)者，亦**然**(　　　)。盗爱其**室**(　　　)，不爱异室，故窃异室以**利**(　　　　　)其室；贼爱其**身**(　　)，不爱人，故**贼**(　　　　　)人以利其身。此何也？皆起不相爱。虽至大夫之相乱**家**(　　　　)、诸侯之相攻**国**(　　　　)者，亦然。大夫各爱其家,不爱异家,故乱异家以**利**(　　　　)其家;诸侯各爱其国,不爱异国,故攻异国以利其国。天下之**乱物**(　　　),**具此**(　　　　具:　　)而已矣。

察此何自起?皆起不相爱。**若使**(　　)天下兼相爱,爱人**若**(　　)爱其身,**犹**(　　)有不孝者乎?视父兄与君若其身,**恶**(　　　　)**施**(　　　　)不孝?犹有不慈者乎?视弟子与臣若其身,恶施不慈?故不孝不慈**亡**(　　　)。犹有盗贼乎?视人之室若其室,谁窃?视人身若其身,谁贼?故盗贼**有**(　　　)亡。犹有大夫之相乱家、诸侯之相攻国者乎?视人家若其家,谁乱?视人国若其国,谁攻?故大夫之相乱家、诸侯之相攻国者**有**(　　　)亡。若使天下兼相爱,国与国不相攻,家与家不相乱,盗贼无有,君臣父子皆能孝慈,若此则天下治。

故圣人以治天下为事者,**恶**(　　　　)得不禁恶而**劝**(　　　)爱?故天下兼相爱则治,**交相**(　　　)恶则乱。故子墨子(　　　　　　　　)曰不可以不劝爱人者,此也(句式:　　　)。

课后巩固练

一 基础过关练

(一)通假字:写出下列通假字所通之字并解释。

1.当察乱何自起　　　“当”同“______”,______

2.故不孝不慈亡　　　“亡”同“______”,______

3.故盗贼有亡　　　“有”同“______”,______

(二)一词多义:解释下列加点字的含义。

1.当

①当窗理云鬓,对镜贴花黄__________

②人君当神器之重,居域中之大__________

③一夫当关,万夫莫开__________

④当与秦相较,或未易量__________

⑤公等遇雨,皆已失期,失期当斩__________

⑥晚食以当肉,安步以当车__________

2. 恶

①想馋邪，则思正身以黜恶__________

②君子去仁，恶乎成名？__________

③故天下兼相爱则治，交相恶则乱__________

④勿以恶小而为之__________

(三)词语解释：解释下列加点词的含义。

1. 圣人以治天下为事者也__________

2. 必知乱之所自起，焉能治之__________

3. 譬之如医之攻人之疾者然__________

4. 子自爱，不爱父，故亏父而自利__________

5. 视父兄与君若其身，恶施不孝？__________

6. 恶得不禁恶而劝爱__________

(四)特殊句式：指出下列句子在句式上的特殊之处并翻译。

1. 子自爱，不爱父，故亏父而自利

句式：______________________________

译文：______________________________

2. 察此何自起？皆起不相爱。

句式：______________________________

译文：______________________________

(五)成语积累：判断下列句子中加点成语使用的正误。

1. 舞台上的灯光时明时暗，快速变幻的布景令人目不交睫，随着歌手的狂歌劲舞，观众席上也一片沸腾。 (　　)

2. 有专家指出，石油是不可忽视的战略资源，我们必须厝火积薪，未雨绸缪，进一步健全中国的石油安全体系。 (　　)

3. 那些航空领域的拓荒者，很多已经离开人世，但他们筚路蓝缕的感人形象一直深深印在人们的记忆中。 (　　)

4. 这次会谈并没有其他人员参加，他们两个人又都一直讳莫如深，所以会谈内容就成为一个难解之谜。 (　　)

5. 正在悠闲散步的外科主任王教授，突然接到护士电话说有个病人情况危急，他立刻安步当车向医院跑去。（　　）

6. 从用字之讲究可以看出，这首诗的作者苦心孤诣，要在这有限的篇幅中营造出一种深邃幽远的意境。（　　）

(六)文化常识：判断下列古代文化常识的正误。

1. 墨子思想的核心是“兼爱”，墨子认为爱人当不分亲疏贵贱，爱无等差，这样才能避免混乱，从而实现天下太平。（　　）

2. 六艺，指礼、乐、射、御、书、数六种技能，也指《易经》《尚书》《诗经》《礼记》《乐经》《春秋》六部经书。（　　）

3. 孟子、荀子、墨子、韩非子都继承了儒家学派的传统，是战国时期重要的思想家。（　　）

4. “四书”，宋代朱熹抽取《礼记》中的《大学》《中庸》两篇，和《论语》《孟子》编在一起，合称“四书”。（　　）

(七)名句填空：根据文章相关内容填空。

1. 墨子在《兼爱》一文中认为君主一定要知晓动乱是怎样产生的，才能把国家治理得好的两句是：________________，________________。

2. 墨子在《兼爱》一文中认为臣不孝君，子不爱父，弟不爱兄的根本原因是：____________________________。

3. 墨子在《兼爱》一文中认为如果人人能做到“________________，________________”，天下就不会有不孝顺的人。

4. 墨子在《兼爱》一文中提出观点“________________，________________”，所以墨子认为君主要禁止人们互相嫌恶而应勉励人们互爱。

二 拓展阅读练

阅读下面的文言文，完成1—6题。(25分)

公孟子谓子墨子曰：“君子共己[①]以待，问焉则言，不问焉则止。譬若钟然，扣则鸣，不扣则不鸣。”子墨子曰：“是言有三物焉，子乃今知其一身也，又未知其所谓也。若大人行淫暴于国家，进而谏，则谓之不逊；因左右而献谏，则谓之言议。此君子之所疑惑也。若大人为政，将因于国家之难，譬若机之将发也然，君子之必以谏，然而大人之利，若此者，虽不扣必鸣者也。若大人举不义之异行，虽得大巧之经，可行于军旅之事，欲攻伐无罪之国，有之也，君得之，则必用之矣。以广辟土地著[2]税货财出必见辱所攻者不利而攻者亦不利是两不利也若此者，虽不扣，必鸣者也。且子曰：'君子共已待，问焉则言，不问焉则止。譬若钟然，扣则鸣，不扣则不鸣。'今未有扣，子而言，是子之谓不扣而鸣邪？是子之所谓非君子邪？"

公孟子戴章甫，搢忽，儒服，而以见子墨子曰："君子服然后行乎？其行然后服乎？"子墨子曰："行不在服。"公孟子曰："何以知其然也？"子墨子曰："昔者，齐桓公高冠博带，金剑木盾，以治其国，其国治。昔者，晋文公大布之衣，牂羊之裘，韦以带剑，以治其国，其国治。昔者，楚庄王鲜冠组缨，绛衣博袍，以治其国，其国治。昔者，越王勾践剪发文身，以治其国，其国治。此四君者，其服不同，其行犹一也。翟以是知行之不在服也。"公孟子曰："善！吾闻之曰'宿善[3]者不祥'，请舍忽，易章甫，复见夫子可乎？"子墨子曰："请因以相见也。若必将舍忽、易章甫，而后相见，然则行果在服也。"

（节选自《墨子·公孟》）

【注】①共已：同"拱已"，自己拱着手。②著：应为"藉"，聚敛。③宿善：把该做的好事压下来不去施行。

1.下列画线字词意义及用法解释正确的一项是(　　)(3分)

A.问焉则言，不问焉则止　　代词，他

B.若大人行淫暴于国家，进而谏，则谓之不逊　　动词，差，不如

C.譬若机之将发也然　　动词，打开

D.牂羊之裘，韦以带剑　　名词，牛皮

2.下列对文中画波浪线部分的断句，正确的一项是(　　)(3分)

A.以广辟土地/著税货财/出必见辱/所攻者不利/而攻者亦不利/是两不利也/

B.以广辟土地著税/货财出/必见辱/所攻者不利/而攻者亦不利/是两不利也/

C.以广辟土地著税/货财出/必见辱所攻者/不利/而攻者亦不利是两不利也/

D.以广辟土地/著税货财/出必见辱所攻者/不利而攻者/亦不利/是两不利也/

3.下列对文中加点词语的相关内容的解说，不正确的一项是(　　)(3分)

A.子，此处是古代对男子的美称，与"子墨子"的前一个"子"意思是一样的。

B.钟，古代的一种打击乐器。佛教传入中国后，钟演变为报时、集众之用的响器。

C.章甫，古代的一种礼帽。公西华曾说愿意戴着它做诸侯朝见天子时的司仪官。

D.高冠博带，指头戴高大的帽子，腰系宽阔的衣带，这是旧时儒者的装束。

4.下列对原文有关内容的概括和分析，不正确的一项是(　　)(3分)

A.墨子首先分析了公孟子不主张主动进谏的心理。如果王公大人在国内做淫暴的事，君子主动进谏，就会被指责为不恭敬或私下议论。

B.墨子不同意公孟子的君子只有问才说的观点。墨子认为当国君施政使得国家将有大难发生、攻打无罪国家做不义之事的时候，君子必须进谏。

C.墨子反驳公孟子，从公孟子的类比入手：公孟子把君子比作钟，扣则鸣，不扣则不鸣，可是现在公孟子没扣却鸣，从而得出了公孟子不是君子的结论。

D.墨子以齐桓公、晋文公、楚庄王和勾践四位国君为例，在服饰上，他们都非常讲究，但都把国家治理得很好，所以成功在于行事而非服饰上。

5.把文中画横线的句子翻译成现代汉语。(10分)

(1)今未有扣，子而言，是子之谓不扣而鸣邪？

____

(2)若必将舍忽、易章甫，而后相见，然则行果在服也。

____

6.公孟子认为君子只有问时才说的原因是什么？公孟子这种思想的本质是什么？(3分)

____

____

____

三 高考真题练

(2017年全国乙卷)阅读下面的文言文，完成1—4题。(19分)

谢弘微，陈郡阳夏人也。父思，武昌太守。从叔峻，司空琰第二子也，无后，以弘微为嗣。弘微本名密，犯所继内讳，故以字行。童幼时精神端审时然后言所继叔父混名知人见而异之谓思曰此儿深中夙敏方成佳器有子如此足矣弘微家素贫俭，而所继丰泰，唯受书数千卷，遗财禄秩，一不关豫。混风格高峻，少所交纳，唯与族子灵运、瞻、曜、弘微并以文义赏会。尝共宴处，居在乌衣巷，故谓之乌衣之游。瞻等才辞辩富，弘微每以约言服之，混特所敬贵，号曰微子。义熙八年，混以刘毅党见诛，妻晋陵公主以混家事委之弘微。弘微经纪生业，事若在公，一钱尺帛出入，皆有文簿。高祖受命，晋陵公主降为东乡君。自混亡，至是九载，而室宇修整，仓廪充盈，门徒业使，不异平日，田畴垦辟，有加于旧。中外姻亲，道俗义旧，入门莫不叹息，或为之涕流，感弘微之义也。性严正，举止必循礼度，事继亲之党，恭谨过常。太祖镇江陵，弘微为文学。母忧去职。居丧以孝称，服阕逾年，菜蔬不改。兄曜历御史中丞，元嘉四年卒。弘微蔬食积时，哀戚过礼，服虽除，犹不啖鱼肉。弘微少孤，事兄如父，兄弟友穆之至，举世莫及也。弘微口不言人短长，而曜好臧否人物，曜每言论，弘微常以它语乱之。九年，东乡君薨，资财钜万，园宅十余所，奴僮犹有数百人。弘微一无所取，自以私禄营葬。曰："亲戚争财，为鄙之甚。今分多共少，不至有乏，身死之后，岂复见关。"十年，卒，时年四十二。上甚痛惜之，使二卫千人营毕葬事。追赠太常。

（节选自《宋书·谢弘微传》）

1.下列对文中画波浪线部分的断句，正确的一项是(　　)(3分)

A.童幼时/精神端审/时然后言/所继叔父混名知人/见而异之/谓思曰/此儿深中夙敏方成/佳器有子如此/足矣/

B.童幼时/精神端审/时然后言所继叔父/混名知人/见而异之/谓思曰/此儿深中夙敏/方成佳器/有子如此/足矣/

C.童幼时/精神端审/时然后言所继叔父/混名知人/见而异之/谓思曰/此儿深中夙敏方成/佳器有子如此/足矣/

D.童幼时/精神端审/时然后言/所继叔父混名知人/见而异之/谓思曰/此儿深中夙敏/方成佳器/有子如此/足矣/

2.下列对文中加点词语的相关内容的解说，不正确的一项是(　　)(3分)

A.以字行，是指在古代社会生活中，某人的字得以通行使用，他的名反而不常用。

B.姻亲，指由于婚姻关系结成的亲戚，它与血亲有同有异，只是血亲中的一部分。

C.母忧是指母亲的丧事，古代官员遭逢父母去世时，按照规定需要离职居家守丧。

D.私禄中的"禄"指俸禄，即古代官员的薪水，这里强调未用东乡君家钱财营葬。

3.下列对原文有关内容的概括和分析，不正确的一项是(　　)(3分)

A.弘微出继从叔，一心只爱读书。他是陈郡阳夏人，从叔谢峻将他作为后嗣。新家比原来家庭富有，但他只是接受数千卷书籍，其余财物全不留意。

B.弘微简言服众，此举受到重视。他参与集会，常与子弟们诗文唱和，住在乌衣巷，称为乌衣之游；又极有文才口才，受到叔父谢混赏识，称为微子。

C.弘微为人审慎，治业井井有条。谢混去世以后，他掌管产业，犹如替公家办事，账目分明;九年以后,多个方面得到很大发展,人们见后无不感叹。

D.弘微事兄如父,临财清正廉洁。他对谢曜感情极深,谢曜去世,他哀戚过礼,除孝后仍不食荤腥。东乡君死,留下巨万资财、园宅,他一无所取。

4.把文中画横线的句子翻译成现代汉语。(10分)

(1)性严正,举止必循礼度,事继亲之党,恭谨过常。

____

____

(2)而曜好臧否人物,曜每言论,弘微常以它语乱之。

____

____

中册

屈原列传

课前预习练 解释下列粗体字的含义

屈原列传

司　马　迁

屈原者，名平，楚之同姓也。**为**（　　）楚怀王左徒。**博闻**（　　）**强志**（　　），明于**治**（　　）**乱**（　　），**娴**（　　）于辞令。**入**（　　）则与王**图议**（　　）国事，以出号令；出则接遇宾客，应对诸侯。王甚**任**（　　）之。

上官大夫与之**同列**（　　列：　　），争宠而心**害**（　　）其能。怀王使屈原造为**宪令**（　　），屈平**属**（　　）草稿未定，上官大夫见而欲**夺**（　　）之，屈平不**与**（　　）。**因**（　　）谗之曰："王使屈平为令，众莫不知。每一令出，平**伐**（　　）其功，曰以为'非我莫能为'也。"王怒**而**（　　）疏屈平。

屈平**疾**（　　）王听之不**聪**（　　）也，**谗谄**（　　谗：　　谄：　　）之**蔽明**（　　）也，**邪曲**（　　）之**害**（　　）公也，**方正**（　　）之不**容**（　　）也，故忧愁**幽思**（　　）而作《离骚》。"离骚"者，犹**离**（　　）**忧**（　　）也。夫天者，人之始也；父母者，人之本也。人**穷**（　　）则**反本**（　　），故劳苦**倦极**（　　极：　　），未尝不呼天也；疾痛**惨怛**（　　），未尝不呼父母也。屈平正道直行，竭忠尽智以**事**（　　）其君，谗人**间**（　　）之，可谓**穷**（　　）矣。信而**见**（　　）疑，忠而被谤，能无怨乎？屈平之作《离骚》，**盖**（　　）**自**（　　）怨生也。《国风》好色而不**淫**（　　），《小雅》**怨诽**（　　）而不乱。若《离骚》者，可谓兼之矣。

上**称**(　　)帝喾,下**道**(　　)齐桓,中述汤、武,以**刺**(　　)世事。**明**(　　)道德之**广崇**(　　),治乱之**条贯**(　　),**靡**(　　)不**毕**(　　)见。其文**约**(　　),其辞**微**(　　),其志洁,其行廉。其称文小而其**指**(　　)极大,举**类**(　　)**迩**(　　)而见义远。其志洁,故其称物芳;其行廉,故死而不容。自疏**濯淖污泥**(　　)之中,蝉蜕于浊秽,以浮游尘埃之外,不**获**(　　)世之**滋**(　　)垢,**皭**(　　)然**泥**(　　)而不**滓**(　　)者也。**推**(　　)此志也,**虽**(　　)与日月争光可也。

屈原既**绌**(　　),其后秦欲伐齐,齐与楚**从**(　　)亲。惠王**患**(　　)之,乃令张仪**详**(　　)**去**(　　)秦,**厚币**(　　)**委**(　　)**质**(　　)事楚,曰:“秦甚憎齐,齐与楚**从**(　　)亲,楚诚能绝齐,秦愿献商於之地六百里。”楚怀王贪而信张仪,遂绝齐,使使**如**(　　)秦受地。张仪**诈**(　　)之曰:“仪与王约六里,不闻六百里。”楚使怒去,归告怀王。怀王怒,大兴师伐秦。秦发兵击之,大破楚师于丹、淅,斩首八万,虏楚将屈匄,遂取楚之汉中地。怀王乃**悉**(　　)发国中兵,以深入击秦,战于蓝田。魏闻之,袭楚至邓。楚兵惧,自秦归。而齐竟怒不救楚,楚大**困**(　　)。

明年(　　),秦割汉中地与楚以和。楚王曰:“不愿得地,愿得张仪而甘心焉。”张仪闻,乃曰:“以一仪而**当**(　　)汉中地,臣请往如楚。”如楚,又**因**(　　)厚币**用事**(　　)者臣靳尚,而**设诡辩**(　　)于怀王之宠姬郑袖。怀王**竟**(　　)听郑袖,复释去张仪。**是时**(　　)屈平**既**(　　)疏,不复在位,使于齐,**顾反**(　　),谏怀王曰:“何不杀张仪?”怀王悔,追张仪,不及。

其后诸侯共击楚,大破之,杀其将唐昧。

时秦昭王与楚**婚**(　　),欲与怀王会。怀王欲行,屈平曰:“秦,**虎狼**(　　)之国,不可信。不如毋行。”怀王稚子子兰劝王行:“奈何绝秦**欢**(　　)?”怀王**卒**(　　)行。入武关,秦伏兵绝其后,**因**(　　)**留**(　　)怀王,以求割地。怀王怒,不听。**亡**(　　)**走**(　　)赵,赵不**内**(　　)。复**之**(　　)秦,**竟**(　　)死于秦而**归**(　　)葬。

长子顷襄王立,以其弟子兰为令尹。楚人既**咎**(　　)子兰以劝怀王入秦而不**反**(　　)也。屈平既**嫉**(　　)之,虽放流,**眷顾**(　　)楚国,**系心**(　　)怀王,不忘欲反。冀幸君之**一**(　　)悟,俗之**一**(　　)改也。其**存**(　　)君兴国而欲**反覆**(　　)之,一篇之中三**致志**(　　)焉。然终无可奈何,故不可以反。卒以此见怀王之终不悟也。人君**无**(　　)愚、智、贤、不肖,莫不欲求**忠**(　　)以**自为**(　　),**举**(　　)贤

(　　　　　　)以**自佐**(　　　　　)；然亡国破家**相随属**(　　　　　)，而圣君**治国**(　　　　)累世而不见者，其所谓忠者不忠，而所谓贤者不贤也。怀王**以**(　　)不知忠臣之分，故**内**(　　　　)惑于郑袖，**外**(　　　)欺于张仪，疏屈平而信上官大夫、令尹子兰，**兵**(　　　)挫地削，**亡**(　　)其六郡，身客死于秦，**为**(　　)天下笑。此不知人之祸也。……

令尹子兰闻之，大怒，卒使上官大夫**短**(　　)屈原于顷襄王。顷襄王怒而**迁**(　　)之。

屈原至于江滨，**被**(　　　)发行吟泽畔，颜色憔悴，**形**(　　)**容**(　　　)枯槁。渔父见而问之曰："子非三闾大夫欤？何故而至此？"屈原曰："举世混浊而我独清，众人皆醉而我独醒，是以**见**(　　)放。"渔父曰："夫**圣人**(　　　　　)者，不**凝滞**(　　　　)于物，而能**与世推移**(　　　　　)。举世混浊，何不随其流而扬其波？众人皆醉，何不**餔**(　　　)其糟而**啜**(　　　)其**醨**(　　　)？何故**怀瑾握瑜**(　　　　　)，而自令见放**为**(　　)？"屈原曰："吾闻之，新沐者必**弹冠**(　　　　)，新浴者必振衣。人又谁能以身之**察察**(　　　)，受物之**汶汶**(　　　　　)者乎？宁赴**常流**(　　　　　)而葬乎江鱼腹中耳，又安能以**皓皓**(　　　　)之白，而**蒙**(　　　)世俗之**温蠖**(　　　　)乎？"乃作《怀沙》之赋。……于是怀石，遂自投汨罗以死。

屈原既死之后，楚有宋玉、唐勒、景差之**徒**(　　　　　　　　)者，皆好辞而以赋**见**(　　)**称**(　　　)；然皆**祖**(　　　)屈原之**从容**(　　　　)辞令，终莫敢直谏。其后楚日以削，数十年，竟**为**(　　)秦所灭。……

太史公曰："余读《离骚》《天问》《招魂》《哀郢》，悲其志。**适**(　　　　　)长沙，观屈原所自沉渊，未尝不垂涕，想见其为人。及见贾生吊之，又怪屈原以**彼其材**(　　　)，游诸侯，何国不容，而自令若是！读《服鸟赋》，**同**(　　　　　　　)死生，**轻**(　　　　　)**去就**(　　　　　)，又**爽然自失**(　　　　)矣。"

课后巩固练

一 基础过关练

(一)通假字：写出下列通假字所通之字并解释。

1."离骚"者，犹离忧也。　　"离"同"______"，__________

2.其称文小而其指极大　　"指"同"______"，__________

3.屈平既绌　　　　　　　　“绌”同“___”,________

4.其后秦欲伐齐,齐与楚从亲。　“从”同“___”,_____

5.乃令张仪详去秦　　　　　“详”同“___”,________

6.厚币委质事楚　　　　　　“质”同“___”,________

7.亡走赵,赵不内。　　　　“内”同“___”,________

(二)一词多义:解释下列加点字的含义。

1.属

①屈平属草稿未定 ______________

②然亡国破家相随属 ______________

③属予作文以记之 ______________

④举酒属客 ______________

⑤若属皆且为所虏 ______________

⑥有良田美池桑竹之属 ______________

⑦有宁越、徐尚、苏秦、杜赫之属为之谋 ______________

⑧名属教坊第一部 ______________

2.伐

①每一令出,平伐其功 ______________

②十年春,齐师伐我 ______________

③伐竹取道 ______________

④斯亦伐根以求木茂 ______________

⑤伐薪烧炭南山中 ______________

3.信

①信而见疑,忠而被谤 ______________

②低眉信手续续弹 ______________

③烟涛微茫信难求 ______________

④疏屈平而信上官大夫 ______________

4.约

①其文约,其辞微 ______________

②约之以礼 ______________

③怀王与诸将约 ______________

④舟首尾长约八分又奇 ______________

⑤约为婚姻 ______________

5.志

①《齐谐》者,志怪者也 ______________

②便扶向路,处处志之 ______________

③推此志也,虽与日月争光可也 ______________

④博闻强志 ______________

⑤聊斋志异 ______________

⑥《三国志》 ______________

6.见

①信而见疑 ______________

②靡不毕见 ______________

③曹刿请见 ______________

④君既若见录,不久望君来 ______________

⑤汝真女子之见 ______________

7.为

①而自令见放为 ______________

②数十年,竟为秦所灭 ______________

③为楚怀王左徒 ______________

④为国戍轮台 ______________

⑤为具言所闻 ______________

8.之

①王甚任之 ______________

②秦发兵击之 ______________

③怀王之宠姬郑袖 ______________

④复之秦 ______________

⑤受物之汶汶者乎 ______________

⑥见怀王之终不悟也 ______________

9.以

①竭忠尽智以事其君 ______________

②以一仪而当汉中地 ______________

③卒以此见怀王之终不悟也 ______________

④怀王以不知忠臣之分 ______________

⑤以中有足乐者,不知口体之奉不若人也 ______________

⑥不以物喜,不以己悲 ______________

⑦思厥先祖父,暴霜露、斩荆棘,以有尺寸之地 ______________

10.明

①明于治乱 ______________

②明道德之广崇 ______________

③谗谄之蔽明也 ______________

④至若春和景明 ______________

11.疏

①王怒而疏屈平 ______________

②以金笼进上,细疏其能 ______________

③窗外疏梅筛月影,依稀掩映 ______________

④《谏太宗十思疏》 ______________

(三)词语解释:解释下列加点词的含义。

1.博闻强志______________

2.娴于辞令______________

3.上官大夫与之同列______________

4.争宠而心害其能______________

5.屈平属草稿未定______________

6.每一令出,平伐其功______________

7.屈平疾王听之不聪也______________

8.人穷则反本________________

9.以刺世事________________

10.靡不毕见________________

11.其文约,其辞微________________

12.举类迩而见义远________________

13.不获世之滋垢________________

14.皭然泥而不滓者也________________

15.推此志也________________

16.厚币委质事楚________________

17.又因厚币用事者臣靳尚________________

18.楚人既咎子兰以劝怀王入秦而不反也________________

19.屈平既嫉之________________

20.卒使上官大夫短屈原于顷襄王________________

21.何不餔其糟而啜其醨________________

22.时秦昭王与楚婚________________

23.莫不欲求忠以自为________________

24.屈平疾王听之不聪也________________

25.谗谄之蔽明也________________

26.谗谄之蔽明也________________

27.邪曲之害公也________________

28.方正之不容也________________

29.明道德之广崇________________

30.其称文小而其指极大________________

31.蝉蜕于浊秽________________

32.蝉蜕于浊秽________________

33.厚币委质事楚________________

34.时秦昭王与楚婚________________

35.秦,虎狼之国________________

36.莫不欲求忠以自为________

37.举贤以自佐________

38.故内惑于郑袖________

39.外欺于张仪________

(四)特殊句式:指出下列句子在句式上的特殊之处并翻译。

1.屈原者,名平,楚之同姓也。

句式:________

译文:________

2.秦,虎狼之国,不可信。

句式:________

译文:________

3.信而见疑,忠而被谤,能无怨乎?

句式:________

译文:________

4.故内惑于郑袖,外欺于张仪。

句式:________

译文:________

5.身客死于秦,为天下笑。

句式:________

译文:________

6.是以见放。

句式:________

译文:________

7.明于治乱,娴于辞令。

句式:________

译文:________

8.卒使上官大夫短屈原于顷襄王。

句式:________

译文:________

9.而设诡辩于怀王之宠姬郑袖。

句式:________________

译文:________________

10.莫不欲求忠以自为,举贤以自佐。

句式:________________

译文:________________

11.人又谁能以身之察察,受物之汶汶者乎?

句式:________________

译文:________________

(五)成语积累:判断下列句子中加点成语使用的正误。

1.先秦时期,屈原作为一个怀瑾握瑜、特立独行的伟大诗人,可以说是自我意识高度张扬的典型。 (　　)

2.蒲松龄博闻强志,上知天文下知地理,他参加县、府、道考试,连夺三个第一。 (　　)

3.做学问,要尊重权威,但不迷信权威,敢于提出自己的观点,切不可随波逐流。 (　　)

(六)文化常识:判断下列古代文化常识的正误。

1."左徒"是战国时期楚国特有的官职,主要职责是参议国事、应对外交、制定法令。

(　　)

2.西汉末年,刘向整理文献,把屈原、宋玉的作品和汉代人效法屈原、宋玉所写的作品汇编成集,称为《楚辞》。《楚辞》是中国文学史上第一部浪漫主义诗歌总集。 (　　)

3.《离骚》是屈原的代表作品,是一篇宏伟壮丽的政治叙事诗。全诗三百七十多句,二千四百多字,篇幅之宏阔,在我国古典诗歌中是少有的。对诗题"离骚"二字,司马迁的解释是:"'离骚'者,犹离忧也。" (　　)

(七)名句填空:根据文章相关内容填空。

1.在《屈原列传》中,作者司马迁对"离骚"一词作出自己的解释的句子是:________________,________________。

2.在《屈原列传》中,司马迁认为屈原《离骚》的创作背景除了楚怀王听信谗言、不能明辨是非以外,还有"________________,________________",一针见血地指出了当时朝廷小人当道、正直之人遭到排挤的黑暗现实。

3. 在《屈原列传》中，司马迁认为屈原作《离骚》的另外一个原因可能是“怨生”，也就是心中有怨气，而导致屈原有怨气的直接原因是屈原“____________，______________。”

4. 在《屈原列传》中，作者司马迁连用了“____________，______________”这两个被动句写出了屈原诚信待人却被猜疑、忠心耿耿却被诽谤的现实，为下文写屈原心生怨气作《离骚》做铺垫。

5. 一个人辛苦困倦到极点的时候，往往会仰头长叹：“天啊！”，这种情况在司马迁的《屈原列传》中有形象的描述：____________，______________。

6. 在《屈原列传》中，司马迁为了论证“父母是人类的根本”这一观点，举了“____________，______________”这一例子进行了论证。

7. 在《屈原列传》中，司马迁对《诗经》里的《国风》和《小雅》进行了评价的句子是：____________，______________。

8. 在《屈原列传》中，司马迁分析了屈原《离骚》用来列举事实讽刺当世政治的句子是：____________，______________，______________。

9. 在《屈原列传》中，司马迁对屈原的《离骚》评价极高，认为其文字简练、用辞精到的两句是：____________，______________。

10. 在《屈原列传》中，司马迁认为屈原的《离骚》内容虽然细小但含义却极弘大，所举的事例虽然浅近但意义却很深远的两句是：______________________，______________________。

11. 我们读屈原的《离骚》，发现屈原在文章中经常用香花芳草作比喻，关于这一点，司马迁在《屈原列传》中作出了自己的解释：____________，____________。

12. 在《屈原列传》中，司马迁对屈原的为人做出了高度的评价，认为他志向远大，即使与日月对照，光辉也毫不逊色的句子是：__________________，__________________。

13. 在《屈原列传》中，司马迁认为屈原的《离骚》对道德的广大崇高，国家安定与动乱的前因后果，没有不作充分反映的句子是：__________________，____________________，__________________。

14. 司马迁用比喻高度评价屈原之志的句子是：______________，________________。

二 拓展阅读练

(一)阅读下面的材料,完成1—2题。(7分)

观足下所为文百余篇实先意气而后辞句慕古而尚仁义者苟为之不已资以学问则古作者不为难到古者其身不遇于世,寄志于言,求言遇于后世也。自两汉以来,富贵者千百,自今观之,声势光明,孰若马迁、相如、贾谊、刘向、扬雄之徒,斯人也岂求知于当世哉?

(选自杜牧《答庄充书》,有删节)

1.用斜线(/)给上面文言文中画线部分断句。(3分)

2.请分层概括这段话中作者的观点。(4分)

______

______

(二)阅读下面的文字,完成3—4题。(9分)

屈原既放,游于江潭,行吟泽畔,颜色憔悴,形容枯槁。

渔父见而问之曰:“子非三闾大夫欤?何故至于斯?”屈原曰:“举世皆浊我独清,众人皆醉我独醒,是以见放。”

渔父曰:“圣人不凝滞于物,而能与世推移。世人皆浊,何不淈其泥而扬其波?众人皆醉,何不餔其糟而啜其醨?何故深思高举,自令放为?”

屈原曰:“吾闻之,新沐者必弹冠,新浴者必振衣。安能以身之察察,受物之汶汶者乎?宁赴湘流,葬于江鱼之腹中。安能以皓皓之白,而蒙世俗之尘埃乎?”

渔父莞尔而笑,鼓枻而去,乃歌曰:“沧浪之水清兮,可以濯吾缨;沧浪之水浊兮,可以濯吾足。”遂去,不复与言。

《楚辞·渔父》

3.下列诗句中的“渔父”形象和《楚辞·渔父》中的“渔父”形象最接近的一项是(　　)(3分)

A.孤舟蓑笠翁,独钓寒江雪。(柳宗元《江雪》)

B.江上往来人,但爱鲈鱼美。君看一叶舟,出没风波里。(范仲淹《江上渔者》)

C.白发渔樵江渚上,惯看秋月春风。一壶浊酒喜相逢。(杨慎《临江仙》)

D.渔樵引入新花坞,儿女扶登小锦城。(范成大《携家石湖赏拒霜》)

4.《楚辞·渔父》中“清”和“浊”有多层意思，请分别解释这两个词在文中的含义。(6分)

三 高考真题练

(2019年全国卷Ⅰ)阅读下面的文言文，完成1—4题。(19分)

贾生名谊洛阳人也年十八以能诵诗属书闻于郡中吴廷尉为河南守闻其秀才召置门下甚幸爱孝文皇帝初立，闻河南守吴公治平为天下第一，故与李斯同邑而常学事焉，乃征为廷尉。廷尉乃言贾生年少，颇通诸子百家之书。文帝召以为博士。是时贾生年二十余，最为少。每诏令议下，诸老先生不能言，贾生尽为之对，人人各如其意所欲出。诸生于是乃以为能，不及也。孝文帝说之，超迁，一岁中至太中大夫。贾生以为汉兴至孝文二十余年，天下和洽，而固当改正朔，易服色，法制度，定官名，兴礼乐，乃悉草具其事仪法，色尚黄，数用五，为官名，悉更秦之法。孝文帝初即位，谦让未遑也。诸律令所更定，及列侯悉就国，其说皆自贾生发之。于是天子议以为贾生任公卿之位。绛、灌、东阳侯、冯敬之属尽害之，乃短贾生曰：“洛阳之人，年少初学，专欲擅权，纷乱诸事。”于是天子后亦疏之，不用其议，乃以贾生为长沙王太傅。贾生既辞往行，及渡湘水，为赋以吊屈原。为长沙王太傅三年。后岁余，贾生征见。孝文帝方受釐，坐宣室。上因感鬼神事，而问鬼神之本。贾生因具道所以然之状。至夜半，文帝前席。既罢，曰：“吾久不见贾生，自以为过之，今不及也。”居顷之，拜贾生为梁怀王太傅。梁怀王，文帝之少子，爱，而好书，故令贾生傅之。文帝复封淮南厉王子四人皆为列侯。贾生谏，以为患之兴自此起矣。贾生数上疏，言诸侯或连数郡，非古之制，可稍削之。文帝不听。居数年，怀王骑，堕马而死，无后。贾生自伤为傅无状，哭泣岁余，亦死。

(节选自《史记·屈原贾生列传》)

1.下列对文中画波浪线部分的断句，正确的一项是(　　)(3分)

A.贾生名谊/洛阳人也/年十八/以能诵诗属书闻于郡中吴廷尉/为河南守/闻其秀才/召置门下/甚幸爱/

B.贾生名谊/洛阳人也/年十八/以能诵诗属书闻于郡中/吴廷尉为河南守/闻其秀才/召置/门下甚幸爱/

C.贾生名谊/洛阳人也/年十八/以能诵诗属书闻于郡中/吴廷尉为河南守/闻其秀才/召置门下/甚幸爱/

D.贾生名谊/洛阳人也/年十八/以能诵诗属书闻/于郡中吴廷尉为河南守/闻其秀才/召置门下/甚幸爱/

2.下列对文中加点的词语相关内容的解说,不正确的一项是(　　)(3分)

A.诸子百家是先秦至汉初学术派别的总称,其中又以道、法、农三家影响最深远。

B.诏令作为古代的文体名称,是以皇帝的名义所发布的各种命令、文告的总称。

C.礼乐指礼制和音乐,古代帝王常常用兴礼乐作为手段,以维护社会秩序的稳定。

D.就国,是指受到君主分封并获得领地后,受封者前往领地居住并进行统治管理。

3.下列对原文有关内容的概括和分析,不正确的一项是(　　)(3分)

A.贾谊初入仕途,展现非凡才能。他受到廷尉推荐而入仕,当时年仅二十余岁,却让诸生自觉不如,不久得到文帝越级提拔,一年之间就当上太中大夫。

B.贾谊热心政事,遭到权要忌恨。他认为汉朝建立二十余年,政通人和,应当全盘改变秦朝法令,因此触及权贵利益,受到诋毁,文帝后来也疏远了他。

C.贾谊答复询问,重新得到重用。文帝询问鬼神之事,对贾谊的回答很满意,于是任命他为自己钟爱的小儿子梁怀王的太傅,又表示自己也比不上贾谊。

D.贾谊劝止封侯,文帝未予采纳。文帝封淮南厉王四个儿子为侯,贾谊认为祸患将自此兴起;数年之后,梁怀王堕马死,贾谊觉得未能尽责,悲泣而死。

4.把文中画横线的句子翻译成现代汉语。(10分)

(1)乃短贾生曰:“洛阳之人,年少初学,专欲擅权,纷乱诸事。”

____

(2)贾生数上疏,言诸侯或连数郡,非古之制,可稍削之。

____

苏 武 传

课前预习练 解释下列粗体字的含义

苏 武 传

班 固

武，字子卿。少**以**(　　)父任，兄弟**并**(　　)为郎。**稍**(　　)**迁**(　　)至栘中厩监。时汉连伐胡，**数**(　　)**通使**(　　)相**窥观**(　　)。匈奴留汉使郭吉、路充国等，前后**十余辈**(　　)。匈奴使来，汉亦留之**以**(　　)**相当**(　　)。天汉元年，且鞮侯单于初立，恐汉袭之，乃曰："汉天子我**丈人**(　　)**行**(　　)也。"尽归汉使路充国等。武帝嘉其义，乃遣武以中郎将使持**节**(　　)送匈奴使留在汉者，**因**(　　)**厚赂**(　　)单于，**答**(　　)其善意。武与副中郎将张胜及**假吏**(　　)常惠等募**士**(　　)斥候百余人俱，既至匈奴，**置**(　　)**币**(　　)**遗**(　　)单于；单于**益**(　　)骄，非汉所望也。

方(　　)欲**发**(　　)使送武等，**会**(　　)缑王与长水虞常等谋反匈奴中。缑王者，昆邪王姊子也，与昆邪王俱降汉，后随浞野侯**没**(　　)胡中。及卫律所**将**(　　)降者，**阴**(　　)**相与**(　　)谋劫单于母阏氏归汉。会武等至匈奴，虞常在汉时，**素**(　　)与副张胜**相知**(　　)，**私候**(　　)胜曰："闻汉天子甚怨卫律，常能为汉伏弩射杀之，吾母与弟在汉，**幸**(　　)**蒙**(　　)其赏赐。"张胜**许**(　　)之，以**货物**(　　)与常。

后月余，单于出猎，独阏氏子弟在。虞常等七十余人欲**发**(　　)，其一人**夜**(　　)

亡(　　),**告**(　　)之。单于子弟发兵与战。缑王等皆死,虞常**生得**(　　)。单于使卫律**治**(　　)其事,张胜闻之,恐前语**发**(　　),以**状**(　　)**语**(　　)武。武曰:"事如此,此必**及**(　　)我,**见犯**(　　)**乃**(　　)死,**重**(　　)负国。"欲自杀,胜、惠共止之。虞常果**引**(　　)张胜。单于怒,召诸贵人议,欲杀汉使者。左伊秩訾曰:"**即**(　　)谋单于,何以复加?宜皆**降**(　　)之。"

单于使卫律召武**受辞**(　　)。武谓惠等:"**屈节辱命**(　　),**虽**(　　)生,何面目以归汉!"**引**(　　)佩刀自刺。卫律惊,自抱持武,**驰**(　　)召医。凿地为**坎**(　　),置**煴火**(　　),覆武其上,**蹈**(　　)其背以出血。武气**绝**(　　),半日复**息**(　　)。惠等哭,**舆**(　　)归营。单于**壮**(　　)其节,朝夕遣人**候问**(　　)武,而**收**(　　)**系**(　　)张胜。

武益愈,单于**使**(　　)使晓武,**会**(　　)**论**(　　)虞常,欲**因**(　　)此时降武。剑斩虞常已,律曰:"汉使张胜谋杀单于近臣,**当**(　　)死。单于募降者赦罪。"举剑欲击之,胜请降。律谓武曰:"副有罪,当**相坐**(　　)。"武曰:"本**无谋**(　　),又非亲属,何谓相坐?"复举剑**拟**(　　)之,武不动。律曰:"苏君,律前负汉归匈奴,幸蒙大恩,赐号称王。拥众数万,马畜**弥**(　　)山,富贵如此!苏君今日降,明日复**然**(　　)。空以身**膏**(　　)草野,谁复知之!"武不应。律曰:"君**因**(　　)我降,与君为兄弟;今不听吾计,后**虽**(　　)欲复见我,尚可得乎?"武骂律曰:"汝为人臣子,不顾恩义,**畔**(　　)主背亲,为降虏于蛮夷,何以汝**为**(　　)见?且单于信汝,使决人死生,不平心持正,反欲**斗**(　　)两主,观祸败。**若**(　　)知我不降明,欲令两国相攻,匈奴之祸,从我始矣。"

律知武终**不可胁**(　　),**白**(　　)单于。单于**愈益**(　　)欲降之。乃**幽**(　　)武置大窖中,绝不饮食。天**雨**(　　)雪,武卧**啮**(　　)雪,与**旃**(　　)毛并咽之,数日不死。匈奴**以为**(　　)神。乃徙武北海上无人处,使牧**羝**(　　),羝乳乃得归。**别**(　　)其官属常惠等各置他所。武既至海上,**廪食**(　　)不至,掘野鼠**去**(　　)**草实**(　　)而食之。**杖**(　　)汉节牧羊,卧起操持,节旄尽落。积五六年,单于弟於靬王**弋射**(　　)海上。武能**网**(　　)**纺缴**(　　),**檠**(　　)弓弩,於靬王爱之,给其衣食。三岁余,王病,赐武马畜、服匿、穹庐。王死后,人众徙去。其冬,丁令盗武牛羊,武复**穷厄**(　　)。

初,武与李陵俱为侍中。武使匈奴,**明年**(　　),陵降,不敢**求**(　　)武。久之,单于使陵至海上，为武置酒设乐。因谓武曰：“单于闻陵与子卿**素**(　　　)厚，故使陵来说足下，**虚心**(　　　)欲相待。终不得归汉，**空**(　　　)自苦亡(　　　)人之地，信义安所**见**(　　　)乎？前**长君**(　　　　)为奉车，从至雍棫阳宫，扶辇下**除**(　　　　　　　　　　　)，触柱折辕，**劾**(　　　)大不敬，伏剑自刎，赐钱二百万以葬。孺卿从**祠**(　　)河东后土，宦骑与黄门驸马争船，推堕驸马河中溺死，宦骑亡，诏使孺卿逐捕，不得，惶恐饮药而死。来时太夫人已**不幸**(　　　　)，陵送葬至阳陵。子卿妇年少，闻已**更嫁**(　　　)矣。独有**女弟**(　　　)二人，两女一男，今复十余年，存亡不可知。人生如朝露，何久自苦如此！陵始降时，**忽忽如狂**(　　　　　)，自痛负汉，加以老母**系**(　　　)保宫。子卿不欲降，何以过陵？且陛下**春秋**(　　)高，法令**亡**(　　　　)**常**(　　　　)，大臣**亡**(　　　)罪**夷灭**(　　　　　　　)者数十家，安危不可知，子卿**尚复**(　　　　　)谁为乎？愿听陵计，勿复有云。”武曰：“武父子**亡**(　　　)功德，皆**为**(　　　)陛下所**成就**(　　　)，位列将，爵通侯，兄弟**亲近**(　　　　)，常愿肝脑涂地。今得杀身自**效**(　　　　　)，虽**蒙**(　　　)斧钺汤镬，**诚**(　　　)甘乐之。臣事君，犹子事父也，子为父死，**亡**(　　　)所恨，愿勿复再言！”

陵与武饮数日，复曰：“子卿**壹**(　　　)听陵言！”武曰：“自**分**(　　　　)已死久矣！王必欲降武，请**毕**(　　　)今日之欢，**效死于前**(　　　　　　)！”陵见其**至**(　　　)诚，喟然叹曰：“嗟乎，义士！陵与卫律之罪上**通**(　　)于天！”因泣下**沾衿**(　　　　　　衿：　　　　)，与武**决**(　　　　　　)去。……

昭帝即位，数年，匈奴与汉和亲。汉求武等，匈奴诡言(　　　)武死。后汉使复至匈奴，常惠请**其守者**(　　　　　)与俱，得夜见汉使，**具**(　　　　)自**陈道**(　　　)。教使者谓单于，言天子射上林中，得雁，足有系帛书，言武等在某泽中。使者大喜，**如**(　　　)惠语以**让**(　　　)单于。单于视左右而惊，**谢**(　　　　)汉使曰：“武等**实在**(　　　)。”……

单于**召会**(　　　　)武官属，前**以**(　　　　　)降及**物故**(　　　)，凡随武还者九人。武**以**(　　　　　)始元六年春至京师。……武留匈奴**凡**(　　　　)十九岁，始以强壮出，**及**(　　　)还，须发尽白。

课后巩固练

一 基础过关练

(一)通假字:写出下列通假字所通之字并解释。

1.蹈其背以出血　　“蹈”同“____”,________

2.不顾恩义,畔主背亲　　“畔”同“____”,________

3.与旃毛并咽之　　“旃”同“____”,________

4.掘野鼠去草实而食之　　“去”同“____”,________

5.空自苦亡人之地　　“亡”同“____”,________

6.信义安所见乎　　“见”同“____”,________

7.法令亡常　　“亡”同“____”,________

8.大臣亡罪夷灭者数十家　　“亡”同“____”,________

9.武父子亡功德　　“亡”同“____”,________

10.因泣下沾衿,与武决去　　“决”同“____”,________

11.前以降及物故　　“以”同“____”,________

(二)一词多义:解释下列加点字的含义。

1.稍

①稍迁至移中厩监________

②县官日有廪稍之供________

2.幸

①幸蒙其赏赐________

②即不幸有方二三千里之旱________

③贼二人得我,我幸皆杀之矣________

④财物无所取,妇女无所幸________

⑤缦立远视,而望幸焉________

3.若

①若知我不降明________

②众士慕仰,若水之归海________

③徐公不若君之美也________

④若潜师以来,国可得也________

⑤桑之未落,其叶沃若________

4.亡

①其一人夜亡________

②空自苦亡人之地________

③山东豪俊遂并起而亡秦族矣________

④今刘表新亡,二子不协________

5.见

①见犯乃死________

②信义安所见乎________

③于是入朝见威王________

④敢陈愚见________

⑤见牛未见羊也________

(三)词语解释:解释下列加点词的含义。

1.单于壮其节 ________

2.诚甘乐之 ________

3.欲因此时降武 ________

4.空以身膏草野 ________

5.反欲斗两主 ________

6.单于愈益欲降之 ________

7.何久自苦如此 ________

8.王必欲降武 ________

9.尽归汉使路充国等________

10.屈节辱命 ____________;______________

11.别其官署常惠等 ________

12.宜皆降之 ________

13.天雨雪 ________

14.羝乳乃得归 ________

15.杖汉节牧羊 ________

16.武能网纺缴,檠弓弩 ________

17.惠等哭,舆归营 ________

18.陵与卫律之罪,上通于天 ________

19.绝不饮食 ________

(四)特殊句式:指出下列句子在句式上的特殊之处并翻译。

1.乃遣武以中郎将使持节送匈奴使留在汉者。

句式:____

译文:____

2.为降虏于蛮夷。

句式:____

译文:____

3.何以汝为见?

句式:____

译文:____

4.见犯乃死,重负国。

句式:____

译文:____

5.皆为陛下所成就。

句式:____

译文:____

(五)成语积累:判断下列句子中加点成语使用的正误。

1.纵使生活艰难,年轻的他依旧白发丹心,坚守初衷。 (　　)

2.苏武被匈奴幽禁,卧雪吞毡,坚贞不屈,是一位让人敬佩的民族英雄。 (　　)

3.他们虽然已多年未见面,但总会不定期的雁足留书,互报平安。 (　　)

(六)文化常识:判断下列古代文化常识的正误。

1.《汉书》,是中国第一部纪传体通史,"二十四史"之一。《苏武传》是其中一篇。 (　　)

2. 太子洗马是辅佐太子，教太子政事、文理的官职，秦汉始置，从五品。（　　）

3.《苏武传》是汉代史学家、文学家班固创作的史传文，是属于《汉书》“志”的部分。

（　　）

（七）名句填空：根据文章相关内容填空。

1.《苏武传》中写匈奴单于为了胁迫苏武投降，把他关在大窖里，断绝食物的语句是：__________，__________。

2.《苏武传》中写苏武被囚禁，为了活着吃雪吞毡毛的句子是：__________，__________。

3.《苏武传》中写匈奴单于把苏武流放到北海边，为了不让苏武回去，提出了一个让公羊产子的荒谬条件的语句是：__________，__________，__________。

4.《苏武传》中写卫律告诉单于苏武不屈服，不投降，表现单于想法的句子是：__________。

5.《苏武传》中写苏武被囚禁，吃雪吞毡毛，但苏武始终不屈服，不投降，表现匈奴人看法的语句是：__________。

6.《苏武传》中写丁令人偷走了苏武的牛羊，苏武再次陷于困境的句子是：__________，__________。

二 拓展阅读练

阅读下面两个文言文片段，完成1—2题。（12分）

文段一

李陵字少卿，拜为骑都尉。将勇敢五千人，教射酒泉、张掖以备胡。夜半时，陵与韩延年俱上马，壮士从者十余人。虏骑数千追之，韩延年战死。陵曰：“无面目报陛下！”遂降。军人分散，脱至塞者四百余人。后闻陵降，上怒甚，群臣皆罪陵。迁盛言：“陵常奋不顾身以殉国家之急。①<u>提步卒不满五千，抑数万之师，转斗千里，虽古名将不过也。</u>身虽陷败，然其所摧败亦足暴于天下。彼之不死，宜欲得当以报汉也。”上以迁诬罔，下迁腐刑。陵在匈奴二十余年，元平元年病死。

（节选自《汉书·李陵传》，有删改）

文段二

子卿足下：

陵自初降，以至今日，身之穷困，独坐愁苦。与子别后，益复无聊，上念老母，临年被戮；妻子无辜，并为鲸鲵。身负国恩，为世所悲。子归受荣，我留受辱，命也何如？身出礼义之乡，而入无知之俗；违弃君亲之恩，长为蛮夷之域。伤已！令先君之嗣，更成戎狄之族，又自悲矣！功大罪小，不蒙明察，孤负陵心区区之意。每一念至，忽然忘生。陵不难刺心以自明，刎颈以见志，顾国家于我已矣，②杀身无益，适足增羞，故每攘臂忍辱，辄复苟活。

（节选自《答苏武书》，有删改）

1. 翻译文段中画横线的句子。（8分）

①____

②____。

2. 简要点评文中的主要人物。（4分）

李陵：____________________________________

司马迁：____________________________________

三 高考真题练

（2021年全国乙卷）阅读下面的文言文，完成1—4题。（19分）

戴胄忠清公直擢为大理少卿上以选人多诈冒资荫敕令自首不首者死未几有诈冒事觉者上欲杀之胄奏据法应流 上怒曰：“卿欲守法，而使朕失信乎？”对曰：“敕者出于一时之喜怒，法者国家所以布大信于天下也。陛下忿选人之多诈，故欲杀之，而既知其不可，复断之以法，此乃忍小忿而存大信也。”上曰：“卿能执法，朕复何忧！”胄前后犯颜执法，言如涌泉，上皆从之，天下无冤狱。鄃令裴仁轨私役门夫，上怒，欲斩之。殿中侍御史长安李乾祐谏曰：“法者，陛下所与天下共也，非陛下所独有也。今仁轨坐轻罪而抵极刑，臣恐人无所措手足。”上悦，免仁轨死，以乾祐为侍御史。上谓侍臣曰：“朕以死刑至重，故令三覆奏，盖欲思之详熟故也。而有司须臾之间，三覆已讫。又，古刑人，君为之彻乐减膳。朕庭无常设之乐，然常为之不啖酒肉。又，百司断狱，唯据律文，虽情在可矜，而不敢违法，其间岂能尽无冤乎？”丁亥，制：“决死囚者，二日中五覆奏，下诸州者三覆奏。行刑之日，尚食勿进酒肉，内教坊及太常不举乐。皆令门下覆视，有据法当死而情可矜者，录状以闻。”由是全活甚众。其五覆奏者以决前一二日，至决日又三覆奏。惟犯恶逆者一覆奏而已。上尝与侍臣论狱，魏征曰：“炀帝时尝有盗发，帝令於士澄捕之，少涉疑似，皆拷讯取服，凡二千余人，帝悉令斩之。大理丞张元济怪其多，试寻其状，内五人尝为盗，余皆平民。竟不敢执奏，尽杀之。”上曰：“此岂唯炀帝无道，其臣亦不尽忠。君臣如此，何得不亡？公等宜戒之！”

（节选自《通鉴经事本末·贞观君臣论治》）

1.下列对文中画波浪线部分的断句，正确的一项是（　　）（3分）

A.戴胄忠清公直/擢为大理少卿/上以选人/多诈冒资荫/敕令自首/不首者死/未几有诈冒事觉者/上欲杀之/胄奏/据法应流/

B.戴胄忠清公直/擢为大理少卿/上以选人多诈冒资荫/敕令自首/不首者死/未几有诈冒/事觉者上欲杀之/胄奏/据法应流

C.戴胄忠清公直/擢为大理少卿/上以选人多诈冒资荫/敕令自首/不首者死/未几有诈冒事觉者/上欲杀之/胄奏/据法应流/

D.戴胄忠清公直/擢为大理少卿/上以选人/多诈冒资荫/敕令自首/不首者死/未几有诈冒/事觉者上欲杀之/胄奏/据法应流/

2.下列对文中加点词语的相关内容的解说，不正确的一项是（　　）（3分）

A.犯颜，指敢于冒犯君王或尊长的威严，常常用于表示直言敢谏的执着态度。

B.抵极刑，抵刑即处刑，抵极刑指犯人受到死刑外加上尸体示众的极端刑罚。

C.减膳，古代帝王遇到天灾等让自己感到内疚的情况时，常食素或减少肴馔。

D.大理丞，大理丞是大理寺的重要官员，大理寺是我国古代掌管刑狱的官署。

3.下列对原文有关内容的概述，不正确的一项是（　　）（3分）

A.戴胄认为法律是国家用以取信于天下的条例，若皇上敕令与法冲突，应以法为准绳，唐太宗听从了戴胄的意见，并高度评价他的看法。

B.裴仁轨因私事使唤门夫，唐太宗要处死他，李乾祐说法律为皇帝与天下共有，不可轻罪重判；太宗免去仁轨死罪，以乾祐为侍御史。

C.唐太宗认为死刑关乎人命，如果机械执行法条难免会出现冤案，于是加强死刑覆奏，让判决更为审慎，这一举措使许多人得以活命。

D.魏征说，隋炀帝滥杀无辜，张元济不敢谏诤；唐太宗认为正是因为臣不尽忠，最终导致了隋朝灭亡，因此告诫群臣一定要吸取教训。

4.把文中画横线的句子翻译成现代汉语。(10分)

(1)而既知其不可,复断之以法,此乃忍小忿而存大信也。

(2)皆令门下覆视,有据法当死而情可矜者,录状以闻。

过 秦 论

课前预习练 解释下列粗体字的含义

过(　　)秦论

贾　谊

秦孝公**据**(　　)**崤函**(　　)之**固**(　　　　),**拥**(　　)雍州之地,君臣**固**(　　　　)守**以**(　　　)**窥**(　　　)周室,有**席**(　　　　　)卷天下,**包**(　　　　　　　)举宇内,**囊**(　　　　　)括四海之意,**并吞**(　　　)**八荒**(　　　　　　　　　　　　　　)之心。**当是时**(　　　)也,商君佐之,**内**(　　　　　　)立法度,**务**(　　　　)**耕织**(　　　　),修**守战**(　　　　　)之**具**(　　　),**外**(　　　　　)**连衡**(　　　　　　　　　　　　　)而**斗**(　　　)诸侯。于是秦人**拱手**(　　　　　　　　)而取**西河**(　　　)之外。

孝公**既**(　　)**没**(　　　　　),惠文、武、昭襄**蒙**(　　)**故业**(　　　　),**因**(　　　)遗策,**南**(　　　　　　)取汉中,**西**(　　　　　　)**举**(　　　　)巴、蜀,**东**(　　　　　　　　)割**膏腴**(　　　)之地,**北**(　　　　)收**要害之郡**(　　　　　)。诸侯恐惧,**会盟**(　　　　　　)而谋**弱**(　　　　　　)秦,不**爱**(　　　)珍器重宝肥饶之地,**以**(　　　)**致**(　　　)天下之士,**合从**(　　　　　　　)缔交,**相与**(　　　　)**为一**(　　　　)。当此之时,齐有孟尝,赵有平原,楚有春申,魏有信陵。此四君者,皆明智而忠信,宽厚而爱人,**尊贤**(　　　　　　)而重士,**约**(　　)**从**(　　　)**离**(　　　　)**衡**(　　　　),**兼**(　　　　)韩、魏、燕、楚、齐、赵、宋、卫、中山之**众**(　　　)。**于是**(　　　)六国之士,有甯越、徐尚、苏秦、杜赫之**属**(　　　　　　)为之**谋**(　　　),齐明、周最、陈轸、召滑、楼缓、翟景、苏厉、乐毅之**徒**(　　　)**通**(　　)其**意**(　　),

吴起、孙膑、带佗、倪良、王廖、田忌、廉颇、赵奢之**伦**(　　　　　)**制**(　　　)其兵(　　　)。**尝**(　　　)**以**(　　　)十倍之地，百万之众，**叩**(　　　)关而攻秦。秦人开关**延**(　　　)敌，九国之师，**逡巡**(　　　　　)而不敢进。秦无**亡**(　　　)矢遗**镞**(　　　)之**费**(　　　)，而天下诸侯已**困**(　　　　　)矣。于是**从**(　　　)散约败，争割地而赂秦。秦有余力而**制**(　　　)其**弊**(　　　)，追**亡**(　　　　　)逐**北**(　　　　)，伏尸百万，流血**漂**(　　　　　)**橹**(　　　)；**因**(　　　)**利**(　　　　　)**乘**(　　　)**便**(　　　　　)，宰割天下，分裂山河。强国**请服**(　　　　　)，弱国入朝。延及孝文王、庄襄王，**享**(　　　)国之日**浅**(　　　)，国家无**事**(　　　)。

及至始皇，**奋**(　　　)六世之**余烈**(　　　　)，**振**(　　　)长**策**(　　　)而**御**(　　　)宇内，吞二周而**亡**(　　　　　　)诸侯，**履**(　　　　　　)至**尊**(　　　　　)而制**六合**(　　　　　　)，执**敲扑**(　　　　　　　　)而鞭笞天下，**威振**(　　　　　)四海。**南**(　　　　　)取百越之地，**以为**(　　　　)桂林、象郡；百越之君，俯首**系颈**(　　　　　　)，**委**(　　　)命**下吏**(　　　)。乃使蒙恬**北**(　　　　　)筑长城而守**藩篱**(　　　　藩：　　　)，**却**(　　　)匈奴七百余里；胡人不敢南下而牧马，士不敢**弯**(　　　　　)弓而**报怨**(　　　怨：　　　)。于是废先王之道，焚**百家之言**(言：　　　　　　　　)，以**愚**(　　　)**黔首**(　　　黔：　)；**隳**(　　　)名城，杀豪杰；收天下之兵(　　)，聚之咸阳，**销**(　　　　)**锋镝**(　　　　　　)，<u>铸以为金人十二</u>(句式：　　　　　　　)，以**弱**(　　　　)天下之民。然后**践**(　　　　　　)华为城，**因**(　　　)**河**(　　　)为**池**(　　　)，据亿丈之城，临不测之渊，**以为**(　　　　　　　)**固**(　　　　)。良将**劲弩**(　　　　　　　)守要害之处，**信臣**(　　　　　)精卒**陈**(　　　)**利兵**(　　　)而**谁何**(　　　何：　　　　　)。天下已定，始皇之心，自**以为**(　　　)关中之**固**(　　　　　　)，**金城**(　　　　金：　　　)千里，子孙帝王万世之业也。

始皇**既**(　　　)**没**(　　　　)，余威震于**殊俗**(　　　　　)。然陈涉**瓮**(　　　　　)**牖**(　　　　)**绳**(　　　　　)**枢**(　　　　)之子，**氓隶**(　　氓：　；隶：　　)之人，而**迁徙之徒**(　　　徒：　　　)也；才能不及**中人**(　　　　)，非有仲尼、墨翟之贤，陶朱、猗顿之富；**蹑足**(　　　　　)**行伍**(　　　　　　　　　　)之间，而**倔起**(　　　)**阡陌**(　　　　　)之中，率疲弊之卒，**将**(　　　)数百之众，转而攻秦；斩木为**兵**(　　　)，**揭**

(　　)竿为旗，天下云(　　　　　　　)集响(　　　　　　　)应，**赢**(　　)粮而**景**(　　)从。**山东**(　　　　)豪俊遂**并**(　　)起而亡秦族矣。

且夫(　　)天下非**小**(　　　　　)**弱**(　　　　)也，雍州之地，**崤函**(　　　　)之固，自若也(句式：　　　　　)。陈涉之位，非**尊**(　　)**于**(　　)齐、楚、燕、赵、韩、魏、宋、卫、中山之君也；**锄櫌**(　　　　　)**棘矜**(　　　　　　　　　　　　棘：　　　)，非**铦**(　　　)**于**(　　)**钩戟**(　　　)**长铩**(　　　)也；**谪戍**(　　　)之众，非**抗**(　　　　)**于**(　)九国之**师**(　　)也；深谋远虑，行军用兵之道，非及**乡时**(　　　　　　　　乡：　　)之士也。然而成败异变，功业相反，何也？**试使**(　　)山东之国与陈涉**度**(　　　)长**絜**(　　　)大，比权量力，则不可同年而语矣。然秦**以**(　　　　)**区区**(　　　)之地，**致**(　　　　)万**乘**(　　　　　　　)之势，**序**(　　　　　)**八州**(　　　　　)而**朝**(　　　)**同列**(　　　)，百**有**(　　　)余年矣；然后以六合为家，崤函为宫；一夫**作难**(　　　　)而**七庙**(　　　　　　　　　)**隳**(　　)，**身死人手**(　　　　　)，**为**(　　　)天下笑者，何也？仁义不施(句式：　　　　　)而**攻**(　　　　　)**守**(　　　　　　　　)**之势**(　　)异也。

课后巩固练

一　基础过关练

(一)通假字：写出下列通假字所通之字并解释。

1. 合从缔交/约从离衡/于是从散约败　“从”同“____”，__________
2. 赢粮而景从　“景”同“____”，__________
3. 百有余年矣　“有”同“____”，__________
4. 秦有余力而制其弊　“弊”同“____”，__________
5. 陈利兵而谁何　“何”同“____”，__________
6. 孝公既没　“没”同“____”，__________
7. 外连衡而斗诸侯　“衡”同“____”，__________
8. 而倔起阡陌之中　“倔”同“____”，__________

(二)一词多义:解释下列加点字的含义。

1.北

①追亡逐北________

②北收要害之郡________

③将军战河北________

2.因

①因力乘便________

②因遗策________

③虎因喜,计之曰________

3.致

①以致天下之士________

②致万乘之势________

③而致千里________

4.亡

①秦无亡矢遗镞之费________

②追亡逐北,伏尸百万________

③吞二周而亡诸侯________

④从径道亡,归璧于赵________

⑤燕虽小国而后亡________

⑥今刘表新亡,二子不协________

5.制

①秦有余力而制其弊________

②赵奢之伦制其兵________

③乃重修岳阳楼,曾其旧制________

④终岁不制衣则寒________

⑤吾不能举全吴之地,十万之众,受制于人________

6.固

①秦孝公据崤函之固________

②君臣固守以窥周室________

③固国不以山溪之险________

④汝心之固,固不可彻________

⑤得鱼腹中书,固以怪之矣________

⑥秦王恐其破璧,乃辞谢,固请________

7.遗

①秦无亡矢遗镞之费________

②路不拾遗________

③蒙故业,因遗策________

④是以先简拔以遗陛下________

⑤小学而大遗,吾未见其明也________

8.度

①内立法度________

②试使山东之国与陈涉度长絜大________

③万里赴戎机,关山度若飞________

④平心而度之,吾果无一失乎________

⑤生之有时,而用之无度,则物力必屈________

⑥卒起不意,尽失其度________

(三)词语解释:解释下列加点词的含义。

1.有包举宇内________

2.席卷天下________

3.囊括四海之意________

4.天下云集响应________

5.赢粮而景从________

6.乃使蒙恬北筑长城而守藩篱________

7.然陈涉瓮牖绳枢之子________;________

8.序八州而朝同列________________

9.然陈涉瓮牖绳枢之子________;________

10.履至尊而制六合__________

11.追亡逐北__________;__________

12.外连横而斗诸侯__________

13.序八州而朝同列__________

14.却匈奴七百余里__________

15.约从离衡__________

16.山东豪俊遂并起而亡秦族矣__________

17.秦孝公据崤函之固__________

18.尊贤而重士__________

19.因利乘便__________

20.非有仲尼、墨翟之贤,陶朱、猗顿之富__________;__________

21.会盟而谋弱秦__________

22.以弱天下之民__________

23.以愚黔首__________

24.且夫天下非小弱也__________

25.赢粮而景从__________

26.山东豪俊遂并起__________

27.流血漂橹__________

28.以致天下之士__________

29.南取百越之地,以为桂林、象郡__________

30.才能不及中人__________

(四)特殊句式:指出下列句子在句式上的特殊之处并翻译。

1.南取百越之地,以为桂林、象郡。

句式:__________

译文:__________

2.百越之君,俯首系颈,委命下吏。

句式:__________

译文:__________

3.为天下笑者,何也?

句式:________________

译文:________________

4.然陈涉瓮牖绳枢之子,氓隶之人,而迁徙之徒也。

句式:________________

译文:________________

5.崤函之固,自若也。

句式:________________

译文:________________

6.信臣精卒陈利兵而谁何。

句式:________________

译文:________________

7.谪戍之众,非抗于九国之师也。

句式:________________

译文:________________

8.铸以为金人十二。

句式:________________

译文:________________

(五)成语积累:判断下列句子中加点成语使用的正误。

1.这道菜入口清爽,咸味适中,比他过去在北京街头小饭店吃的炒青菜,自然不可同年而语。（　　）

2.人生如下棋,深谋远虑者获胜。（　　）

3.霸权主义者想席卷天下,征服世界,这简直就是白日做梦。（　　）

4.一场战争不但要会审时度势,还要因利乘便才能取得胜利。（　　）

5.一旦到了他们活着比死亡还可怕的时候,他们就会揭竿而起。（　　）

6.吴广均为饥寒交迫的“瓮牖绳枢之子”,虽常年与人佣耕,但又胸怀“鸿鹄之志”,无时不在渴望着一个有意义的“富贵”人生。（　　）

(六)文化常识:判断下列古代文化常识的正误。

1.齐国的孟尝君(田文),赵国的平原君(赵胜),楚国的春申君(黄歇),魏国的信陵君(魏无忌)。四人均以"善养士(以招揽宾客著称)"闻名,都是当时仅次于国君的当政者。又称"战国四君子"。 ( )

2.万乘:兵车万辆。表示军事力量强大。周朝制度,天子出兵车万乘,诸侯出兵车千乘,后世以"万乘"称天子。 ( )

3.战国、秦、汉时代,通称崤山以东为山东。山东,有时也泛指战国时秦国以外的六国领土。 ( )

4.合纵:是联合六国共同对付秦国的策略。亦作"合从"。张仪就是主张合纵的纵横家。 ( )

5.传说中的我国上古时期划分的九个行政区域,州名分别为:冀、兖、青、徐、扬、荆、豫、梁、雍。"九州"后来成为中国的别称。 ( )

6."四海"指天下、全国;"六合"指上下和四方,泛指天下;"八荒"指四面八方遥远的地方,犹称"天下"。 ( )

7.陛,是宫殿。古代臣子不敢直达皇上,就告诉在陛下面的人,请他们转达,所以用陛下代称皇上。殿下,也是对皇上的尊称。 ( )

8.《过秦论》选自《新书》,作者贾谊,西汉人。"过秦"即指出秦的过失。《过秦论》有上中下三篇,这里选的是上篇。 ( )

9.兵部是古代"六部"之一,掌管全国武官选用和兵籍、军械、军令等事宜。 ( )

(七)名句填空:根据文章相关内容填空。

1.《过秦论》中贾谊用"__________,__________,__________,__________"短短的四个句子就写出了陈涉举义旗并得到天下热烈响应的情况。

2.《过秦论》中极言陈涉出身贫寒和地位低贱的句子是:__________,__________,__________。

3.《过秦论》中,秦孝公时期,对内采取的政治策略是:__________,__________,__________。

4.《过秦论》中,描写战国四公子的特点是:__________,__________,__________。

5.《过秦论》中，总括惠文王、武王、昭襄王时秦国强大盛况的句子是：________________，________________。

6.《过秦论》中，写秦孝公时期占有有利地势的两句是：________________，________________。

7.《过秦论》中，写秦始皇自以为江山永固的语句是：________________，________________，________________。

8.《过秦论》中，描写陈涉起义所使用的武器与秦国相比的句子是：________________，________________。

9.《过秦论》中结尾一段在列举了陈涉的诸多弱点后，总结出了陈涉与当年诸侯联盟完全不能相提并论的结论：________________，________________，________________。

10.《过秦论》中，贾谊指出秦的过失即灭亡的根本原因就在于“________________”。

11.《过秦论》中，秦朝建立以后采取了一系列措施来巩固它的政权，文化上：________________，________________，________________。

12.《过秦论》中，描写秦末起义的结果的句子是：________________。

13.《过秦论》一文中“________________，________________”形象地描写了秦始皇得到天下后，派遣得力的将领、士兵守卫要塞，盘问过往行人的情景。

14.《过秦论》中最能直接反映秦始皇用严酷的刑罚来奴役天下百姓的一句是：________________。

15.贾谊文采斐然，在《过秦论》中便用一组排比，“________________，________________，________________，________________”形象地概括了秦始皇仰仗武力征服天下诸侯，登上皇帝宝座，奴役天下百姓的场景。

二 拓展阅读练

阅读下面的文言文片段，完成1—4题。(19分)

论积贮疏

贾 谊

管子曰："仓廪实而知礼节。"民不足而可治者，自古及今，未之尝闻。古之人曰："一夫不耕，或受之饥；一女不织，或受之寒。"生之有时，而用之亡度，则物力必屈。古之治天下，至孅至悉也，故其畜积足恃。今背本而趋末，食者甚众，是天下之大残也；淫侈之俗，日日以长，是天下之大贼也。残贼公行，莫之或止；大命将泛，莫之振救。生之者甚少，而靡之者甚多，天下财产何得不蹶！汉之为汉几四十年矣，公私之积，犹可哀痛。失时不雨，民且狼顾；岁恶不入，请卖爵子。既闻耳矣，安有为天下阽危者若是而上不惊者？

世之有饥穰，天之行也，禹、汤被之矣。即不幸有方二三千里之旱，国胡以相恤？卒然边境有急，数千百万之众，国胡以馈之？兵旱相乘，天下大屈，有勇力者聚徒而衡击，罢夫羸老易子而咬其骨。政治未毕通也，远方之能疑者，并举而争起矣，乃骇而图之，岂将有及乎？

夫积贮者，天下之大命也。苟粟多而财有余，何为而不成？以攻则取，以守则固，以战则胜。怀敌附远，何招而不至？今驱民而归之农，皆著于本，使天下各食其力，末技游食之民，转而缘南亩，则畜积足而人乐其所矣。可以为富安天下，而直为此廪廪也，窃为陛下惜之！

1.下列加点字的意义解释有误的一项是(　　)(3分)

A.则物力必屈　屈：屈服　大命半泛　大命：国家的命运

B.何得不蹶　蹶：竭尽　世之有饥穰　饥穰：荒年和丰年，此偏指荒年

C.而靡之者甚多　靡：浪费　政治未毕通也　毕通：完全畅通

D.国砂以相恤　恤：救济　而直为此廪廪也　廪廪：危惧的样子

2.下列对文中相关内容的解说不正确的一项是(　　)(3分)

A."管子"即管仲。后人把他的学说和依托他的著作，编辑成《管子》一书。

B."背本而趋末"在文中是指放弃农业而从事工商业。古代以工商为本业，农桑为末业。

C."狼顾"指狼性多疑，行走时常回头看，以防袭击，比喻人有后顾之忧。本文中形容人们看到天不下雨的忧虑不安。

D."禹"是古代部落联盟领袖，"汤"是商朝的开国君主。传说禹时有九年的水灾，汤时有七年的旱灾。

3.下列对选文内容理解有误的一项是(　　)(3分)

A.这篇奏疏,是贾谊针对西汉初年国家在经济上所面临的严重危机,提出"要重视积贮"的重要论文。

B.文章第一段,通过古今对比及相关理论和形势的分析,从正反两面对中心论点进行了有力的论证。

C.第二段,就应付自然灾害和战争两个方面,从国家存亡的高度阐明不积贮的危害,从反面论证了积贮的重要。

D.第三段,阐明重视农业生产,是加强积贮的根本措施,从而有力地支撑了本文"仓廪实而知礼节"的中心论点。

4.将文中画横线的句子翻译成现代汉语。(10分)

(1)残贼公行,莫之或止。(4分)

____

(2)怀敌附远,何招而不至?(3分)

____

(3)今驱民而归之农,皆著于本。(3分)

____

三 高考真题练

(2019年新课标Ⅱ卷)阅读下面的文言文,完成1—4题。(19分)

商君者,卫之诸庶孽公子也,名鞅,姓公孙氏,其祖本姬姓也,鞅少好刑名之学,事魏相公叔座。公叔座知其贤,未及进。会座病魏惠王亲往问病公叔曰公孙鞅年虽少有奇才愿王举国而听之王即不听用鞅必杀之无令出境公叔既死,鞅闻秦孝公下令国中求贤者,将修缪公之业,东复侵地,乃遂西入秦,因孝公宠臣景监以求见孝公。公与语,数日不厌。景监曰:"子何以中吾君?吾君之欢甚也。"鞅曰:"吾以强国之术说君,君大说之耳。"孝公既用卫鞅,鞅欲变法,恐天下议己。卫鞅曰:"疑行无名,疑事无功。圣人苟可以强国,不法其故;苟可以利民,不循其礼。"孝公曰:"善。""治世不一道,便国不法古。故汤武不循古而王,夏殷不易礼而亡。反古者不可非,而循礼者不足多。"孝公曰:"善。"以卫鞅为左庶长,卒定变法之令。令行于民期年,秦民之国都言初令之不便者以千数。于是太子犯法。卫鞅曰:"法之不行,自上犯之。"将法太子。太子,君嗣也,不可施刑,刑其傅公子虔,黥其师公孙贾。明日,秦人皆趋令。行之十年，秦民大说，道不拾遗，山无盗贼，家给人足。民勇于公战，怯于私斗，乡邑大治。于是以鞅为大良造。居五年，秦人富强。孝公使卫鞅将而伐魏。卫鞅伏甲士而袭虏魏公子卬，因攻其军，尽破之以归秦。魏惠王兵数破于齐秦，国内空，日以削，恐，乃使使割河西之地献于秦以和。而魏遂去安邑，徙都大梁，惠王曰："寡人恨不用公叔座之言也。"卫鞅既破魏还，秦封之於、商十五邑，号为商君。

（节选自《史记·商君列传》）

1.下列对文中画波浪线部分的断句，正确的一项是（　　）（3分）

A.会座病/魏惠王亲往问病/公叔曰/公孙鞅年虽少有/奇才/愿王举国而听之/王即不听用鞅/必杀之/无令出境/

B.会座病/魏惠王亲往问病/公叔曰/公孙鞅年虽少/有奇才/愿王举国而听之/王即不听用鞅/必杀之/无令出境/

C.会座病/魏惠王亲往问病/公叔曰/公孙鞅年虽少/有奇才/愿王举国而听之/王即不听/用鞅必杀之/无令出境/

D.会座病/魏惠王亲往问病/公叔曰/公孙鞅年虽少/有奇才/愿王举国/而听之/王即不听用鞅/必杀之/无令出境/

2.下列对文中加点的词语相关内容的解说，不正确一项是（　　）（3分）

A.缪公即秦穆公，春秋时秦国国君，在位期间任用贤臣，使国力趋强，称霸西戎。

B.汤武即商汤与孙武的并称，他们二人均以善于用人用计，战功赫赫，留名于青史。

C.变法是指对国家的法令制度作出重大变革，商鞅变法为秦国富强奠定了基础。

D.黥是古代的一种刑罚，在犯人脸上刺上记号或文字并涂上墨，在刑罚之中较轻。

3.下列对原文有关内容的概括和分析，不正确的一项是（　　）（3分）

A.商鞅投奔秦国，受到孝公赏识。他本是卫国公子，恰遇秦孝公招揽贤才，于是通过景监见到孝公，说之以强国之术，孝公与他交谈，数日不觉厌烦。

B.商鞅旁征博引，说服孝公变法。他初步站稳脚跟后，又借历史兴亡来证明改革的必要，劝说孝公变法，最终孝公赐予他官职，又下达了变法的命令。

C.商鞅厉行法治，秦国太平富强。他铁面无私，不徇私情，无论何人犯法均施以刑罚，国人受此震慑，全都遵守法令，治安状况改善，民众家给人足。

D.魏国被迫迁都，惠王深表懊悔。魏国战事失利，无奈割让河西之地献给秦国以求和，并迁都至大梁，惠王感慨说，遗憾的是没有听从公叔座的劝告。

4.把文中画横线的句子翻译成现代汉语。(10分)

(1)圣人苟可以强国,不法其故;苟可以利民,不循其礼。

____

(2)令行于民期年,秦民之国都言初令之不便者以千数。

____

五代史伶官传序

课前预习练 解释下列粗体字的含义

五代史伶官传序

欧 阳 修

呜呼！盛衰之理，虽曰天命，岂非**人事**(　　　　　)哉！**原**(　　　　　)庄宗之**所以**(　　　　　)得天下，与其**所以**(　　　　　)失之者，可以知之矣。

世言(　　　　)晋王之**将终**(　　　　)也，**以**(　　　　)三**矢**(　　　　)赐庄宗而告之曰："梁，吾仇也；燕王吾所立，契丹与吾约为兄弟，而皆背晋以**归**(　　　　)梁。此三者，吾遗恨也。**与**(　　　　)**尔**(　　　　)三矢，尔**其**(　　　　　　)**无**(　　　　)忘**乃**(　　　　)父之志！"庄宗受而藏之于庙。其后用兵，则遣**从事**(　　　　　)以一**少牢**(　　　　　)**告庙**(　　　　)，**请**(　　　　　　　)其矢，**盛**(　　　　)以锦囊，**负**(　　　　)而**前**(　　　　)驱，及凯旋而**纳**(　　　　)之。

方(　　　)其**系**(　　　)燕父子以**组**(　　　)，**函**(　　　　　　)梁君臣之首，入于太庙，还矢先王，而<u>告以成功</u>(句式：　　　　　　　　)，其意气之盛，可谓壮哉！及**仇雠**(　　　　)已灭，天下已定，一夫**夜**(　　　　)呼，**乱**(　　　　　)者**四**(　　　　)应，**仓皇**(　　　　　)**东**(　　　　　)出，未及见贼而士卒离散，君臣**相顾**(　　　)，不知所归，**至于**(　　　)誓天断发，泣下沾襟，**何其**(　　　　　)**衰**(　　　)也！岂得之难而失之易欤？**抑**(　　　)**本**(　　　　　　)其成败之迹，而**皆自于人欤**(　　　　　)？《书》曰："满招损，谦得益。”忧劳可以兴(　　　　)国，**逸豫**(　　)可以亡(　　　　)身，自然之理也。

故方其**盛**(　　)也，**举**(　　)天下之豪杰，莫能与之争；及其衰也，数十伶人困之，而身死国灭，**为**(　　)天下笑。夫祸患常积于**忽微**(　　忽：　　；微：　　)，而智勇多困于**所溺**(　　溺：　　)，岂**独**(　　)伶人也哉？

课后巩固练

一 基础过关练

(一)通假字：写出下列通假字所通之字并解释。

及仇雠已灭　“雠”同“____”，________

(二)一词多义：解释下列加点的字。

1. 归

①而皆背晋以归梁________

②君臣相顾，不知所归________

2. 告

①则遣从事以一少牢告庙________

②具告以事________

③告之于帝________

3. 盛

①盛衰之理，虽曰天命，岂非人事哉________

②请其矢，盛以锦囊________

③其意气之盛，可谓壮哉________

④故方其盛也，举天下之豪杰，莫能与之争________

4. 困

①及其衰也，数十伶人困之________

②智勇多困于所溺________

③秦无亡矢遗镞之费，而天下诸侯已困矣________

④安在公子能急人之困也________

5. 微

①夫祸患常积于忽微________

②微指左公处，则席地倚墙而坐________

③从数骑出，微行入古寺________

④微斯人，吾谁与归________

6. 其

①尔其无忘乃父之志________

②至于誓天断发，泣下沾襟，何其衰也________

③其意气之盛，可谓壮哉________

④圣人之所以为圣，愚人之所以为愚，其皆出于此乎________

7. 与

①契丹与吾约为兄弟________

②与尔三矢________

(三)词语解释：解释下列加点词的含义。

1. 函梁君臣之首________

2. 抑本其成败之迹________

3. 原庄宗之所以得天下 ________

4. 一夫夜呼，乱者四应 ________；________

5. 夫祸患常积于忽微 ________

6. 而智勇多困于所溺________

7. 负而前驱 ________

8. 仓皇东出________

9. 忧劳可以兴国，逸豫可以亡身 ________；________

(四)特殊句式：指出下列句子在句式上的特殊之处并翻译。

1. 忧劳可以兴国，逸豫可以亡身，自然之理也。

句式：____

译文：____

2.夫祸患常积于忽微,而智勇多困于所溺。

句式:________________

译文:________________

3.方其系燕父子以组。

句式:________________

译文:________________

4.则遣从事以一少牢告庙。

句式:________________

译文:________________

5.何其衰也!

句式:________________

译文:________________

(五)成语积累:判断下列句子中加点成语使用的正误。

满招损,谦受益!做人做事谦虚谨慎,才能取得长足的进步,而骄傲则会让你裹足不前。

( )

(六)文化常识:判断下列古代文化常识的正误。

1.古代祭祀时用牛、羊、猪各一头,叫"太牢",用牛、猪各一头,叫"少牢"。 ( )

2.古称演戏的人为"伶",在宫廷中授有官职的伶人叫作"伶官"。 ( )

3.告庙,指古代天子或诸侯遇出巡、战争等重大事件而祭告祖庙。 ( )

4.《书》,指《尚书》,儒家经典之一,是上古典章文献的汇编。 ( )

(七)名句填空:根据文章相关内容填空。

1.欧阳修在《五代史伶官传序》提出了"________________,________________"的观点,并以后唐庄宗得天下又失天下作为论据论述盛衰之理。

2.《五代史伶官传序》中,欧阳修连用两个反问句"________________?________________,________________?"否定了天下的得失是因为打天下容易守天下难,而是因为都由人事决定。

3.《五代史伶官传序》中描写庄宗发誓流泪的衰微之态的句子是:“____________________,____________________________,____________________________!”

4.欧阳修《五代史伶官传序》中,“____________________,____________________”与孟子的名句“生于忧患,死于安乐”有异曲同工之妙。

5.《五代史伶官传序》引用《尚书》中的话,结合庄宗得失天下的史实,得出“____________________,____________________”的结论。

6.《五代史伶官传序》中提醒人们应注意生活中的小事,不要过于沉迷于钟爱之物的句子是“____________________,____________________”。

7.《五代史伶官传序》中,欧阳修描绘庄宗李存勖兴衰成败的史实,欲抑先扬,一盛“____________________,____________________,____________________,____________________,____________________”一衰“一夫夜呼,乱者四应,仓皇东出,未及见贼而士卒离散,君臣相顾,不知所归”的对比,一褒一贬的抒情,力透纸背,给人以强烈的碰撞感、落差感,引起读者心灵的震撼。

8.《五代史伶官传序》中,作者引《尚书》之语与史实相对照的句子是“____________________,____________________”。

二 拓展阅读练

阅读下面的文言文,回答1—5题。(18分)

庄宗既好俳优,又知音,能度曲,至今汾、晋之俗,往往能歌其声,谓之“御制”者皆是也。其小字亚子,当时人或谓之亚次。又别为优名以自目,曰李天下。自其为王,至于为天子,常身与俳优杂戏于庭,伶人由此用事,遂至于亡。然时诸伶,独新磨尤善俳,其语最著,而不闻其佗过恶。其败政乱国者,有景进、史彦琼、郭门高三人为最。

郭门高者,名从谦,门高其优名也。虽以优进,而尝有军功,故以为从马直指挥使。从马直,盖亲军也。从谦以姓郭,拜崇韬为叔父,而皇弟存乂又以从谦为养子。崇韬死,存乂见囚,从谦置酒军中,愤然流涕,称此二人之冤。是时,从马直军士王温宿卫禁中,夜谋乱,事觉被诛。庄宗戏从谦曰:“汝党存乂、崇韬负我,又教王温反。复欲何为乎?”从谦恐,退而激其军士曰:“罄尔之赀,食肉而饮酒,无为后日计也。”军士问其故,从谦因曰:“上以王温故,俟破邺,尽坑尔曹。”军士信之,皆欲为乱。李嗣源兵反向京师庄宗东幸汴州而嗣源先入庄宗至万胜不得进而还军士离散尚有二万余人居数日,庄宗复东幸汜水,谋扼关以为拒。四月丁亥朔，朝群臣于中兴殿，宰相对三刻罢。从驾黄甲马军阵于宣仁门、步军阵于五凤门以俟。庄宗入食内殿，从谦自营中露刃注矢，驰攻兴教门，与黄甲军相射。庄宗闻乱，率诸王卫士击乱兵出门。乱兵纵火焚门，缘城而入，庄宗击杀数十百人。乱兵从楼上射帝，帝伤重，踣于绛霄殿廊下，自皇后、诸王左右皆奔走。至午时，帝崩，五坊人善友聚乐器而焚之。嗣源入洛，得其骨，葬新安之雍陵。以从谦为景州刺史，已而杀之。

《传》曰："君以此始，必以此终。"庄宗好伶，而弑于门高，焚以乐器。可不信哉！可不戒哉！

（节选自《新五代史·伶官传》）

1.下列对文中画波浪线部分的断句，正确的一项是（　　）（3分）

A.李嗣源兵反/向京师/庄宗东幸汴州/而嗣源先入/庄宗至/万胜不得进/而还军士离散/尚有二万余人/

B.李嗣源兵/反向京师/庄宗东幸汴州/而嗣源先入/庄宗至/万胜不得进而还/军士离散/尚有二万余人/

C.李嗣源兵反/向京师庄宗/东幸汴州/而嗣源先入/庄宗至万胜/不得进/而还军士离散/尚有二万余人/

D.李嗣源兵反/向京师/庄宗东幸汴州/而嗣源先入/庄宗至万胜/不得进而还/军士离散/尚有二万余人/

2.下列对文中加点词语的相关内容的解说，不正确的一项是（　　）（3分）

A.小字，指古人在本名以外所起的表字，也指古人的乳名、小名，此处为前者。

B.禁中，也作"禁内"，是封建帝王所居的宫苑，因不许人随便进出，故称。

C.丁亥，十天干和十二地支按一定顺序组成干支纪元法，一百二十年为一循环。

D.刺史，官职名，汉武帝时期始设，刺史制度是中国古代重要的地方监察制度。

3.下列对原文有关内容的概括和分析，不正确的一项是（　　）（3分）

A.庄宗爱好广泛，擅长音乐谱曲。他既喜好滑稽戏，又通晓音乐，他亲自创作的歌广泛流传，还请别人给自己取了个艺名叫李天下。

B.庄宗宠信伶官，伶人因此当权。他常常与伶人一道在庭院里演杂戏，而景进、史彦琼和郭从谦等伶官败坏朝政、祸乱国家，最终导致灭亡。

C.郭从谦善于钻营，鼓动士兵叛乱。他认郭崇韬为叔父，又被李存义收为养子，后萌生作乱之心，率军反叛，攻打兴教门。

D.庄宗勇猛善战，却落得结局凄凉。他奋力杀死了几十上百个沿城墙进入宫中的乱兵，最终被射中跌倒，伤重而亡，其遗体被人用乐器焚烧。

4.把文中画横线的句子翻译成现代汉语。（6分）

（1）然时诸伶，独新磨尤善俳，其语最著，而不闻其佗过恶。

____

____

（2）庄宗戏从谦曰："汝党存乂、崇韬负我，又教王温反。复欲何为乎？"

____

____

5.结合所学《五代史伶官传序》，谈谈你从庄宗"好伶而弑于伶"的故事中得到一个怎样的启示。（3分）

____

____

____

三 高考真题练

（2020年全国卷Ⅲ）阅读下面的文言文，完成1—5题。（19分）

彪之，字叔武。年二十，须鬓皓白，时人谓之王白须。初除佐著作郎、东海王文学。从伯导谓曰："选官欲以汝为尚书郎，汝幸可作诸王佐邪！"彪之曰："位之多少既不足计，自当任之于时。至于超迁，是所不愿。"遂为郎。累迁御史中丞、侍中、廷尉。时永嘉太守谢毅，赦后杀郡人周矫，矫从兄球诣州诉冤。扬州刺史殷浩遣从事收毅，付廷尉。彪之以球为狱主，身无王爵，非廷尉所料，不肯受，与州相反复。穆帝发诏令受之。彪之又上疏执据，时人比之张释之。时当南郊，简文帝为抚军，执政，访彪之应有赦不。答曰中兴以来郊祀往往有赦愚意尝谓非宜何者黎庶不达其意将谓郊祀必赦至此时凶愚之辈复生心于侥幸矣遂从之 永和末，多疾疫。旧制，朝臣家有时疾，染易三人以上者，身虽无病，百日不得入宫。至是，百官多列家疾，不入。彪之又言："疾疫之年，家无不染。若以之不复入宫，则直侍顿阙，王者宫省空矣。"朝廷从之。及简文崩，群臣疑惑，未敢立嗣。或云，宜当须大司马处分。彪之正色曰："君崩，太子代立，大司马何容得异！若先面咨，必反为所责矣。"于是朝议乃定。及孝武帝即位，太皇太后令以帝冲幼，令温依周公居摄故事。事已施行，彪之曰："此异常大事，大司马必当固让，使万机停滞，稽废山陵，未敢奉令。谨具封还内，请停。"事遂不行。加光禄大夫、仪同三司，未拜。疾笃，帝遣黄门侍郎问所苦，赐钱三十万以营医药。太元二年卒，年七十三，即以光禄为赠，谥曰简。

（节选自《晋书·王彪之传》）

1.下列对文中画波浪线部分的断句，正确的一项是（　　）（3分）

A.答曰/中兴以来/郊祀往往有赦/愚意尝谓非宜/何者/黎庶不达/其意将谓郊祀必赦/至此时/凶愚之辈复生心于侥幸矣/遂从之/

B.答曰/中兴以来/郊祀往往有赦/愚意尝谓非宜/何者/黎庶不达其意/将谓郊祀必赦/至此时/凶愚之辈复生心于侥幸矣/遂从之/

C.答曰/中兴以来/郊祀往往有赦/愚意尝谓非宜何者/黎庶不达/其意将谓郊祀必赦/至此时/凶愚之辈复生心于侥幸矣/遂从之/

D.答曰/中兴以来/郊祀往往有赦/愚意尝谓非宜何者/黎庶不达其意/将谓郊祀必赦/至此时/凶愚之辈复生心于侥幸矣/遂从之/

2.下列对文中加点词语的相关内容的解说，不正确的一项是（　　）（3分）

A.太守是郡一级的最高行政长官，主要掌管民政、司法、军事、科举等事务。

B.立嗣可指无子而以同宗之子承继，又可指确立王位继承人，文中则指后者。

C.周公是周文王之子，周武王之弟，曾辅佐周武王讨伐商纣王最终夺取天下。

D.居摄是指古代帝王因年幼不能亲政，大臣代居其位来处理政务的一种制度。

3.下列对原文有关内容的概括和分析，不正确的一项是（　　）（3分）

A.彪之出仕之始，不愿超迁任职。他的堂伯父王导对他说，选官要任他为尚书郎，他却认为地位高低不值得计较，越级提拔是自己不愿意的事。

B.彪之坚持己见，不肯接受人犯。殷浩将谢毅交付廷尉候审，他以此非廷尉职责为由，虽有皇上命令，依然据理拒收，时人将他比作张释之。

C.彪之讲究实效，维护朝廷秩序。永和末年流行传染病，他见各类官员借口家中有人患病，不愿到任办公，指出这样做的危害，朝政因此恢复。

D.彪之言辞机敏，反对权臣听政。简文帝去世，讨论身后事时有人提出等候大司马处置，他抢先表示由太子代立，若先面咨大司马将被他斥责。

4.把文中画横线的句子翻译成现代汉语。(10分)

(1)朝臣家有时疾,染易三人以上者,身虽无病,百日不得入宫。

(2)疾笃,帝遣黄门侍郎问所苦,赐钱三十万以营医药。

下册

陈 情 表

课前预习练 解释下列粗体字的含义

陈 情 表

李 密

臣密言:臣**以**( )**险衅**(险: ;衅:),**夙**( )**遭闵凶**(闵:)。生孩六月,<u>慈父见背</u>(句式: 见:);**行年**( )四岁,**舅夺**( )母志。祖母刘**愍**( )臣孤弱,躬亲抚养。臣**少**( )多疾病,九岁**不行**( ),**零丁**( )孤苦,**至于**( )**成立**( )。既无伯叔,终**鲜**( )兄弟,门**衰**( )**祚**( )薄,晚有**儿息**( )。**外**( )无**期功**(期: ;功:)**强近**( )之亲,**内**( )无**应门**( )**五尺之僮**( ),**茕茕孑立**(茕茕: ;孑:),**形影相吊**(吊:)。而刘**夙**( )**婴**( )疾病,常在床**蓐**( ),臣侍汤药,未曾**废离**( )。

逮( )**奉**( )圣朝,**沐浴**( )**清化**( )。前太守臣逵**察**( )臣**孝廉**( ),后刺史臣荣**举**( )臣**秀才**( )。臣**以**( )供养**无主**( ),**辞**( )不赴命。诏书**特下**( ),**拜**( )臣郎中,**寻**( )蒙国恩,**除**( )臣洗马。**猥**( )**以**( )**微贱**( ),**当**( )侍东宫,非臣**陨首**( )所能上**报**( )。臣具**以**( )表**闻**( ),辞不就职。诏书**切峻**( ),责臣**逋慢**(逋: ;慢:);郡县逼迫,催臣上道;

州司临门，急于(　　)星火(　　)。臣欲奉(　　)诏奔驰(　　)，则(　　)刘病日(　　)笃(　　)；欲苟(　　)顺私情，则告诉(　　)不许：臣之进退，实为狼狈。

伏惟(　　)圣朝以(　　)孝治天下，凡在故老(　　)，犹蒙矜(　　)育(　　)，况臣孤苦，特为尤甚。且臣少仕(　　)伪朝，历职郎署，本图(　　)宦达，不矜(　　)名节(　　)。今臣亡国贱俘，至微至陋(　　)，过蒙拔擢(　　)，宠命优渥(　　)，岂敢盘桓(　　)，有所希冀(　　)。但以刘日薄西山(薄：　　)，气息奄奄(　　)，人命危浅(　　)，朝不虑夕。臣无祖母，无以(　　)至今日；祖母无臣，无以终余年。母、孙二人，更相(　　)为命。是以(　　)区区(　　)不能废远(　　)。

臣密今年四十有(　　)四，祖母今年九十有六，是(　　)臣尽节于陛下之日长，报养刘之日短也。乌鸟私情，愿乞(　　)终养(　　)。臣之辛苦(　　)，非独蜀之人士及二州牧伯所见明知(　　见：　　)，皇天后土实所共鉴(　　)。愿陛下矜愍(　　)愚诚(　　)，听(　　)臣微志(　　)，庶(　　)刘侥幸，保卒(　　)余年。臣生当陨首(　　)，死当结草。臣不胜(　　)犬马怖惧之情，谨(　　)拜表(　　)以闻(　　)。

课后巩固练

一 基础过关练

(一)通假字：写出下列通假字所通之字并解释。

祖母今年九十有六　“有”同“____”，________

(二)一词多义：解释下列加点字的含义。

1. 息

①晚有儿息________

②气息奄奄________

③长太息以掩涕兮________

④夜夜不得息________

2. 见

①慈父见背________

②信而见疑________

③曹刿请见________

3.除

①除臣洗马________

②洒扫庭除________

③兴利除弊________

4.矜

①犹蒙矜育________

②不矜名节________

③锄櫌棘矜________

④君子矜而不争,群而不党________

⑤意骄矜而有自功之色________

5.以

①猥以微贱________

②臣以供养无主________

③自以为是________

④销锋镝,铸以为金人十二________

⑤余以乾隆三十九年十二月________

⑥日削月割,以趋于亡________

(三)词语解释:解释下列加点词的含义。

1.夙遭闵凶 ________

2.舅夺母志 ________

3.终鲜兄弟 ________

4.门衰祚薄 ________

5.外无期功强近之亲 ________

6.茕茕孑立 ________

7.责臣逋慢 ________

8.则刘病日笃 ________

9.则告诉不许 ________

10.但以刘日薄西山 ________

11.庶刘侥幸 ________

12.谨拜表以闻 ________

(四)特殊句式:指出下列句子在句式上的特殊之处并翻译。

1.非臣陨首所能上报。

句式:____

译文:____

2.州司临门,急于星火。

句式:____

译文:____

3.欲苟顺私情,则告诉不许。

句式:____

译文:____

(五)成语积累:判断下列句子中加点成语使用的正误。

1.眼看自己一手创办的企业,已呈现日薄西山的景象,他内心有说不出的感慨。( )

2.此事急于星火,片刻不得耽搁,他深吸一口气,一步迈出,足有丈远,连续几脚后,已在十数丈外。( )

3.演出开始了,那位著名舞蹈家扮成白天鹅,时而形影相吊,时而翩翩起舞。( )

4.临近学业水平考试,部分同学只觉得时间不够用,整天疲于复习,朝不虑夕。( )

(六)文化常识:判断下列古代文化常识的正误。

1.表,就是"奏表",又称"表文",是古代臣下向帝王陈情言事的一种特殊文体,在表中可以有所陈述、请求、建议。( )

2.古代以亲属关系的远近确定丧服和服丧的时间。凡为祖父母、伯叔父母、兄弟、未嫁之姐妹、妻子服丧一年,叫"期服"。凡为堂伯叔、堂兄弟等服丧九个月或五个月叫"功服",大功服指五个月,小功服指九个月。( )

3.年号,中国封建王朝皇帝纪年的名号,始于汉武帝,如汉武帝即位当年称为建元元年。历代帝王遇到"天降祥瑞"或内讧外忧等大事、要事,一般都要更改年号,皇帝都有不止一个年号。( )

4. 孝廉，是汉武帝时设立的察举制考试，是选拔以及任用官员的一种考试科目，孝廉是“孝顺亲长、廉能正直”的意思。孝廉是一种自上而下的选举人才的制度。（　　）

（七）名句填空：根据文章相关内容填空。

1.《陈情表》中，李密用“________________，______________”作为“陈情”的开始，同时这也是全文陈述苦情的总括。

2. 李密半生坎坷，在《陈情表》中自言自己“__________，__________。__________，______________”怙恃双失。

3.《陈情表》中，李密写自己“____________，____________”。这正是家道衰落的表现，单枝独芽寡人一个，门庭衰败，连个童仆都没有。

4. 李密年少时期，家道衰落，没有外戚，家中也没有仆人，平日里他“________________，________________”。

5.《陈情表》一文，李密以乌鸦反哺为喻，揭示自己上表目的的一句是：______________，______________。

6.《陈情表》中，李密言及祖母近况时用了四个连句，“____________，_____________，______________，________________”，隐喻形象地表达了祖母大限临头，而自己只想完成一刹那的义务，享受一刹那的幸福而已。

7.《陈情表》中，李密希望晋武帝同情自己的遭遇，进而答应自己的请求。“____________，__________________”两句表现了他对武帝极其忠爱、无比尊崇、十分殷勤的心情。

8.“____________，______________；______________，______________。”一边是对晋武帝的忠敬之心，另一边是对日益病重的祖母的孝顺之情，出自肺腑，句句有理，处处合情。

9. 在《陈情表》中，为了打消晋武帝对前朝旧臣的猜忌，李密在文中用“______________，________________”两句表明自己醉心官场，贪慕名利。

10. 整篇《陈情表》密布着感情的浓云。在李密的笔下，展现出一位可亲可敬的慈祥老人形象。她悯孙孤弱，躬亲抚养，对李密有着大恩大德。二人关系正如李密所言：________________，______________；______________，________________。

二 拓展阅读练

请阅读下面的文言文,完成1—3题。(14分)

李 密 传

李密,字令伯,犍为武阳人也,一名虔。父早亡,母何氏醮。密时年数岁,感恋弥至,烝烝之性,遂以成疾。祖母刘氏,躬自抚养,密奉事以孝谨闻。刘氏有疾,则涕泣侧息,未尝解衣,饮膳汤药必先尝后进。有暇则讲学忘疲,而师事谯周,周门人方之游夏①。

少仕蜀,为郎。数使吴,有才辩,吴人称之。蜀平,泰始初,诏征为太子洗马。密以祖母年高,无人奉养,遂不应命。乃上疏《陈情表》。

帝览之曰:"士之有名,不虚然哉!"乃停召。后刘终,服阕,复以洗马征至洛。司空张华问之曰:"安乐公何如?"密曰:"可次齐桓。"华问其故,对曰:"齐桓得管仲而霸,用竖刁而虫沙②。安乐公得诸葛亮而抗魏,任黄皓而丧国,是知成败一也。"次问:"孔明言教何碎?"密曰:"昔舜、禹、皋陶相与语,故得简雅;《大诰》与凡人言,宜碎。孔明与言者无己敌,言教是以碎耳。"华善之。

出为温令,而憎疾从事,尝与人书曰:"庆父不死,鲁难未已。"从事白其书司隶,司隶以密在县清慎,弗之劾也。密有才能,常望内转,而朝廷无援,乃迁汉中太守,自以失分怀怨。及赐饯东堂,诏密令赋诗,末章曰:"人亦有言,有因有缘。官无中人,不如归田。明明在上,斯语岂然!"武帝忿之,于是都官从事奏免密官。后卒于家。

(节选自《晋书·李密传》)

【注】①游夏:指孔子的学生子游和子夏,他们在文学上皆有造诣。②虫沙:比喻战死的将士或因战乱而死的人民。此指死亡。

1.下列加点的词在文中的意思,解释不正确的一项是(　　)(3分)

A.父早亡,母何氏醮　　醮:改嫁。

B.周门人方之游夏　　方:把……并列、等同。

C.后刘终,服阕,复以洗马征至洛　　阕:停止、结束。

D.孔明言教何碎　　碎:破碎、国破。

2.下列对原文有关内容分析和概括,不正确的一项是(　　)(3分)

A.文中李密与张华的对话,表现出李密对忠贤兴国、奸佞误国的认识极其深刻。

B.晋武帝征召李密为太子洗马,李密以祖母年高、无人奉养为由,没有接受官职。

C.李密为官清廉，为人正直，很有才能，却始终没有得到皇上的赏识，未能调回京城任职，因此心怀怨恨。

D.李密在祖母刘氏过世后，应征太子洗马，实现他在《陈情表》中所说的先尽孝后尽忠的诺言。

3.翻译文段中画横线的句子。(8分)

①安乐公得诸葛亮而抗魏，任黄皓而丧国，是知成败一也。

____

②从事白其书司隶，司隶以密在县清慎，弗之劾也。

____

三 高考真题练

(2020年新高考卷Ⅰ)阅读下面的文言文，完成1—5题。(20分)

左光斗，字遗直，桐城人。万历三十五年进士。除中书舍人。选授御史，巡视中城。捕治吏部豪恶吏，获假印七十余，假官一百余人，辇下震悚。出理屯田，因条上三因十四议，诏悉允行。水利大兴，北人始知艺稻。邹元标尝曰："三十年前，都人不知稻草何物，今所在皆稻，种水田利也。"阉人刘朝称东宫令旨，索戚畹废庄。光斗不启封还之，曰："尺土皆殿下有，今日安敢私受。"阉人愤而去。杨涟劾魏忠贤，光斗与其谋，又与攀龙共发崔呈秀赃私，忠贤暨其党咸怒。及忠贤逐南星攀龙大中次将及涟光斗光斗愤甚草奏劾忠贤及魏广微三十二斩罪拟十一月二日上之先遣妻子南还忠贤诇知，先二日假会推事与涟俱削籍。

群小恨不已，复构文言狱，入光斗名，遣使往逮。父老子弟拥马首号哭，声震原野，缇骑亦为雪涕。至则下诏狱酷讯。许显纯诬以受杨镐、熊廷弼贿，涟等初不承，已而恐以不承为酷刑所毙，冀下法司，得少缓死为后图。诸人俱自诬服，光斗坐赃二万。忠贤乃矫旨，仍令显纯五日一追比，不下法司，诸人始悔失计。容城孙奇逢者，节侠士也，与定兴鹿正以光斗有德于畿辅，倡议醵金，诸生争应之。得金数千，谋代输，缓其狱，而光斗与涟已同日为狱卒所毙，时五年七月二十有六日也，年五十一。光斗既死，赃犹未竟。忠贤令抚按严追，系其群从十四人。长兄光霁坐累死，母以哭子死。都御史周应秋犹以所司承追不力，疏趣之，由是诸人家族尽破。忠贤既诛，赠光斗右都御史，录其一子。已，再赠太子少保。福王时，追谥忠毅。

(节选自《明史·左光斗传》)

1.下列对文中画波浪线部分的断句,正确的一项是(　　)(3分)

A.及忠贤逐南星/攀龙/大中/次将及涟/光斗/光斗愤甚/草奏劾忠贤/及魏广微三十二斩罪/拟十一月二日上之/先遣妻子南还/

B.及忠贤逐南星/攀龙/大中/次将及涟/光斗/光斗愤甚/草奏劾忠贤及魏广微三十二斩罪/拟十一月二日上之/先遣妻子南还/

C.及忠贤逐南星/攀龙/大中/次将及涟/光斗/光斗愤甚/草奏劾忠贤/及魏广微三十二斩罪/拟十一月二日/上之先遣妻子南还/

D.及忠贤逐南星/攀龙/大中/次将及涟/光斗/光斗愤甚/草奏劾忠贤及魏广微三十二斩罪/拟十一月二日/上之先遣妻子南还/

2.下列对文中加点词语的相关内容的解说,不正确的项是(　　)(3分)

A.辇下,又称为辇毂下,意思是在皇帝的车驾之下,常常用作京都的代称。

B.东宫是古代皇家宫殿的称呼,由于是太子所居之宫,文中用来借指太子。

C.殿下是古代对太子、诸王、丞相的敬称,礼尊意味次于敬称皇帝的陛下。

D.追比指旧时地方官吏严逼限期办事,逾期以杖责等表示警惩,继续追逼。

3.下列对原文有关内容的概括和分析,不正确的一项是(　　)(3分)

A.左光斗为人刚直,大力整肃吏治。他的字为遗直,正与他的性格相符;他担任御史时,捕治吏部恶吏,起获假印,揭露假官,引起极大震惊。

B.左光斗勤于政事,反对无理要求。他的建议得以施行,水利大兴,百姓得利;刘朝以东宫名义索取戚畹废庄,他将信件原封返还,坚决拒绝。

C.左光斗揭露赃私,受到小人陷害。他与人弹劾魏忠贤,揭发崔呈秀,引起魏忠贤及其党羽的愤恨,魏以先发制人的手段,绕过法司,害死光斗。

D.左光斗饱受迫害,死后得以平反。他家中受到株连,母亲、兄长以及同宗群从十余人被迫害致死,直到魏忠贤被诛,他才受到追赠,谥为忠毅。

4.把文中画横线的句子翻译成现代汉语。(8分)

(1)涟等初不承,已而恐以不承为酷刑所毙,冀下法司,得少缓死为后图。

____

(2)都御史周应秋犹以所司承追不力,疏趣之,由是诸人家族尽破。

____

5.孙奇逢等为什么倡议凑集金钱救左光斗？救助成功没有？请简要说明。(3分)

项脊轩志

课前预习练 解释下列粗体字的含义

项脊轩志

归有光

项脊轩，**旧**（　　　　）南阁子也。室仅**方丈**（　　　　），可容一人居。百年老屋，尘泥**渗漉**（　　　），**雨泽**（　　）**下**（　　）注；每移**案**（　　　），**顾视**（　　　　）无可**置**（　　）者。又**北向**（　　），不能得日，**日**（　　　）过午已**昏**（　　　）。余稍为**修葺**（　　　），使不**上**（　　　　）漏。前**辟**（　　）四窗，**垣墙**（　　　　）周庭，以**当**（　　　）南日，日影反照，室**始**（　　）**洞然**（　　　　）。又杂植兰桂竹木于庭，旧时**栏楯**（　　　　），亦遂**增胜**（　　　　　胜：　）。借书满架，**偃仰**（　　　　　　）**啸歌**（　　　），**冥然兀坐**（　　　　　），**万籁**（　　　　　）有声；而庭阶寂寂，小鸟时来啄食，人至不去。**三五**（　　　　　　　）之夜，明月半墙，桂影**斑驳**（　　　　），风移影动，**珊珊**（　　　　　）可爱。

然余居于此，**多**（　　　　　）可喜，亦多可悲。**先是**（　　　）庭中通南北为一。**迨**（　　）**诸父**（　　　）**异爨**（　　　　　　　），内外多置小门墙，**往往**（　　　）**而**（　　　）是。东犬**西**（　　　）吠，客**逾**（　　　）**庖**（　　　）**而**（　　　）**宴**（　　　），鸡栖于厅。庭中始为篱，**已**（　　　）为墙，**凡**（　　）**再**（　　）变矣。家有老妪，尝居于此。妪，**先**（　　　）大母婢也，**乳**（　　　　　）二世，**先妣**（　　）**抚**（　　　　）之甚厚。室西连于**中闺**（　　　），先妣尝一至。妪每谓余曰："**某所**（　　　），**而**（　　）母立于**兹**（　　）。"妪又曰："汝姊在吾怀，呱呱**而**（　　　　）泣；娘以指叩门扉曰：'儿寒乎？欲食乎？'吾从板外相为应答。"语未**毕**

(　　　　),余泣,妪亦泣。余自**束发**(　　　　　)读书轩中,一日,大母**过**(　　　　　　)余曰:“吾儿,久不见**若**(　　　)影,何**竟日**(　　　)默默在此,**大类**(　　　)女郎也?”**比**(　　　　)去,以手**阖**(　　)门,自语曰:“吾家读书久不**效**(　　　　　　),儿**之**(　　　　　　　)成,则可待乎!”**顷之**(　　　　),持一象笏至,曰:“此吾祖太常公宣德间执此**以**(　　　　　)朝,他日汝当用之!”**瞻顾**(　　　　　)遗迹,如在昨日,令人**长号**(　　　)不自禁。

轩东故尝为厨,人往,从轩前**过**(　　　)。余**扃**(　　　　)**牖**(　　　　)**而**(　　　　)居,**久之**(　　　　),能以足音辨人。轩凡四遭火,得不焚,**殆**(　　　　　　)有神护者。

…………

余**既**(　　　)为此志,后五年,吾妻**来归**(　　　　　),时至轩中,从余问古事,**或凭**(　　)几(　　)学书(　　　)。吾妻**归宁**(　　　　　　),述**诸**(　　)小妹语曰:“闻姊家有阁子,且(　　　　　　　　　)何谓阁子也?”其后六年,吾妻死,室坏不修。其后二年,余久卧病无聊,乃使人复葺南阁子,其**制**(　　　　)稍异于前。然自后余多在外,不常居。

庭有枇杷树,吾妻死之年所**手**(　　　)植也,今已**亭亭**(　　　　)如**盖**(　　　)矣。

课后巩固练

一　基础过关练

(一)通假字:写出下列通假字所通之字并解释。

1.而母立于兹　“而”同“____”,__________

2.以手阖门　“阖”同“____”,__________

(二)一词多义:解释下列加点字的含义。

1.居

①可容一人居__________

②昂其值,居为奇货__________

③以其境过清,不可久居__________

④所居之官辄积年不徙__________

⑤居十日,扁鹊望桓侯而还走__________

2.类

①何竟日默默在此,大类女郎也__________

②仰观宇宙之大,俯察品类之盛________

③举类迩而见义远________

3.归

①后五年,吾妻来归________

②而皆背晋以归梁________

③城不入,臣请完璧归赵________

④樊将军以穷困来归丹________

⑤卒廷见相如,毕礼而归之________

⑥自牧归荑________

4.朝

①相如每朝时,常称病________

②序八州而朝同列________

③于是入朝见威王________

④朝晖夕阴,气象万千________

⑤朝服衣冠________

5.案

①每移案,顾视无可置者________

②召有司案图________

③无案牍之劳形________

④对案不能食,拔剑击柱长叹息________

(三)词语解释:解释下列加点词的含义。

1.客逾庖而宴________

2.执此以朝________

3.吾家读书久不效________

4.垣墙周庭________

5.雨泽下注,使不上漏________;________

6.东犬西吠________

7.前辟四窗________

8.吾妻死之年所手植也________

9.多可喜,亦多可悲________

10.室仅方丈,可容一人居________

11.往往而是________

12.已为墙,凡再变矣________

(四)特殊句式:指出下列句子在句式上的特殊之处并翻译。

1.妪,先大母婢也。

句式:________

译文:________

2.又杂植兰桂竹木于庭。

句式:________

译文:________

3.其制稍异于前。

句式:________

译文:________

4.得不焚,殆有神护者。

句式:________

译文:________

(五)成语积累:判断下列句子中加点成语使用的正误。

1.眼看着异族铁蹄践踏我国土,我们此时此刻应当兄弟阋墙,放下成见,共赴国难。 (　　)

2.晚年诸子不孝肖,家道中落,先时遗物斥卖略尽。 (　　)

3.老妻故去多年,秦教授每每回到旧屋,不免有睹物思人之感。 (　　)

(六)文化常识:判断下列古代文化常识的正误。

1.“三五之夜”指农历每月初三或者初五。 (　　)

2.“归宁”指古代出嫁的女子回娘家省亲。 (　　)

3.“异爨”是指分灶做饭,意思是分家。 (　　)

(七)名句填空:根据文章相关内容填空。

1.《项脊轩志》中“________________,________________________”,描述了作者在阁中的活动,一动一静,相映成趣。

2.《项脊轩志》写十五月圆之夜,阁中美景的句子:________________,________________,________________,________________。

3.《项脊轩志》中,作者归有光借物抒情,用“________________,________________,________________”表达光阴易逝,情意难忘。

二 拓展阅读练

阅读下面的两个文言文片段,完成1—2题。(10分)

文段一

庚戌岁,余落第出都门,从陆道旬日至家。时芍药花盛开,①吾妻具酒相问劳。余谓:“得无有所恨耶?”曰:“方共采药鹿门,何恨也?”长沙张文隐公薨,余哭之恸,吾妻亦泪下,曰:“世无知君者矣!然张公负君耳!”辛亥五月晦日,吾妻卒,实张文隐公薨之明年也。

文段二

②后三年,倭奴犯境,一日抄掠数过,而宅不毁,堂中书亦无恙。然余遂居县城,岁一再至而已。辛酉清明日,率子妇来省祭,留修圮坏,居久之不去。一日,家君燕坐堂中,惨然谓余曰:“其室在,其人亡,吾念汝妇耳!”余退而伤之,述其事,以为《世美堂后记》。

(节选自《世美堂后记》,有删改)

1.翻译文段中画横线的句子。(6分)

①____。

②____。

2.请简要概括文段中妻子的形象特征。(4分)

____

____

三 高考真题练

（2016年全国新课标卷Ⅱ）阅读下面的文言文，完成1—4小题。（19分）

陈登云，字从龙，唐山人。万历五年进士。除鄢陵知县，征授御史。出按辽东，疏陈安攘十策，又请速首功之赏。改巡山西。还朝，会廷臣方争建储。登云谓议不早决，由贵妃家阴沮之。十六年六月遂因灾异抗疏，劾妃父郑承宪，言："承宪怀祸藏奸窥觊储贰且广结术士之流曩陛下重惩科场冒籍承宪妻每扬言事由己发用以恐喝勋贵簧鼓朝绅不但惠安遭其虐焰，即中宫与太后家亦谨避其锋矣。陛下享国久长，自由敬德所致，而承宪每对人言，以为不立东宫之效。干扰盛典，蓄隐邪谋，他日何所不至？"疏入，贵妃、承宪皆怒，同列亦为登云危，帝竟留中不下。久之，疏论吏部尚书陆光祖，又论贬四川提学副使冯时可，论罢应天巡抚李涞、顺天巡抚王致祥，又论礼部侍郎韩世能、尚书罗万化、南京太仆卿徐用检。朝右皆惮之。时方考选科道，登云因疏言："近岁言官，壬午以前怵于威，则摧刚为柔；壬午以后昵于情，则化直为佞。其间岂无刚直之人，而弗胜龃龉，多不能安其身。二十年来，以刚直擢京卿者百止一二耳。背公植党，逐嗜乞怜，如所谓'七豺''八狗'者，言路顾居其半。夫台谏为天下持是非，而使人贱辱至此，安望其抗颜直绳，为国家锄大奸、歼巨蠹哉！与其误用而斥之，不若慎于始进。"因条数事以献。出按河南。岁大饥，人相食。副使崔应麟见民啖泽中雁矢，囊示登云，登云即进之于朝。帝立遣寺丞锺化民赍帑金振之。登云巡方者三，风裁峻厉。以久次当擢京卿，累寝不下，遂移疾归。寻卒。

（节选自《明史·陈登云传》）

1.下列对文中画波浪线部分的断句，正确的一项是（　　）（3分）

A.承宪怀祸藏奸／窥觊储贰且广结术士之流／曩陛下重惩科场／冒籍承宪妻每扬言事由己发／用以恐喝勋贵／簧鼓朝绅／

B.承宪怀祸藏奸／窥觊储贰／且广结术士之流／曩陛下重惩科场冒籍／承宪妻每扬言／事由己发用以恐喝勋贵／簧鼓朝绅／

C.承宪怀祸藏奸／窥觊储贰／且广结术士之流／曩陛下重惩科场冒籍／承宪妻每扬言事由己发／用以恐喝勋贵／簧鼓朝绅／

D.承宪怀祸藏奸窥／觊储贰且广结术士之流／曩陛下重惩科场／冒籍承宪妻每扬言／事由己发用以恐喝勋贵／簧鼓朝绅／

2.下列对文中加点词语的相关内容的解说,不正确的一项是(　　)(3分)

A.“中宫”是皇后所居之宫,后来又可以借指皇后,这与东宫又可以借指太子是同样道理。

B.“陛下”指宫殿中立有护卫的台阶下,因群臣不可直呼帝王,于是借用为对帝王的尊称。

C.“吏部”是古代六部之一,掌管文官任免、考核、升降、调动等,长官为吏部尚书。

D.“移疾”指官员上书称病,实际是官员受到权臣诋毁,不得不请求退职的委婉说法。

3.下列对原文有关内容的概括和分析,不正确的一项是(　　)(3分)

A.陈登云不畏权贵,弹劾贵妃之父。他出于对朝廷的忠心,即便对郑承宪这样的国戚,也大胆揭发对方为非作歹、包藏祸心,幸而皇上并未因此发怒。

B.陈登云敢于直言,检举多名重臣。他在朝既久,发现诸多问题,于是奏告一干大臣,其中有些人因此遭到贬职或罢免,以至朝廷大官们都很畏惧他。

C.陈登云上疏指出,选才慎于始进。他认为二十年来,刚直者很少被提拔进京,在朝者却背公结党,谄媚权贵,与其误用后罢免,不如进用时慎重。

D.陈登云关心百姓,奏请救助灾区。在他巡视河南期间,当地年成歉收,百姓相食,他向朝廷呈告灾情,皇上当即派遣寺丞锺化民筹措钱款赈济灾民。

4.把文中画横线的句子翻译成现代汉语。(10分)

(1)其间岂无刚直之人,而弗胜龃龉,多不能安其身。

____

(2)副使崔应麟见民啖泽中雁矢,囊示登云,登云即进之于朝。

____

兰亭集序

课前预习练 解释下列粗体字的含义

兰亭集序

王羲之

永和九年，岁在癸丑，**暮春**(　　　　)之初，会于会稽山阴之兰亭(句式：　　　　)，**修禊**(　　　　)事也。群**贤**(　　　　)**毕**(　　)至，**少长**(　　　　)**咸**(　　)集。此地有崇山峻岭，茂林**修竹**(　　　　)，又有清流激湍，**映**(　　)**带**(　　　　)左右，引**以为**(　　)**流**(　　　　)**觞**(　　)曲水，**列**(　　)坐其**次**(　　)。虽无丝竹管弦之盛，一**觞**(　　　　)一**咏**(　　)，亦足以畅叙**幽情**(　　　　)。

是(　　)日也，天朗气清，**惠风**(　　)和畅。仰观宇宙**之**(　　　　)大，俯察品类(　　　　)之盛(句式：　　　　)，**所以**(　　　　)**游目**(　　)**骋怀**(　　骋：　　)，足以**极**(　　)**视听**(　　　　)之娱，**信**(　　)**可**(　　)乐也。

夫人**之**(　　　　)**相与**(　　　　)，**俯仰**(　　　　)一世。**或**(　　)取**诸**(　　　　)**怀抱**(　　)，**悟言**(　　悟：　　　　)一室之内；或**因**(　　)寄所托，**放浪形骸**(　　形骸：　　)之外。虽**趣**(　　　　)舍万**殊**(　　)，**静躁**(　　)不同，当其欣(　　　　)于(　　　　)所遇(句式：　　　　)，**暂**(　　)得于己，**快然**(　　　　)自**足**(　　)，不知老之将至；**及**(　　)其所**之**(　　　　)既倦，情随事迁，感慨**系**(　　　　)之矣。**向**(　　　　)之所欣，俯仰之间，已为陈迹，犹不能不**以**(　　　　)**之**(　　　　)**兴**(　　　　)怀，况**修短**(　　　　)随**化**(　　　　)，终**期**(　　　　)于尽

(　　　)！古人云："死生亦大矣。"岂不痛哉！

每览昔人兴感之**由**(　　　)，若合一**契**(　　　)，未尝不**临**(　　　)文**嗟悼**(嗟悼：　　　)，不能**喻**(　　　)之于怀(句式：　　　)。**固**(　　　)知一(　　　)死生为**虚诞**(　　　)，**齐**(　　　)彭**殇**(　　　)为**妄作**(　　　)。后之视今，亦**犹**(　　　)今之视昔，悲夫！故**列**(　　　)**叙**(　　　)时人，录其所述，**虽**(　　　)世殊事异，**所以**(　　　)兴怀，其**致**(　　　)一(　　　)也。后之览者，亦将有感于**斯**(　　　)**文**(　　　)。

课后巩固练

一 基础过关练

(一)通假字：写出下列通假字所通之字并解释。

虽趣舍万殊，静躁不同　　　"趣"同"___"，________

(二)一词多义：解释下列加点字的含义。

1.次

①列坐其次________

②又间令吴广之次所旁丛祠中________

③凡用兵之法，全国为上，破国次之________

④余船以次俱进________

2.致

①所以兴怀，其致一也________

②假舆马者，非利足也，而致千里________

③家贫，无从致书以观________

④此人可就见，不可屈致也________

3.修

①此地有崇山峻岭，茂林修竹________

②况修短随化，终期于尽________

③怠者不能修，而忌者畏人修________

④是故事修而谤兴，德高而毁来________

4. 期

①况修短随化，终期于尽________

②不期修古，不法常可________

③会天大雨，道不通，度已失期________

5. 犹

①犹不能不以之兴怀________

②亦犹今之视昔________

(三)词语解释：解释下列加点词的含义。

1. 映带左右________

2. 一觞一咏______

3. 群贤毕至______

4. 死生亦大矣______

5. 固知一死生为虚诞______

6. 齐彭殇为妄作______

(四)特殊句式：指出下列句子在句式上的特殊之处并翻译。

1. 固知一死生为虚诞。

句式：____

译文：____

2. 会于会稽山阴之兰亭。

句式：____

译文：____

3. 不能喻之于怀。

句式：____

译文：____

4. 仰观宇宙之大，俯察品类之盛。

句式：____

译文：____

5.引以为流觞曲水。

句式：________

译文：________

6.列坐其次。

句式：________

译文：________

7.悟言一室之内。

句式：________

译文：________

8.亦将有感于斯文。

句式：________

译文：________

9.映带左右。

句式：________

译文：________

(五)成语积累：判断下列句子中加点成语使用的正误。

1.陶渊明早年曾经几度出仕，后来因为不满当时黑暗腐败的政治而走上归隐之路，过起了瓜田李下的田园生活。（　　）

2.五四时期，革命青年为救亡图存、振兴中华而奔走呼号、奋不顾身，表现出高尚的爱国情操和不屈的斗争精神。（　　）

3.新赛季，新教练恩里克的上任和乌拉圭射手苏亚雷斯的加盟，对巴塞罗那足球队来说简直是如虎添翼，这让梅西对再次冲击“欧冠”充满信心。（　　）

4.成都跨年烟火晚会结束后，清洁工人一直忙碌到清晨，才将街头的垃圾清扫完毕，对此，一位负责人表示，他们已经习以为常了。（　　）

5.在强手如林的国际竞争舞台上，深圳市代表团全体成员通力合作，长袖善舞，终于使深圳市获得了世界大学生夏季运动会的主办权。（　　）

6.从清末太爷爷到爷爷、父亲，再到自己，陈家四代人都是远近闻名的木版画艺人，昨日，86岁的陈义文老人回首自己一生的蹉跎岁月，感慨万千。（　　）

7. 生活在这片土地上的人们，暮鼓晨钟地辛勤劳作，几乎没有片刻喘息，究竟是一种什么样的信念支撑起他们的筋骨呢？（　　）

8. 在反腐败斗争上，有“零容忍”的态度，才会有“踏石留印、抓铁有痕”的力度，才可能期望风清气正、海晏河清的局面。（　　）

（六）文化常识：判断下列古代文化常识的正误。

1. 王羲之的《兰亭集序》既是散文佳作，又是名帖，流传久远。（　　）

2. 序是古代文体的一种，大多用以题赠，或作著作的前言，《兰亭集序》是朋友之间互相唱和的赠言。（　　）

3. 魏晋时期在中国书法艺术的发展史上具有承前启后的重要作用。王羲之书写的《乐毅论》《黄庭经》等楷书作品被称为“书之圣”，行草《兰亭集序》被后世书法家誉为“行书第一”。（　　）

4. 书法艺术是我国特有的艺术，在我国书法史上，涌现出许许多多的书法大家，有并称“二王”的王羲之、王献之，有“颜筋柳骨”之称的颜真卿、柳公权等。（　　）

（七）名句填空：根据文章相关内容填空。

1. 王羲之将世人大体分为“静者”和“躁者”这两类，并形象地概括了两类人的生活内容：________________，________________；________________，________________。

2. 针对魏晋名士崇尚虚无的思想倾向，王羲之在《兰亭集序》中用了一句话来批评：________________，________________。

3. 纵使时代变了，世事不同了，但人们的思想情趣是一样的，正如王羲之在《兰亭集序》中所说：“________________，________________，________________”。

4.《庄子》中说生死是人的一件大事，每个人寿命的长短，听凭造化，最后归结于消亡。正如王羲之《兰亭集序》中所写：________________，________________！

三 拓展阅读练

（一）阅读下面的文言文，完成1—2题。（6分）

王羲之性爱鹅，会稽有孤居姥养一鹅，善鸣，求市未能得，遂携亲友命驾就观。姥闻羲之将至，烹以待之，羲之叹惜弥日。又山阴有一道士，养好鹅，羲之往观焉，意甚悦，固求市之。

道士云："为写《道德经》，当举群相赠耳。"羲之欣然写毕，笼鹅而归，甚以为乐。尝诣门生家，见棐几滑净，因书之，真草相半。后为其父误刮去之，门生惊懊者累日。又尝在蕺山[1]见一老姥，持六角竹扇卖之。羲之书其扇，各为五字。姥初有愠色。因谓姥曰："但言是王右军书，以求百钱邪。"姥如其言，人竞买之。他日，姥又持扇来，羲之笑而不答。其书为世所重，皆此类也。每自称我书比钟繇当抗行比张芝草犹当雁行也曾与人书云张芝临池学书池水尽黑使人耽之若是未必后之也。

（选自《晋书·王羲之传》，有删改）

【注】①蕺(jí)山：山名，在今浙江绍兴。

1.下列对文中画波浪线部分的断句，正确的一项是（　　）（3分）

A.每自称我书比钟繇/当抗行/比张芝草/犹当雁行也/曾与人书云/张芝临池学书池水尽黑/使人耽之若是/未必后之也

B.每自称/我书比钟繇当抗行/比张芝草犹当雁行也/曾与人书云/张芝临池学书池水尽黑/使人耽之若是/未必后之也

C.每自称/我书比钟繇/当抗行/比张芝草/犹当雁行也/曾与人书云/张芝临池学书/池水尽黑/使人耽之若是/未必后之也

D.每自称我书比钟繇/当抗行比张芝草/犹当雁行也/曾与人书云/张芝临池学书/池水尽黑使人耽之若是/未必后之也

2.把文中画横线的句子翻译成现代汉语。（3分）

羲之欣然写毕，笼鹅而归，甚以为乐。

____

（二）阅读下面的文言文，完成第3题。（6分）

王羲之字逸少，司徒导之从子也。羲之幼讷于言，人未之奇。及长，辩赡，以骨鲠称，尤善隶书，为古今之冠，论者称其笔势，以为飘若浮云，矫若惊龙，深为从伯敦、导所器重。时陈留阮裕有重名，裕亦目羲之与王承、王悦为王氏三少。时太尉郗鉴使门生求女婿于导，导令就东厢遍观子弟。门生归，谓鉴曰："王氏诸少并佳，然闻信至，咸自矜持。惟一人在东床坦腹食，独若不闻。"鉴曰："正此佳婿邪！"访之，乃羲之也，遂以女妻之。

（节选自《晋书·王羲之传》，有删改）

3.将文中画横线的句子翻译成现代汉语。（6分）

（1）羲之幼讷于言，人未之奇。

____

(2)王氏诸少并佳,然闻信至,咸自矜持。惟一人在东床坦腹食,独若不闻。

三 高考真题练

(2022年全国甲卷)阅读下面的文言文,完成1—4小题。(17分)

齐助楚攻秦,取曲沃。其后秦欲伐齐,齐、楚之交善,惠王患之,谓张仪曰:"吾欲伐齐,齐、楚方欢,子为寡人虑之,奈何?"张仪曰:"王其为臣约车并币,臣请试之。"张仪南见楚王,曰:"今齐王之罪其于敝邑之王甚厚,敝邑欲伐之,而大国与之欢。大王苟能闭关绝齐,臣请使秦王献商于之地,方六百里。若此,则是北弱齐,西德于秦,而私商于之地以为利也,则此一计而三利俱至。"楚王大说,宣言之于朝廷曰:"不穀得商于之田,方六百里。"群臣闻见者毕贺,陈轸后见,独不贺。楚王曰:"不穀不烦一兵不伤一人而得商于之地六百里寡人自以为智矣诸士大夫皆贺子独不贺何也"陈轸对曰:"臣见商于之地不可得,而患必至也。"王曰:"何也?"对曰:"夫秦所以重王者,以王有齐也。今地未可得而齐先绝,是楚孤也,秦又何重孤国?且先绝齐,后责地,必受欺于张仪。是西生秦患,北绝齐交,则两国兵必至矣。"楚王不听,曰:"吾事善矣!子其弭口无言,以待吾事。"楚王使人绝齐。张仪反,秦使人使齐,齐、秦之交阴合。楚因使一将军受地于秦。张仪知楚绝齐也,乃出见使者曰:"从某至某,广从六里。"使者反报楚王,楚王大怒,欲兴师伐秦。陈轸曰:"伐秦,非计也。王不如因而赂之一名都,与之伐齐,是我亡于秦而取偿于齐也。"楚王不听,遂举兵伐秦。秦与齐合,楚兵大败于杜陵。故楚之土壤士民非削弱,仅以救亡者,计失于陈轸,过听于张仪。

(节选自《战国策·秦策二》)

1.下列对文中画波浪线部分的断句,正确的一项是(　　)(3分)

A.不穀不烦一兵/不伤一人而得/商于之地六百里/寡人自以为智矣/诸士大夫皆贺子/独不贺/何也/

B.不穀不烦一兵/不伤一人/而得商于之地六百里/寡人自以为智矣/诸士大夫皆贺/子独不贺/何也/

C.不穀不烦一兵/不伤一人/而得商于之地六百里/寡人自以为智矣/诸士大夫皆贺子/独不贺/何也/

D.不穀不烦一兵/不伤一人而得/商于之地六百里/寡人自以为智矣/诸士大夫皆贺/子独不贺/何也/

2.下列对文中加点的词语及相关内容的解说,不正确的一项是(　　)(3分)

A.“约车”意思是约定派车,“约”与《鸿门宴》“与诸将约”的“约”字含义相同。

B.“宣言”指特意宣扬某种言论,使人周知,与后来用作文告的“宣言”含义不同。

C.“孤国”指孤立的国家,“孤”与《赤壁赋》“泣孤舟之嫠妇”的“孤”字含义相同。

D.“阴合”意思是暗中联合,“阴”与《岳阳楼记》“朝晖夕阴”的“阴”字含义不同。

3.下列对原文有关内容的概述,不正确的一项是(　　)(3分)

A.秦国想要攻打齐国,但又担心楚国作梗,因为齐国曾经帮过楚国,齐、楚关系密切。秦惠王希望张仪考虑如何应对,张仪答应尝试出使楚国。

B.张仪见到楚王,提出楚国如果能与齐国断交,秦王就会下令献上商于之地六百里,又可以削弱齐国,还能得到秦国的恩惠,这是一举三得的事情。

C.楚国群臣祝贺将得商于之地六百里,陈轸不以为然,认为秦看重楚是因为楚有齐为后援,若先绝齐后索地,一定受骗,齐、秦两国都将攻打楚国。

D.张仪返回,秦王随即派人与齐联合,拒不给楚国六百里地,楚王大怒,起兵伐秦,秦齐合力大败楚兵。楚国失败是因为没有听从陈轸而误信张仪。

4.把文中画横线的句子翻译成现代汉语。(8分)

(1)楚王不听,曰:“吾事善矣!子其弭口无言,以待吾事。”

____

(2)张仪知楚绝齐也,乃出见使者曰:“从某至某,广从六里。”

____

归去来兮辞并序

课前预习练 解释下列粗体字的含义

归去来兮辞并序

陶 渊 明

余家贫，**耕植**(　　　)不足以**自给**(句式：　　　　翻译：　　　　)。**幼稚**(　　　)**盈室**(　　　)，瓶无储**粟**(　　　)，**生生**(　　　)所**资**(　　)，未见其**术**(　　　　)。**亲故**(　　)多劝余为长吏，**脱然**(　　　　)**有怀**(　　　)，求之**靡**(　　)**途**(　　)。**会**(　　)有四方之事，诸侯以**惠爱**(　　　)为德，家叔**以**(　　)余贫苦，遂**见**(　　　)用于小邑。于时**风波**(　　　)**未静**(　　　)，心**惮**(　　)**远**(　　　)**役**(　　　)，彭泽**去**(　　　)家百里，公田之利，足以为酒。故便求之。及**少日**(　　　　)，**眷然**(　　　　　)有"**归欤**"(　　　)之情。**何则**(　　　　)？**质性**(　　　)自然，非**矫厉**(　　　)所得。饥冻虽**切**(　　　　)，**违己**(　　　)**交病**(　　　　交：　　)。尝**从**(　　)**人事**(　　　)，皆口腹**自役**(　　　　　　　)。于是怅然**慷慨**(　　　)，深愧平生之志。犹望一**稔**(　　　)，当**敛裳**(　　　)**宵**(　　　　)逝。**寻**(　　)程氏妹丧于武昌，情在**骏奔**(　　　)，自免去职。仲秋至冬，在官八十余日。因事**顺心**(　　)，**命**(　　　)篇曰《归去来兮》。乙巳岁十一月也。

归去来兮，田园将**芜**(　　　)**胡**(　　)不归？既自**以**(　　)心**为**(　　)**形**(　　)**役**(　)，**奚**(　　　)惆怅而独悲？悟**已往**(　　　　　)之不**谏**(　　　)，知来者之可**追**(　　)。**实**(　　　　)**迷途**(　　　　)其未远，觉今是而昨**非**(　　　)。舟**遥遥**(　　　　　)以轻**飏**(　　　　)，风飘飘而吹衣。问**征夫**(　　　)以前路，**恨**(　　　)晨光之**熹微**(　　　)。

乃(　　)瞻衡宇(　　衡:　　),载(　　)欣载奔。僮仆欢迎,稚子候门。三径(　　)就(　　)荒,松菊犹存。携幼入室,有酒盈樽。引(　　)壶觞(　　)以自酌,眄(　　)庭柯(　　)以怡(　　)颜。倚南窗以寄傲(　　),审(　　)容膝(　　)之易安(　　)。园日(　　)涉(　　)以成趣,门虽设而常关。策(　　)扶老(　　)以流憩(　　),时矫首(　　矫:　　)而遐观(　　遐:　　)。云无心(　　)以出岫(　　),鸟倦飞而知还。景(　　)翳翳(　　)以将入(　　),抚孤松而盘桓(　　)。

归去来兮,请息(　　)交以绝游。世与我而相违,复驾(　　)言(　　)兮焉求(句式:　　)?悦(　　)亲戚之情话(　　),乐(　　)琴书(　　)以消忧。农人告余以春及(　　),将有事(　　)于西畴(　　)。或(　　)命(　　)巾车,或棹(　　)孤舟。既窈窕(　　)以寻(　　)壑,亦崎岖而经丘。木欣欣以向荣,泉涓涓而始流。善(　　)万物之得时(　　),感吾生之行(　　)休(　　)。

已矣乎!寓(　　)形宇内(　　)复几时?曷(　　)不委心(　　)任去留(　　)?胡为(　　)乎遑遑(　　)欲何之(句式:　　)?富贵非吾愿,帝乡(　　)不可期(　　)。怀(　　)良辰(　　)以孤往,或(　　)植(　　)杖而耘(　　)耔(　　)。登东皋(　　)以舒啸(　　),临(　　)清流而赋诗。聊(　　)乘化(　　)以归尽(　　),乐夫天命复奚疑(句式:　　)!

课后巩固练

一 基础过关练

(一)一词多义:解释下列加点字的含义。

1.就

①三径就荒________

②于是荆轲遂就车而去________

③臣请就汤镬________

④连辟公府不就________

2.策

①策扶老以流憩________

②振长策而御宇内________

③惠文、武、昭襄蒙故业,因遗策________

④策之不以其道________

3.引

①引壶觞以自酌________

②引以为流觞曲水________

③引而不发________

④旁征博引________

4.之

①求之靡途________

②会有四方之事________

③悟已往之不谏________

④胡为乎遑遑欲何之________

⑤句读之不知________

⑥久之,单于使陵至海上________

(二)词语解释:解释下列加点词的含义。

1.悟已往之不谏________

2.知来者之可追________

3.舟遥遥以轻飏________

4.乃瞻衡宇________

5.眄庭柯以怡颜________

6.审容膝之易安________

7.时矫首而遐观________

8.云无心以出岫________

9.景翳翳以将入________

10.善万物之得时________

11. 或植杖而耘耔________

12. 聊乘化以归尽________

(三)特殊句式:指出下列句子在句式上的特殊之处并翻译。

1. 遂见用于小邑。

句式:________________________________

译文:________________________________

2. 复驾言兮焉求?

句式:________________________________

译文:________________________________

3. 稚子候门。

句式:________________________________

译文:________________________________

4. 胡为乎遑遑欲何之?

句式:________________________________

译文:________________________________

5. 乐夫天命复奚疑!

句式:________________________________

译文:________________________________

6. 将有事于西畴。

句式:________________________________

译文:________________________________

7. 农人告余以春及。

句式:________________________________

译文:________________________________

(四)成语积累:判断下列句子中加点成语使用的正误。

1. 他在外地迷路了,幸亏有好心人指点,他终于迷途知返了。 (　　)

2. 从一个渔火薄田的边陲小镇发展成欣欣向荣的现代化城市,深圳因改革开放而兴。 (　　)

3. 美国以技术封锁作为贸易战新打法,恐将事与愿违,或可使中国科技创新企业获得发展的新机遇,更坚定地走自主创新之路。 (　　)

(五)文化常识:判断下列古代文化常识的正误。

1.三径:古代隐士住处的代称。隐居之地的代称常见的还有:墙东、五柳、沧浪等。 (　　)

2.《归去来兮辞》是一篇辞,辞是一种形式比较自由灵活的古体韵文,篇幅长短不限,句子以五言、七言为主,可以错落参差,一般都比较讲究文采,内容上以抒情为主。 (　　)

3.“序”一般写在书籍或文章前面(也有列在后面的,如《史记·太史公自序》),列于书后的称为“跋”或“后序”。这类文章,按不同的内容分别属于说明文或议论文,说明编写目的、简介、编写体例和内容的,属于说明文。对作者作品进行评论或对问题进行阐发的属于议论文。 (　　)

4.帝乡:天帝居住的地方,也就是所谓的仙境。 (　　)

(六)名句填空:根据文章相关内容填空。

1.《归去来兮辞》中“________________,________________”写出了春天到来,万物复苏,一派勃勃生机的景象,饱含作者的热爱之情。

2.《归去来兮辞》中陶渊明用“________________,________________”一句通过对历史和现状进行对比,否定了过去,肯定了现在。

3.《归去来兮辞》中用形象化的手段表现自己快然自足于隐居生活,与亲戚们愉快地谈心,怡然自得地读书弹琴的句子是:________________,________________。

4.《归去来兮辞》用“云”和“鸟”喻说诗人由出仕而归隐的心路历程,与“羁鸟恋旧林,池鱼思故渊。”有异曲同工之妙的句子是:________________,________________。

5.陶渊明《归去来兮辞》描写归乡途中轻舟快风的两句“________________,________________”表达了作者弃官归乡的畅快心情。

6.《归去来兮辞》中对过去进行否定,对未来抱有希望的两句是:________________,________________。

7.《归去来兮辞》用“________________,________________”表现归程的轻松愉快,心灵得到了极大的慰藉。

8. 陶渊明《归去来兮辞》中“________________，________________”两句写作者拄杖或游或息，时时昂首远望，畅享自然风景。

9. 陶渊明《归去来兮辞》中“________________，________________”两句省察生命之有限，生年无多，何不顺从心愿而行？

10. 陶渊明《归去来兮辞》中回顾当初为了谋生而出仕，而今感到悲哀、自责之词是：________________，________________？

11.《归去来兮辞》中表现作者自斟自酌，享受室中之乐，心情很愉快的句子是：________________，________________。这是真正的隐士之乐，和刘禹锡《陋室铭》中的“斯是陋室，唯吾德馨”异曲同工。

12.《归去来兮辞》中“________________，________________”两句形成了鲜明的对比，即精神上的富足、孤高与物质生活的清贫之间的对比。

13.《归去来兮辞》中“________________，________________”两句写作者在庭园中散步，情景交融，作者似乎已经与自然融为一体，悠然地享受涉足庭园的乐趣。

14.《归去来兮辞》中“________________，________________”两句写天色已晚，作者还手抚孤松不愿离去，因为作者想借孤松以咏怀，喻自己卓然独立的坚贞气节。

15.《归去来兮辞》中“________________，________________！”表现了作者乐天安命，顺随自然的变化走到生命的尽头的思想。

二 拓展阅读练

阅读下面的文言文，完成1—3题。(14分)

陶渊明传

萧 统

陶渊明，字元亮，或云潜，字渊明，浔阳柴桑人也。曾祖侃，晋大司马。渊明少有高趣，博学，善属文，颖脱不群，任真自得。尝著《五柳先生传》以自况，时人谓之实录。

亲老家贫，起为州祭酒。不堪吏职，少日自解归。州召主簿，不就。躬耕自资，遂抱羸疾。江州刺史檀道济往候之，偃卧瘠馁有日矣。道济谓曰贤者处世天下无道则隐有道则至今子生文明之世奈何自苦如此对曰潜也何敢望圣贤志不及也道济馈以粱肉，麾而去之。后为镇军、建威参军，谓亲朋曰：“聊欲弦歌①以为三径之资，可乎？”执事者闻之，以为彭泽令。不以家累自随，送一力给其子，书曰：“汝旦夕之费，自给为难。今遣此力，助汝薪水之劳。此亦人子也，可善遇之。”公田悉令吏种秫②，曰：“吾尝得醉于酒足矣！”妻子固请种粳③。乃使二顷五十亩种秫，五十亩种粳。

岁终，会郡遣督邮至县，吏请曰：“应束带见之。”渊明叹曰：“我岂能为五斗米，折腰向乡里小儿！”即日解绶去职，赋《归去来》。

征著作郎，不就。江州刺史王弘欲识之，不能致也。渊明尝往庐山，弘命渊明故人庞通之赍酒具，于半道栗里之间邀之。渊明有脚疾，使一门生二儿舁篮舆④。既至，欣然便共饮酌。俄顷弘至，亦无迕也。

先是颜延之为刘柳后军功曹，在浔阳与渊明情款。后为始安郡，经过浔阳，日造渊明饮焉。每往，必酣饮致醉。弘欲邀延之坐，弥日不得。延之临去，留二万钱与渊明。渊明悉遣送酒家，稍就取酒。

尝九月九日出宅边菊丛中坐，久之，满手把菊。忽值弘送酒至，即便就酌，醉而归。渊明不解音律，而蓄无弦琴一张，每酒适，辄抚弄以寄其意。贵贱造之者，有酒辄设。渊明若先醉，便语客：“我醉欲眠，卿可去。”其真率如此。郡将尝候之，值其酿熟，取头上葛巾漉酒，漉毕，还复著之。

其妻翟氏亦能安勤苦，与其同志。自以曾祖晋世宰辅，耻复屈身后代，自宋高祖⑤王业渐隆，不复肯仕。元嘉四年，将复征命，会卒，时年六十三。世号靖节先生。

（选自《笺注陶渊明集》，有删改）

【注】①弦歌：据《论语·阳货》记载，孔子门徒子游任武城宰，以弦歌为教民之具。后因以“弦歌”为出任邑令之典。②秫：黏性的高粱，多用来酿酒。③粳（jīng）：粳稻，稻谷的一种。④舁（yú）篮舆：抬竹轿。⑤宋高祖：南朝宋武帝刘裕。

1.对文中画波浪线部分的断句，正确的一项是（　　）（3分）

A.道济谓曰/贤者处世/天下无道则隐/有道则至/今子生文明之世/奈何自苦如此/对曰潜/也何敢望/圣贤志不及也/

B.道济谓曰/贤者处世/天下无道则隐/有道则至/今子生/文明之世奈何自苦如此/对曰/潜也何敢望圣贤/志不及也/

C.道济谓曰/贤者处世/天下无道则隐/有道则至/今子生/文明之世/奈何自苦如此/对曰潜也何敢望/圣贤志不及也/

D.道济谓曰/贤者处世天下/无道则隐/有道则至/今子生文明之世/奈何自苦如此/对曰/潜也何敢望圣贤/志不及也/

2.下列对原文有关内容的概括与分析,不正确的一项是(　　)(3分)

A.陶渊明博学多识。他擅长写文章,《五柳先生传》中五柳先生的形象被当时的人认为是他自己的真实写照。

B.陶渊明不喜为官。曾做过州祭酒,但时间不长就辞职回家了;州里召他担任主簿,他没有前去任职;朝廷征召他做著作郎,他也不去。

C.陶渊明素爱饮酒。他曾下令让吏员在官府的公田上种了五十亩高粱以备酿酒;他曾将颜延之馈赠的两万钱全都送至酒家。

D.陶渊明率真任情。来拜访的人不论贵贱,只要有酒就招待,自己如果喝醉了,就叫客人先回去。

3.把文中画横线的句子翻译成现代汉语。(8分)

(1)今遣此力,助汝薪水之劳。此亦人子也,可善遇之。

______

(2)其妻翟氏亦能安勤苦,与其同志。

______

三 高考真题练

(2014年全国卷Ⅱ)阅读下面的文言文,完成1—4题。(19分)

韩文,字贯道,成化二年举进士,除工科给事中,出为湖广右参议。中贵督太和山,干没公费。文力遏之,以其羡易粟万石,备振贷。九溪土酋与邻境争地相攻,文往谕,皆服。弘治十六年拜南京兵部尚书。岁侵,米价翔踊。文请预发军饷三月,户部难之。文曰:“救荒如救焚,有罪,吾自当之。”乃发廪十六万石,米价为平。明年召拜户部尚书。文凝厚雍粹,居常抑抑。至临大事,刚断无所挠。武宗即位,赏赉及山陵、大婚诸费,需银百八十万两有奇,部帑不给。文请先发承运库,诏不许。文言:“帑藏虚,赏赉自京边军士外,请分别给银钞,稍益以内库及内府钱,并暂借勋戚赐庄田税,而敕承运库内官核所积金银,著之籍。且尽罢诸不急费。”旧制,监局、仓库内官不过二三人,后渐添注,或一仓十余人,文力请裁汰。<u>淳安公主赐</u>

田三百顷，复欲夺任丘民业，文力争乃止。文司国计二年，力遏权幸，权幸深疾之。而是时青宫旧奄刘瑾等八人号“八虎”日导帝狗马鹰兔歌舞角抵不亲万几文每退朝对僚属语及辄泣下郎中李梦阳进曰：“公诚及此时率大臣固争，去‘八虎’易易耳。”文捋须昂肩，毅然改容曰：“善。纵事勿济，吾年足死矣，不死不足报国。”即偕诸大臣伏阙上疏，疏入，帝惊泣不食。瑾等大惧。瑾恨文甚，日令人伺文过。逾月，有以伪银输内库者，遂以为文罪。诏降一级致仕，瑾恨未已，坐以遗失部籍，逮文下诏狱。数月始释，罚米千石输大同。寻复罚米者再，家业荡然。瑾诛，复官，致仕。嘉靖五年卒，年八十有六。

（节选自《明史·韩文传》）

1. 对下列句子中加点的词的解释，不正确的一项是(　　)(3分)

A. 以其羡易粟万石，备振贷　　振：救济。

B. 救荒如救焚，有罪，吾自当之　　当：承担。

C. 至临大事，刚断无所挠　　临：面对。

D. 核所积金银，著之籍　　著：彰显。

2. 对文中画波浪线部分的断句，正确的一项是(　　)(3分)

A. 而是时青宫旧奄刘瑾等八人/号“八虎”日导帝/狗马/鹰兔/歌舞/角抵/不亲万几/文每退朝/对僚属/语及辄泣下/

B. 而是时青宫旧奄刘瑾等八人/号“八虎”日导帝/狗马/鹰兔/歌舞/角抵/不亲万几/文每退朝/对僚属/语及辄泣下/

C. 而是时青宫旧奄刘瑾等八人号“八虎”/日导帝狗马/鹰兔/歌舞/角抵/不亲万几/文每退朝/对僚属语及/辄泣下/

D. 而是时青宫旧奄刘瑾等八人号“八虎”/日导帝狗马/鹰兔/歌舞/角抵/不亲万几/文每退朝对僚属/语及辄泣下/

3. 下列对原文的概括和分析，不正确的一项是(　　)(3分)

A. 韩文为官清正，关注民众生活，他在湖广，妥善处理九溪士酋与临境争第一事；担任南京兵部尚书时，年成歉收，他开仓取粮十六万石，平抑米价。

B. 韩文刚正不屈，敢于奏议国事，武宗继位，诸项费用供给不足，他不顾非议，一再提出自己的看法；有关机构冗员渐增，他援引成例，着手压缩编制。

C. 韩文疾恶如仇，尽力遏制权幸，宦官刘瑾等人每日引诱皇上沉溺于声色狗马，不理政事,他采用李梦阳的建议,冒死谏诤,打击了刘瑾等人的嚣张气焰。

D.韩文刚者易折,饱受政敌陷害,刘瑾以遗失部籍作为罪名,逮捕韩文,释放后又两次罚米,使他倾家荡产;直到刘瑾被诛后,韩文才复官而后退休。

4.把文中画横线的句子翻译成现代汉语。(10分)

(1)淳安公主赐田三百顷,复欲夺任丘民业,文力争乃止。

____

(2)即偕诸大臣伏阙上书,疏入,帝惊泣不食,瑾等大惧。

____

种树郭橐驼传

课前预习练 解释下列粗体字的含义

种树郭橐驼传

柳　宗　元

郭橐驼，不知始何名。病偻，**隆然**(　　　　　　)伏行，有**类**(　　　)橐驼者，故乡人**号**(　　　)之“驼”。驼闻之曰：“甚善。名我**固**(　　　)**当**(　　　)。”**因**(　　　)舍其名，亦自谓“橐驼”**云**(　　　　)。

其乡曰丰乐乡，在长安西。驼**业**(　　　　　)种树，凡长安豪富人为观游及卖果者(句式：　　　　　　)，皆争**迎取**(　　　)**养**(　　　)。视驼所种树，或**移徙**(　　　)，无不活；且**硕**(　　　)茂，早**实**(　　　　　)以**蕃**(　　　)。他植者虽**窥伺**(　　　　)**效慕**(　　　　)，**莫**(　　　　　)能如也。

有问之，对曰：“橐驼非能使木寿且**孳**(　　　)也，能顺木之**天**(　　　　　)，以**致**(　　　)其性焉尔。凡植木之**性**(　　　　)，其**本**(　　)欲舒，其**培**(　　　)欲平，其土欲故，其**筑**(　　　)欲密。**既**(　　　)**然**(　　　)已，勿动勿**虑**(　　　　)，去不复**顾**(　　　　)。其**莳**(　　　　　)也**若子**(　　　　　)，其**置**(　　　)也若弃，则其天者全而其性得矣。故吾不**害**(　　　)其长而已，非有能**硕茂**(　　　　)之也；不**抑耗**(　　　)**其实**(　　　)而已，非有能早而蕃之也。他植者则不然。根**拳**(　　　　　)而土**易**(　　)，其培之也，若不过焉则不及。**苟**(　　　)有能反**是**(　　　　)者，则又爱之太**恩**(　　　　)，忧之太勤。旦视而暮抚，已去而复顾。甚者，**爪**(　　　　　　　)其**肤**(　　　)以验其**生枯**(　　　)，摇其本以观其疏密，而木之性日以**离**

(　　)矣。虽曰爱之，**其实**(　　)害之；虽曰忧之，其实仇之：故不我若也。吾又何能为哉！”

问者曰：“以子之道，移之官**理**(　　)，可乎？”驼曰：“我知种树而已，理，非吾业也。然吾居乡，见**长**(　　　　)**人**(　　)者好**烦**(　　)其令，**若**(　　)甚**怜**(　　)焉，而**卒**(　　　)以祸。旦暮吏来而呼曰：‘官命促**尔**(　　)耕，**勖**(　　)尔植，**督**(　　)尔获，早缫**而**(　　)**绪**(　　)，早织而**缕**(　　)，**字**(　　)而幼孩，**遂**(　　)而鸡豚。’鸣鼓而聚之，击木而召之。吾小人**辍**(　　)**飧**(　　)**饔**(　　　)以**劳**(　　)吏者，且不得**暇**(　　)，又何以**蕃**(　　)吾生而安吾性耶？故**病**(　　)且**怠**(　　)。若是，则与吾业者**其**(　　　)亦有**类**(　　)乎？”

问者曰：“**嘻**(　　)，不亦善夫！吾问养树，得**养人**(　　)**术**(　　)。”**传**(　　)其事**以为**(　　)官戒也。

课后巩固练

一 基础过关练

(一)通假字：写出下列通假字所通之字并解释。

早缫而绪 “而”同“______”，________

(二)一词多义：解释下列加点字的含义。

1.实

①早实以蕃________

②不抑耗其实而已________

③其实害之________

2.若

①其置也若弃________

②若不过焉则不及________

③故不我若也________

3.而

①鸣鼓而聚之________

②字而幼孩________

③旦视而暮抚________

④而木之性日以离矣________

4.以

①早实以蕃________

②能顺木之天以致其性焉尔________

③爪其肤以验其生枯________

④以子之道________

(三)词语解释:解释下列加点词的含义。

1.病偻,隆然伏行__________

2.名我固当________

3.橐驼非能使木寿且孳也________

4.则又爱之太恩,忧之太勤________;________

5.勖尔植________

6.病且怠________;________

(四)特殊句式:指出下列句子在句式上的特殊之处并翻译。

1.又何以蕃吾生而安吾性耶?

句式:____

译文:____

2.凡长安豪富人为观游及卖果者。

句式:____

译文:____

(五)成语积累:判断下列句子中加点成语使用的正误。

1.在中职学校中,常见打架现象,究其原因,都为一些鸡毛蒜皮的日常小事,我们要引以为戒。 (　　)

2.作家不仅有钱而且受到很多人的崇拜,那种崇拜比现在的影视明星过犹不及。 (　　)

3.经这家医院精心治疗,遭遇车祸的青年在昏迷40多天后竟然起死回生,苏醒过来并能开口说话了。 (　　)

4只要我们刻苦钻研，并充分发挥自己的特长，长此以往，就一定能取得令人瞩目的成就。 ( )

5.他充分调动了独特的宗教文化意识，移花接木地应用到实战中，达到了表里和谐的境界。 ( )

(六)文化常识：判断下列古代文化常识的正误。

1.柳宗元是唐代古文运动的倡导者之一，他主张废弃六朝以后华而不实的骈文，主张创作内容充实，形式自由的散文。 ( )

2.文中“官理”即官治。这里是避唐高宗李治的讳。古人行文遇到君主、尊长的名字要避讳。 ( )

3.长安，在今天陕西西安一带，长安的地名始于秦朝，两汉、隋、唐等朝代的都城，后泛指京师。 ( )

(七)名句填空：根据文章相关内容填空。

1.《种树郭橐驼传》中，“________，________，________，________”，既概括了树木的本性，也揭示了种树的要领。

2.《种树郭橐驼传》中，有人违背树木的本性，种树时“________，________，________”，因此必然遭致“木之性日以离”的恶果。

3.《种树郭橐驼传》中，“________，________。________，________”是郭橐驼植树的管理经验。

4.《种树郭橐驼传》中，一般种树的人不是撒手不管就是关心太过，什么都放不下，结果适得其反，“________，________；________，________”，压抑了甚至扼杀了树木的生机。

5.《种树郭橐驼传》中，对“养人”之不善，文章先简要地用几句加以概括“________，________，________”，这与上文“他植者”养树管理之不善相呼应。

二 拓展阅读练

阅读下面的文言文,完成1—5题。(20分)

梓人传

柳宗元

裴封叔之第,在光德里。有梓人款其门,愿佣隙宇而处焉。所职寻引、规矩、绳墨,家不居砻斫之器。问其能,曰:“吾善度材,视栋宇之制,高深、圆方、短长之宜,吾指使而群工役焉。舍我,众莫能就一宇。故食于官府,吾受禄三倍;作于私家,吾收其直大半焉。”他日,入其室,其床阙足而不能理,曰:“将求他工。”余甚笑之,谓其无能而贪禄嗜货者。

其后,京兆尹将饰官署,余往过焉。委群材,会众工。或执斧斤,或执刀锯,皆环立向之。梓人左持引,右执杖,而中处焉。量栋宇之任,视木之能举,挥其杖曰:“斧!”彼执斧者奔而右;顾而指曰:“锯!”彼执锯者趋而左。俄而斤者斫刀者削皆视其色俟其言莫敢自断者其不胜任者怒而退之亦莫敢愠焉。画宫于堵,盈尺而曲尽其制,计其毫厘而构大厦,无进退焉。既成,书于上栋曰:“某年某月某日某建。”则其姓字也。凡执用之工不在列。余圜视大骇,然后知其术之工大矣。

继而叹曰:彼将舍其手艺,专其心智,而能知体要者欤?吾闻劳心者役人,劳力者役于人,彼其劳心者欤?能者用而智者谋,彼其智者欤?是足为佐天子、相天下法矣,物莫近乎此也。

彼为天下者,本于人。彼佐天子相天下者,举而加焉,指而使焉,条其纲纪而盈缩焉,齐其法制而整顿焉,犹梓人之有规矩、绳墨以定制也。择天下之士,使称其职;居天下之人,使安其业。视都知野,视野知国,视国知天下,其远迩细大,可手据其图而究焉。犹梓人画宫于堵而绩于成也。能者进而由之,使无所德;不能者退而休之,亦莫敢愠。犹梓人之善运众工而不伐艺也。夫然后相道得而万国理矣。相道既得,万国既理,天下举首而望曰:“吾相之功也。”后之人循迹而慕曰:“彼相之才也。”犹梓人自名其功,而执用者不列也。大哉相乎!通是道者,所谓相而已矣。

余谓梓人之道类于相,故书而藏之。

(节选自《柳河东集·梓人传》)

1.下列对文中画波浪线部分的断句，正确的一项是(　　)(3分)

A.俄而/斤者斫刀者削/皆视其色俟/其言莫敢自断者/其不胜任者/怒而退之/亦莫敢愠焉

B.俄而/斤者斫刀者削/皆视其色/俟其言/莫敢自断者/其不胜任者/怒而退之/亦莫敢愠焉

C俄而斤者斫/刀者削/皆视其色/俟其言莫敢/自断者/其不胜任者/怒而退之/亦莫敢愠焉

D.俄而斤者斫/刀者削/皆视其色/俟其言/莫敢自断者/其不胜任者/怒而退之/亦莫敢愠焉

2.下列对文中加点词语的相关内容的解说，不正确的一项是(　　)(3分)

A.寻引：长度单位，八尺为“寻”，十丈为“引”，此指测量工具。

B.京兆尹：官名，京兆府的长官，指的是洛阳地区的长官。

C.国：诸侯王的封地。

D.万国：万方，指整个国家。

3.下列对原文有关内容的分析和概括，不正确的一项是(　　)(3分)

A.梓人善于计算建筑材料，他精心考虑怎样用料会适合高低、深浅、方圆和长短的需要，

们具体劳作。

他到官府干活谋生，得到的工资是工人们的三倍；到私家干活，得到的工钱是

半。

京兆尹要修建衙门，我经过那里，看到积聚了许多建筑材料，汇聚了许多工人。他们有的拿着斧头，有的拿着刀锯，都围成圈子愤怒地与那个木匠对峙着。

D.作者认为，那些远的、近的、小的、大的各种事情，都可以用手按着图纸来决定怎样处理它们，这就像木匠师傅在墙上先画房屋草图然后照着它建造房屋直到完成一样。

4.把文中画横线的句子翻译成现代汉语。(8分)

(1)彼将舍其手艺，专其心智，而能知体要者欤？

______

(2)能者进而由之，使无所德；不能者退而休之，亦莫敢愠。

______

5.本文借“梓人”的传奇事迹阐述了什么道理？(3分)

______

______

______

三 高考真题练

(2012年天津卷)阅读下面的文言文,完成1—4题。(17分)

与薛寿鱼书[①]

袁　枚

天生一不朽之人,而其子若[②]孙必欲推而纳之于必朽之处,此吾所为悁悁而悲也。夫所谓不朽者,非必周、孔而后不朽也。羿之射,秋之奕,俞跗之医,皆可以不朽也。使必待周、孔而后可以不朽,则宇宙间安得有此纷纷之周、孔哉!

子之大夫一瓢先生,医之不朽者也,高年不禄[③]。仆方思辑其梗概以永其人,而不意寄来墓志无一字及医,反托于与陈文恭公讲学云云。呜呼!自是而一瓢先生不传矣,朽矣!

夫学在躬行,不在讲也。圣学莫如仁,先生能以术仁其民,使无夭札[④],是即孔子“老安少怀”之学也,素位而行,学孰大于是!而何必舍之以他求?文恭,相公也;子之大父,布衣也。相公借布衣以自重,则名高;而布衣扶相公以自尊,则甚陋。今执途之人而问之曰:“一瓢先生非名医乎?”虽子之仇,无异词也。又问之曰:“一瓢先生其理学乎?”虽子之戚,有异词也,子不以人所共信者传先人,而以人所共疑者传先人,得毋以“艺成而下”[⑤]之说为斤斤乎?不知艺即道之有形者也。精求之,何艺非道?貌袭之,道艺两失。医之为艺,尤非易言,神农始之,黄帝昌之,周公使冢宰领之,其道通于神圣。今天下医绝矣,惟讲学一流转未绝者,何也?医之效立见,故名医百无一人;学之讲无稽,故村儒举目皆是。子不尊先人于百无一人之上,而反贱之于举目皆是之中,过矣!

仆昔疾病,性命危笃,尔时虽十周、程、张、朱[⑥]何益?而先生独能以一刀圭[⑦]活之,仆所以心折而信以为不朽之人也。虑此外必有异案良方,可以拯人,可以寿世者,辑而传焉,当高出语录陈言万万。而乃讳而不宣,甘舍神奇以就臭腐,在理学中未必增一伪席,而方伎中转失一真人矣。岂不悖哉!岂不惜哉!

(选自《小仓山房文集》,有删改)

【注】①此文是袁枚写给名医薛雪(号一瓢)之孙薛寿鱼的一封信,信中借如何评价薛雪,批评了当时重理学轻技艺的社会风气。②若:和,同。③不禄:死的委婉说法。④夭札:因病而早死。⑤艺成而下:语出《礼记·乐记》“德成而上,艺成而下”。艺,技艺。⑥周、程、张、朱:即周敦颐、程颢、程颐、张载、朱熹,均为理学家。⑦刀圭:用来量取药末的器具,代指药物。

1. 对下列句子中加点的词解释，不正确的一项是(　　)(3分)

A. 而不意寄来墓志无一字及医　　意：猜测

B. 今执途之人而问之曰　　执：拉住

C. 貌袭之，道艺两失　　袭：承袭

D. 可以拯人，可以寿世者　　寿：使……长寿

2. 作者反对重理学轻技艺，下列句子中不能体现他这一态度的一句是(　　)(3分)

A. 羿之射，秋之奕，俞跗之医，皆可以不朽也。

B. 相公借布衣以自重，则名高；而布衣挟相公以自尊，则甚陋。

C. 医之效立见，故名医百无一人；学之讲无稽，故村儒举目皆是。

D. 仆昔疾病，性命危笃，尔时虽十周、程、张、朱何益？

3. 下列对本文的理解，不正确的一项是(　　)(3分)

A. 周公、孔子是不朽的，精通某种技艺的人也可以不朽。

B. 薛雪留下的奇特病案和有效方剂比理学语录有意义得多。

C. 医术也是仁术，薛雪通过行医实践了孔子的仁学，体现出他的价值。

D. 薛雪行医救人很有成就，但盛年辞世，令人痛惜。

4. 把文言文阅读材料中画横线的句子翻译成现代汉语。(8分)

(1)虽子之仇，无异词也。(2分)

____

(2)子不以人所共信者传先人。(2分)

____

(3)而先生独能以一刀圭活之，仆所以心折而信以为不朽之人也。(4分)

____

石钟山记

课前预习练 解释下列粗体字的含义

石钟山记

苏　轼

《水经》云："彭蠡之口有石钟山**焉**(　　　　)。"郦元**以为**(　　)下**临**(　　)深潭，微风**鼓**(　　　　)浪，水石相**搏**(　　　　)，声如洪钟。**是**(　　)说也，人常疑之。今**以**(　　)钟磬置水中，**虽**(　　　)大风浪不能**鸣**(　　　　　)也，**而**(　　　)况石乎！至唐李渤**始**(　　)**访**(　　)其**遗踪**(　　　　　　　)，**得**(　　　)双石于潭上，扣而**聆**(　　　　　)之，南声**函胡**(　　　　　　)，北音**清越**(　　　　)，**桴**(　　　　)止**响**(　　　)**腾**(　　　)，余**韵**(　　　)**徐**(　　　　)**歇**(　　　　)。自以为得之矣。然是说也，余**尤**(　　　　)疑之。石之**铿然**(　　　　　　　)有声者，所在皆是也，而此**独**(　　)以钟**名**(　　　　)，何哉？

元丰七年六月丁丑，余自齐安**舟**(　　　)行**适**(　　)临汝，而长子迈将赴饶之德兴尉，送之至湖口，**因**(　　)**得**(　　)观所谓石钟者。寺僧使小童持斧，于乱石间**择**(　　)其一二**扣**(　　)之，**硿硿焉**(　　　焉：　　　)。余**固**(　　)笑而不信也。至暮夜月明，独与迈乘小舟，至绝壁下。大石**侧**(　　　　　)立千尺，如猛兽奇鬼，**森然**(　　　)欲搏人；而山上**栖鹘**(　　　　　)，闻人声亦惊起，**磔磔**(　　　)云霄间；又有若老人咳且笑于山谷中者，**或**(　　)曰此鹳鹤也。余**方**(　　)**心动**(　　　)欲还，而大声发于水上，**噌吰**(　　　　　　　)如钟鼓不**绝**(　　　)。舟人大恐。**徐**(　　　)而察之，则山下皆石穴**罅**(　　　　)，不知其浅深，微波入**焉**(　　　　　　　　　　)，**涵澹**(　　　)澎湃而**为**(　　　　)

此也。舟回至两山间,将入港口,有大石当**中流**(　　　),可坐百人,**空中**(　　　)而多**窍**(　　　),与风水相吞吐,有**窾坎**(　　　)**镗鞳**(　　　)之声,与向之噌吰者相应,如乐作焉。因笑谓迈曰:“汝**识**(　　　)之乎?噌吰者,周景王之无射也;窾坎镗鞳者,魏庄子之歌钟也。古之人不**余**(　)欺也(句式:　　　　　　　　)!”

事不**目**(　　　)见**耳**(　　　)闻,而**臆断**(　　　)其有无,可乎?郦元之所见闻,**殆**(　　　)与余同,而言之不详;士大夫**终**(　　　)不肯以小舟夜泊绝壁之下,故**莫**(　　　)能知;而渔工水师虽知而不能**言**(　　　)。此世**所以**(　　　)不传也。而陋者**乃**(　　　)以斧斤**考**(　)击而**求**(　　　)之,自以为得**其**(　　　)**实**(　　　)。余**是以**(　　　)记之,盖叹郦元之**简**(　　　),而**笑**(　　　)李渤之**陋**(　　　)也。

课后巩固练

一 基础过关练

(一)通假字:写出下列通假字所通之字并解释。

南声函胡　“函胡”同“____”,________

(二)一词多义:解释下列加点字的含义。

1.壁

①凿壁借光________

②至绝壁下________

③诸侯军救巨鹿下者十余壁________

④项王军壁垓下________

⑤小姐这壁坐________

2.察

①徐而察之________

②小大之狱,虽不能察________

③前太守臣逵,察臣孝廉________

3.殆

①以父母之遗体行殆________

②殆有神护者________

③且燕赵处秦革灭殆尽之际________

④以有涯随无涯，殆已________

(三)词语解释：解释下列加点词的含义。

1. 微风鼓浪________

2. 而此独以钟名________

3. 虽大风浪不能鸣也________

4. 余自齐安舟行适临汝________

5. 大石侧立千尺________

6. 磔磔云霄间________

7. 不知其浅深________

8. 涵澹澎湃而为此也________

9. 事不目见耳闻________

10. 而臆断其有无________

11. 夜泊绝壁之下________

(四)特殊句式：指出下列句子在句式上的特殊之处并翻译。

1. 噌吰者，周景王之无射也。

句式：____

译文：____

2. 古之人不余欺也。

句式：____

译文：____

3. 石之铿然有声者。

句式：____

译文：____

4. 又有若老人咳且笑于山谷中者。

句式：____

译文：____

（五）成语积累：判断下列句子中加点成语使用的正误。

1.真是好事多磨，经历了许多挫折，他的公司终于正式成立了，他也可以安之若素了。（　　）

2.当时暴雨如注，满路泥泞，汽车已无法行走，抢险队员们只好安步当车，跋涉一个多小时赶到了大坝。（　　）

3.他气得脸色半青半黄，嘴唇哆嗦了半天，什么话也说不出来。（　　）

4.他谦虚地说："我既不擅长唱歌，也不喜欢运动；除了画画，就别无长物了。"（　　）

5.近年来禽流感在国内时有发生，危害极大，各级政府必须筚路蓝缕，积极做好预防，以免给人民的生命财产带来损失。（　　）

6.你毕业时送给我的那支钢笔，我敝帚自珍，一直保存着。（　　）

7.这次选举，本来他是最有希望的，但由于他近来的所作所为不孚众望，结果落选了。（　　）

8.便民箱、井盖板、金属垃圾桶被盗，名草名花，不胫而走，这些发生在城市里的不文明现象，令人气愤。（　　）

（六）文化常识：判断下列古代文化常识的正误。

1.《石钟山记》"记"，是古代的一种文体，主要是通过记事、记物、写景等来抒发作者情感或表达作者见解。（　　）

2.年号是中国封建王朝用来纪年的一种名号，如"元丰七年六月丁丑"中"元丰"是宋神宗赵顼的一个年号。从秦始皇开始，皇帝即位要设立年号。（　　）

3.《水经》是中国古代的一部记述了137条全国主要河流水道情况的书，记载相当简略，缺乏系统性，后来被郦道元改编为《水经注》。（　　）

（七）名句填空：根据文章相关内容填空。

1.《石钟山记》一文，苏轼用一个定语后置句"____________________，____________________"来否定唐代李渤对石钟山名字来历的看法。

2.《石钟山记》中除却郦道元"言之不详"的原因外，石钟山得名缘由没能流传下来，还因为"____________________，____________________；____________________。"

3.《石钟山记》苏轼在探明石钟山得名的由来后总结出一个结论："________________，

____________，____________？”语气强烈，以反问的方式表示充分肯定，点明了全篇的主旨。

4.《石钟山记》中，郦道元认为石钟山得名的原因是“____________，____________，____________，____________。”

5.《石钟山记》记载，苏轼为了探究石钟山命名的原因，与儿子一起泛舟绝壁下，见到“____________，____________，____________。”运用比喻的手法刻画出石头形状怪异，渲染出阴森恐怖的气氛。

6.《石钟山记》中，苏轼探寻完毕石钟山命名的来历后，用一个宾语前置句“____________”表明了自己轻松愉悦的心情。

二 拓展阅读练

阅读下面的文言文片段，完成1—2题。(13分)

苏轼，字子瞻，眉州眉山人。生十年，父洵游学四方，母程氏亲授以书，闻古今成败，辄能语其要。程氏读东汉《范滂传》，慨然太息，轼请曰：“轼若为滂，母许之否乎？”程氏曰：“汝能为滂，吾顾不能为滂母邪？”

比冠，博通经史，属文日数千言，好贾谊、陆贽书。既而读《庄子》，叹曰：“吾昔有见，口未能言，今见是书，得吾心矣。”嘉佑二年，试礼部。方时文磔裂诡异之弊胜，主司欧阳修思有以救之，得轼《刑赏忠厚论》，惊喜，欲擢冠多士，犹疑其客曾巩所为，但置第二，复以《春秋》对义居第一，殿试中乙科。后以书见修，修语梅圣俞曰：“吾当避此人出一头地。”闻者始哗不厌，久乃信服。

丁母忧。五年，调福昌主簿。欧阳修以才识兼茂，荐之秘阁。试六论，旧不起草，以故文多不工。轼始具草，文义粲然。复对制策，入三等。自宋初以来，制策入三等，惟吴育与轼而已。

除大理评事、签书凤翔府判官。关中自元昊叛，民贫役重，岐下岁输南山木筏，自渭入河，经砥柱之险，衙吏踵破家。轼访其利害，为修衙规，使自择水工以时进止，自是害减半。

治平二年，入判登闻鼓院。英宗自藩邸闻其名，欲以唐故事召入翰林。宰相韩琦曰：“轼之才远大器也他日自当为天下用要在朝廷培养之使天下之士莫不畏慕降伏皆欲朝廷进用然后取而用之则人人无复异辞矣今骤用之则天下之士未必以为然适足以累之也。”英宗曰：“且与修注如何?”琦曰:“记注与制诰为邻,未可遽授。不若于馆阁中近上官职与之,且请召试。”英宗曰:“试之未知其能否,如轼有不能邪?”琦犹不可,及试二论,复入三等,得直史馆。

(节选自《宋史·苏轼传》)

1.下列对文中画波浪线部分的断句,正确的一项是(　　)(3分)

A.轼之才远/大器也/他日自当为天下用/要在朝廷培养之/使天下之士莫不畏慕隆伏/皆欲朝廷进用/然后取而用之/则人人无复异辞矣/今骤用之/则天下之士未必以为然/适足以累之也

B.轼之才/远大器也/他日自当为天下用/要在朝廷培养之/使天下之士莫不畏慕隆伏/皆欲朝廷进用然/后取而用之/则人人无复异辞矣/今骤用之/则天下之士未必以为然/适足以累之也

C.轼之才/远大器也/他日自当为天下用/要在朝廷培养之/使天下之士莫不畏慕隆伏/皆欲朝廷进用/然后取而用之/则人人无复异辞矣/今骤用之/则天下之士未必以为然/适足以累之也

D.轼之才远/大器也/他日自当为天下用/要在朝廷培养之/使天下之士莫不畏慕隆伏/皆欲朝廷进用然/后取而用之/则人人无复异辞矣/今骤用之/则天下之士未必以为然/适足以累之也

2.把文中画横线的句子翻译成现代汉语。(10分)

(1)汝能为滂,吾顾不能为滂母邪?

译文:____

(2)吾昔有见,口未能言,今见是书,得吾心矣。

译文:____

三 高考真题练

(2016年全国丙卷)阅读下面的文言文,完成1—4题。(19分)

傅珪,字邦瑞,清苑人。成化二十三年进士。改庶吉士。弘治中,授编修,寻兼司经局校书。与修《大明会典》成,迁左中允。武宗立,以东宫恩,进左谕德,充讲官,纂修《孝宗实录》。时词臣不附刘瑾,瑾恶之。谓《会典》成于刘健等多所糜费镌与修者官降珪修撰俄以《实录》成进左中允再迁翰林学士历吏部左右侍郎正德六年代费宏为礼部尚书。礼部事视他部为简,自珪数有执争,章奏遂多。帝好佛,自称大庆法王。番僧乞田百顷为法王下院,中旨下部，称大庆法王与圣旨并。珪佯不知，执奏：“孰为大庆法王，敢与至尊并书，大不敬。”诏勿问，田亦竟止。珪居闲类木讷者。及当大事，毅然执持，人不能夺，卒以此忤权幸去。教坊司臧贤请易牙牌，制如朝士，又请改铸方印，珪格不行。贤日夜腾谤于诸阉间，冀去珪。御史张羽奏云南灾，珪因极言四方灾变可畏。八年五月，复奏四月灾，因言：“春秋二百四十二年，灾变六十九事。今自去秋来，地震天鸣，雹降星殒，龙虎出见，地裂山崩，凡四十有二，而水旱不与焉，灾未有若是甚者。”极陈时弊十事，语多斥权幸，权幸益深嫉之。会户部尚书孙交亦以守正见忤，遂矫旨令二人致仕。两京言官交章请留，不听。珪归三年，御史卢雍称珪在位有古大臣风，家无储蓄，日给为累，乞颁月廪、岁隶，以示优礼。又谓珪刚直忠谠，当起用。吏部请如雍言，不报。而珪适卒，年五十七。嘉靖元年录先朝守正大臣，追赠太子少保，谥文毅。

（节选自《明史·傅珪传》）

1.下列对文中画波浪线部分的断句，正确的一项是（　　）（3分）

A.谓《会典》成于刘健等/多所糜费/镌与修者/官降珪修撰/俄以《实录》成/进左中允/再迁翰林学士/历吏部左/右侍郎/

B.谓《会典》成于刘健等/多所糜费/镌与修者官/降珪修撰/俄以《实录》成/进左中允/再迁翰林学士/历吏部左/右侍郎/

C.谓《会典》成于刘健等/多所糜费/镌与修者官/降珪修撰/俄以《实录》成进/左中允再迁翰林学士/历吏部左/右侍郎/

D.谓《会典》成于刘健等/多所糜费/镌与修者/官降珪修撰/俄以《实录》成进/左中允再迁翰林学士/历吏部左/右侍郎/

2.下列对文中加点词语的相关内容的解说，不正确的一项是（　　）（3分）

A.礼部为六部之一，掌管礼仪、祭祀、土地、户籍等职事，部长官称为礼部尚书。

B.教坊司是管理宫廷音乐的官署，专管雅乐以外的音乐、歌舞的教习等演出事务。

C.致仕本义是将享受的禄位交还给君王，表示官员辞去官职或到规定年龄而离职。

D.历史上的“两京”有多种所指，文中则指明代永乐年间迁都以后的南北两处京城。

3.下列对原文有关内容的概括和分析，不正确的一项是（　　）（3分）

A.傅珪进入仕途，参与纂修文献。弘治年间，他兼任司经局校书，参与编修《大明会典》得以升职；武宗继位，他进位左谕德，充讲官，修撰《孝宗实录》。

B.傅珪任职礼部，劝谏讲究策略。他担任礼部尚书时，由于屡有争端，上奏增多；番僧因帝好佛求地百顷,他佯作不知皇上自称大庆法王,不理会给地的事。

C.傅珪守正不阿,反遭诬蔑报复。每遇大事,他都能坚持己见,不肯随意改易,因而触怒许多人;后因得罪权贵被迫退休,虽有言官请留,他仍坚持离职。

D.傅珪为官清廉,死后受到好评。御史卢雍称赞他在位时有古代大臣风范,归乡后家无积蓄,艰难度日;嘉靖元年,他被列为先朝守正大臣,追谥为文毅。

4.把文中画横线的句子翻译成现代汉语。(10分)

(1)极陈时弊十事,语多斥权幸,权幸益深嫉之。

____

(2)又谓珪刚直忠谠,当起用。吏部请如雍言,不报。

____

U+ 语文 文言练习

下册

参考答案

丛书主编◎欧 健 张 勇
本册主编◎张爱明 苟晓东

高中选修

西南大学出版社
国家一级出版社 全国百佳图书出版单位

《论语》十二章

课前预习练 解释下列粗体字的含义

《论语》十二章

子曰："君子**食**(动词，吃饭)无求饱，居无求安，**敏**(勤勉)于事而慎于言，**就**(接近、靠近，到)**有道**(有才艺或有道德的人)而**正**(匡正、端正)焉，可谓好学也**已**(同"矣"，句尾语气词，表陈述，相当于"了")。"(《学而》)

子曰："人**而**(如果)不仁，**如礼何**(怎样对待礼呢？如……何：固定句式，译为"怎样……呢？对……怎么办？")？人而不仁，如乐何？"(《八佾》)

子曰："朝**闻**(得知)道，夕死可矣。"(《里仁》)

子曰："君子**喻**(知晓，明白)于义，小人喻于利。"(《里仁》)

子曰："见**贤**(形容词作名词，有德行有才能的人)**思**(希望、想着)**齐**(形容词作动词，看齐)焉，见不贤而**内**(名词作状语，在心里)自省也。"(《里仁》)

子曰："**质**(质朴、朴实)胜**文**(文采、华美)则**野**(粗野、鄙俗)，文胜质则**史**(虚饰，浮夸)。**文质彬彬**(文质兼备、配合适当的样子)，然后君子。"(《雍也》)

曾子曰："士不可以不**弘毅**(志向远大，意志坚强。弘：广、大，这里指志向远大)，任重而道远。仁**以为**(把……作为)己任，不亦重乎？死而后**已**(停止)，不亦远乎？"(《泰伯》)

子曰："譬如**为**(堆积)山，未成一**篑**(盛土的竹筐)，止，吾止也。譬如**平**(形容词作动词，填平)地，虽**覆**(倾倒)一篑，进，吾往也。"(《子罕》)

子曰："**知**(同"智")者不惑，仁者不忧，勇者不惧。"(《子罕》)

颜渊问仁。子曰："**克己复礼**(约束自我，使言行归复于先王之礼。克：约束；复：归复)为仁。一**日**(一旦)克己复礼，天下**归**(称赞，称许)仁焉。为仁**由**(依靠)己，**而**(难道)由人乎哉？"颜渊曰："请问其**目**(条目，细则)。"子曰："非礼勿视，非礼勿听，非礼勿言，非礼勿动。"颜渊曰："回虽不敏，请**事**(实践，从事)斯语矣。"(《颜渊》)

子贡问曰："有**一言**(一个字)而可以终身**行**(实行，实践)之者乎？"子曰："**其**(大概)'恕'乎！己所不**欲**(喜欢，想)，勿**施**(施加)于人。"(《卫灵公》)

子曰："**小子**(老师对学生的称呼)**何莫**(为什么不)学**夫**(那)《诗》？《诗》可以**兴**(激发人的感情)，可以**观**(观察政治的得失、风俗的盛衰)，可以**群**(提高人际交往能力)，可以**怨**(讽刺时政)。**迩**(ěr近)之**事**(同"侍"，侍奉)父，远之事君。多识于鸟兽草木之名。"(《阳货》)

课后巩固练

一 基础过关练

(一)

"知"同"智"，智慧

(二)

1.①质朴、朴实　②询问，质疑　③盟约

2.①从事，实践　②同"侍"，侍奉

3.①实行，实践　②行走　③行为，品行　④将，将要　⑤辈分、行辈

(三)

1.形容词作动词，匡正、端正

2.形容词作名词，有德行有才能的人

3.形容词作动词,看齐

4.名词作动词,成为君子

(四)

1.句式:状语后置句,正常语序应为"于事敏而于言慎"。

译文:做事勤勉,言谈谨慎。

2.句式:判断句,"也"为标志。

译文:这时停下来,那是我自己要停下来的。

3.句式:判断句,"为"为标志。

译文:约束自己,使言行归复于先王之礼,这就是仁。

4.句式:定语后置句,正常语序应为"有可以终身行之一言者乎"。

译文:有一个可以用来终身奉行的字吗?

(五)

1.√,见贤思齐:见到贤能的人就想向他看齐。

2.√,食无求饱:吃饭不要求饱。指生活要有节制。

3.√,己所不欲,勿施于人:自己不喜欢的、做不到的,也不要强加于别人。

4.√,任重道远:担子很重,路程又长,比喻责任重大,需要长期艰苦奋斗。

5.√,死而后已:意思是死了以后才罢手。形容为完成一种责任而奋斗终生。

6.√,克己复礼:约束自我,使言行归复于先王之礼。

7.×,文质彬彬:原形容人既文雅又朴实,后来形容人文雅有礼貌。

(六)

1.×,"'六经'……是《论语》《诗经》《尚书》《礼经》《乐经》《周易》"说法错误,"六经"指《诗经》《尚书》《礼经》《乐经》《周易》《春秋》,不包括《论语》。《论语》是"四书"(《论语》《孟子》《大学》《中庸》)之一。

2.√　　3.√

(七)

1.朝闻道,夕死可矣

2.己所不欲,勿施于人

3.见贤思齐焉,见不贤而内自省也

4.君子喻于义,小人喻于利

5.士不可以不弘毅,任重而道远

6.君子食无求饱,居无求安

7.质胜文则野,文胜质则史

8.为仁由己,而由人乎哉

9.知者不惑,仁者不忧,勇者不惧

10.可以群,可以怨

11.敏于事而慎于言

12.克己复礼为仁

二 拓展阅读练

1.C 【解析】C项均为介词,意为:拿,用。A项,分别为连词,表修饰;连词,表转折。B项,分别为介词,对于;介词,在。D项,分别为代词,这;副词,表疑问语气。

2.①孔子:坚守仁义,安贫乐道。

②孟子:一乐家庭平安,二乐心地坦然,三乐教书育人。

③庄子:保全生命,享受自由。

【解析】根据文段一中语句"饭疏食,饮水,曲肱而枕之,乐亦在其中矣"意思是"吃粗粮,喝冷水,弯着胳膊当枕头,乐趣也就在其中了",由此可以看出孔子坚守仁义,安贫乐道。根据文段三中句子"往矣!吾将曳尾于涂中"以及庄子拒绝出仕的邀请可以看出庄子注重保全生命,享受自由。

[参考译文]

文段一

孔子说:"吃粗粮,喝白水,弯着胳膊当枕头,乐趣也就在这中间了。用不正当的手段得来的富贵,对于我来讲就像是天上的浮云一样。"

文段二

孟子说:"君子有三种快乐,但称王天下不在这当中。父母全都健在,兄弟也没病没灾,这是第一大快乐;上不愧对于天,下不愧对于人,这是第二大快乐;得到天下优秀的人才对他们进行教育,这是第三大快乐。"

文段三

庄子在濮水钓鱼，楚王派两位大夫前往先去表达他的心意，说："希望能用全境(的政务)来劳烦您！"庄子拿着鱼竿不回头看(他们)，说："我听说楚国有(一只)神龟，死的时候已经有三千岁了，国王用锦缎将它包好放在竹匣中珍藏在宗庙的堂上。这只神龟，(它是)宁愿死去为了留下骨骸而显示尊贵呢？还是宁愿活在烂泥里拖着尾巴爬行呢？"两个大夫说："情愿活着在烂泥里摇尾巴。"庄子说："请回吧！我要在烂泥里摇尾巴。"

三 高考真题练

1.D【解析】"纯礼字彝叟"是文言传记常见格式，讲某人的名和字，加上四个选项断句情况完全相同，故知此处断句正确。"以父仲淹荫"的意思是"因为父亲范仲淹的恩荫"，由此可知此处应断句，于是可排除B和C。"永昭陵建"的意思是"永昭陵修建"，这是一句话，应该断句，所以排除A项。由此得出答案是D。

2.C【解析】A项的"陵寝"出现在文本中"陵寝皆在邑境"一语，此外还有"知陵台令"一语也有所涉及。由此可知此项解说正确。B项的"株连"出现在文本中"命释其株连者"一句，根据前文所讲范纯礼的宽容，可推断此项解说正确。C项对"尹"的解说找不出错误，但后面所举之"令尹"的例子则和学过的课文《屈原列传》相关内容不合，在课文中，"令尹"是楚国执政官名，相当于宰相，于是可知此项解说错误。D项的"御名"出现在文本中"诡诬其辄斥御名"一语，既然因为"辄斥御名"而罢官，便不难知道此项解说的正确性。

3.D【解析】A项内容涉及文本中范纯礼所说的"陵寝皆在邑境，岁时缮治无虚日，今乃与百县均赋，曷若置此，使之奉常时用乎"一语，据此可知该项表述正确。B项内容涉及文本中"草场火，民情疑怖，守吏惕息俟诛。纯礼曰：'草湿则生火，何足怪！'但使密偿之。库吏盗丝多罪至死，纯礼曰：'以棼然之丝而杀之，吾不忍也。'听其家趣买以赎，命释其株连者"，同时要注意前文的"以比部员外郎出知遂州"一语，对照可知此项表述正确。C项内容涉及文本中自"以龙图阁直学士知开封府"至"以不应为杖之，足矣"部分，对照可知此项表述正确。D项内容涉及文本中"会诜馆辽使，纯礼主宴，诡诬其辄斥御名"一句，由此句可知该项表述错误：是王诜设宴款待辽使，并不是纯礼宴请辽使。

4.(1)正尽力去除先前的苛责，尚且担心做得不够，哪有宽松成为祸患的呢。

(2)愚人粗鲁无知，如果以叛逆定罪，恐怕会辜负陛下爱惜生灵的仁德。

【解析】(1)文言实词"务、去"和文言虚词"岂"是采分点，同时，全句的正确理解翻译也是采分点。此句应翻译为：我正致力去除先前的苛严之政，还担忧未能尽除，哪里还有宽政会成为祸患的呢。(2)文言实词"村野、蔽罪、辜"是采分点，同时，全句的正确理解翻译也是采分点。此句应翻译为：愚钝之人粗鄙无知，如果以叛逆概括罪名，恐怕会辜负陛下爱惜生灵的仁德。

[参考译文]

纯礼字彝叟，因为父亲(范)仲淹荫庇，任职陵台令兼永安县。修建永昭陵(的时候)，京西转运使在一路上摊派木石砖甓以及工匠劳役，只有永安县不接受命令。使者把这个事报告给陵使韩琦，韩琦说："范纯礼难道不知道此事吗？一定会有一个说法。"后来，大家质问他，范纯礼说："陵寝都在本县境内，一年四季修缮整治没有停下来的时间，现在却与其他县平均赋役，不如将赋役搁置下来，用它来供奉平时的用度呢。"韩琦认为他的想法是对的。回到朝中，任命(他)为三司盐铁判官，以比部员外郎出任遂州知府。泸南有边防事务，征调赋税苛刻急迫，范纯礼一概冷静地对待此事，分辨其中可以备办的，不从民间榨取。百姓在房中悬挂"他的"画像，把他像神仙一样供奉，叫他"范公庵"。草场起火，民心惊慌，守吏惊恐地等着被责罚。范纯礼说："草湿了就容易(淤积)起火，有什么奇怪的！"只是让他们暗中赔偿(了事)。库吏偷盗丝绸大多判死罪，范纯礼说："因为纷乱的丝而杀人，我不忍心。"命令他的家人立刻花钱买下用以赎罪，又下令释放那些被株连的人。任命户部郎中、京西转运副使。徽宗即位，以龙图阁直学士任开封知府。前任府尹治政苛刻严酷，范纯

礼说："宽厚和刚猛相互结合，这是圣人的教诲。正应该去除以前的苛刻，还担心做得不够，哪里会因为宽厚造成祸患的道理。"因此一概以宽大处理事务。皇帝圣旨审讯享泽村百姓谋反一事，范纯礼审察其中的原因，原来是这个百姓进入剧场看戏，回来的路上看到工匠制作木桶，(就)拿来戴在头上说："和刘先主相比怎样？"于是被工匠抓住。第二天入朝应对，宋徽宗问怎样处理(此事)，(范纯礼)回答说："乡村的愚人无知，如果以叛逆定罪，恐怕违背了陛下好生之德，用不应该做这件事(的理由)杖责他，就足够了。"(宋徽宗)说："凭这个怎么能使后人为戒呢？"(范纯礼)说："正是想使外人通过此事知道陛下不滥施刑法，足以作为教训了。"宋徽宗听从了他。范纯礼沉毅刚正，曾布畏惧他，激怒驸马都尉王诜说："皇上想任命你为承旨，范纯礼右丞不同意。"王诜很生气。正值王诜招待辽国使臣，范纯礼主持宴会，王诜污蔑他直称皇上御名，(皇上将他)罢免为端明殿学士、颍昌知府、崇福宫提举。崇宁五年，复任左朝议大夫、鸿庆宫提举。去世，终年七十六岁。

大学之道

课前预习练 解释下列粗体字的含义

大学之道

《礼记》

大学之道，在**明**(形容词作动词，彰明)明德，在亲民，在止于**至善**(道德修养的最高境界)。知**止**(目标，指"至善")而后有定，定而后能**静**(心不妄动)，静而后能**安**(性情安和)，安而后能**虑**(思虑精详)，虑而后能**得**(处事合宜)。物有本末，事有终始。知所先后，则近道矣。

古之欲明明德于天下者，先治其国。欲治其国者，先**齐**(使动用法，使……整齐有序)其家。欲齐其家者，先修其身。欲修其身者，先正其心。欲正其心者，先诚其意。欲诚其意者，先**致其知**(获得知识)。致知在**格物**(推究事物的原理)。物格而后知至，知至而后意诚，意诚而后心正，心正而后身修，身修而后家齐，家齐而后国治，国治而后天下平。自天子以至于庶人，**壹是**(一概，一律)皆以修身为**本**(根本)。

课后巩固练

一 基础过关练

(一)

1.①修养 ②修建，修整 ③长，这里指身高 ④善，美好

2.①性情安和 ②哪里，哪儿

3.①使……诚实 ②诚心，真诚 ③确实，的确 ④果真，如果

(二)

1.形容词作动词，彰明

2.使动用法，使……整齐有序

3.使动用法，使……端正

4.使动用法，使……诚实

(三)

句式：状语后置句，正常语序应为"古之欲于

天下明明德者”。

译文:古代那些想要在天下彰明美德的人。

(四)

1.√,止于至善:达到极完美的境界。

2.√,修身齐家:加强自身的修养,治理好家政。

3.√,格物致知:推究事物原理,从而获得知识。

(五)

1.√　2.√　3.√　4.√

(六)

1. 自天子以至于庶人,壹是皆以修身为本

2. 致知在格物

3. 在明明德,在亲民,在止于至善

4. 古之欲明明德于天下者,先治其国

5. 家齐而后国治,国治而后天下平

6. 物有本末,事有终始

7. 知止而后有定,定而后能静

8. 欲诚其意者,先致其知

9. 先修其身　先正其心

10. 身修而后家齐,家齐而后国治,国治而后天下平

二 拓展阅读练

1.“其道”指仁或仁道。(1分)全段表达了君子在任何情况下都不应该离开仁的思想。(2分)

【解析】本题考查文章内容和观点的把握。对于词语的理解要结合上下文语境;对于观点的把握要在理解选段的基础上,结合对孔子及其思想的了解来把握。这一段,反映了孔子的理欲观。以往的孔子研究中往往忽略了这一段内容,似乎孔子主张人们只要仁、义,不要利、欲。事实上并非如此。任何人都不会甘愿过贫穷困顿、流离失所的生活,都希望生活得富贵安逸。但这必须通过正当的手段和途径去获取,否则宁守清贫也不去享受富贵。

2. 根据第一种解读,句意为:不是通过仁道脱离贫贱,那么就不离开贫贱。根据第二种解读,句意为:因行仁道而陷入贫贱,那么就不离开贫贱。

［参考译文］

孔子说:“富贵和显贵,这是人人都想要得到的;但是如果不用正当的手段得到它,君子不屑于占有。贫穷与低贱,是人人都厌恶的,但不用正当的手段来摆脱它,君子宁可不摆脱。君子如果丧失了仁德,又凭什么成就他的名声呢?君子不会有吃一顿饭的时间离开仁德,即使在匆忙紧迫的情况下也一定要遵守仁的准则,在颠沛流离的时候也一定与仁德同在。”

三 高考真题练

1.C【解析】“芝坐爽下狱”,“坐爽”是“下狱”的状语,表示下狱的原因,中间不能断开,故排除A、D;从结构上分析,“口不讼直”与“志不苟免”为对称句,中间应断开,排除B。故选C。

2.C【解析】“又表示用武力打败敌对势力”说法错误。践阼,指帝王即位、登基,没有“用武力打败敌对势力”的意思,且晋武帝是由魏元帝禅让而登上帝位的。故选C。

3.B【解析】“蜀地饱受侵扰”理解错误,原文“郡邻于蜀,数被侵掠”的意思是“天水接邻蜀地,多被蜀国侵扰”。

4.(1)诸葛诞凭借寿春反叛,魏帝出征,鲁芝率领荆州文武官兵作为先锋。

(2)皇上因为鲁芝清廉忠诚行为端正,一向没有私宅,让士兵为他建造了一座有五十间房屋的宅院。

【解析】(1)“以”,凭借;“以为”,把……作为;“先驱”,先锋。

(2)“以”,因为;“素”,向来、一向;“作”,建造;“屋五十间”,定语后置句,五十间屋。

［参考译文］

鲁芝字世英,扶风郡郿县人。(鲁家)世代有名望德行,是西州的大户人家。他的父亲被郭汜所害。鲁芝从小流离失所,十七岁时迁居雍地,潜心研究古代典籍。被郡守举荐为上计吏,后被州郡征召为别驾。魏国的车骑将军郭淮是雍州刺史,非常敬重鲁芝。于是举荐他为孝廉,又任命鲁芝为郎中。后封鲁芝为骑都尉、参军事、代理安南太守,再后来又升任为尚书郎。曹真亲自督察关右军务时,又任命鲁芝参与大司马军事。曹真去世后,宣帝代替曹真督促关西军务,于是任命鲁芝参

与骠骑军事，后调任天水太守。天水郡和蜀地相邻，常被蜀军侵犯掠夺，人口减少，盗贼四起。鲁芝竭力镇守防卫，改造城市，几年的工夫，被掠夺的土地都收复了。又调任他为广平太守。天水各族百姓都非常仰慕他的美德，老人和小孩都到朝廷上书，请求留下鲁芝继续做天水太守。魏明帝答应了这一请求。曹爽辅政的时候，鲁芝被授任司马。鲁芝多次提出正直的言论和深远的谋略，然而曹爽却不采纳。等到宣帝起兵要杀曹爽的时候，鲁芝又率领他的手下攻打城门，赶赴曹爽处，并劝诫曹爽说："先生您处在伊尹、周公那样的高位，一旦因为获罪被罢免，(就像李斯一样)即使想牵黄犬都不可以了(更不要说统领人)。如果挟天子保住许昌，依仗帝王的威仪，发文书征调四方兵马，谁敢不听从您呢！如果放弃这些离去，(那就是)想要前往东市被杀头，难道不令人痛心吗？"曹爽懦弱又糊涂，因而没有听取鲁芝的意见，于是束手就擒被杀。鲁芝也受到牵连而被捕入狱，论罪当死，但他始终不争辩曲直，不苟且求取赦免。宣帝很赞许他，于是赦免了他。不久被起用为并州刺史。诸葛诞凭借寿春起兵反叛，魏帝出征，鲁芝率领荆州文武官兵作为先锋。平定诸葛诞叛乱之后，鲁芝升任大尚书，掌管刑狱审理。武帝登基后，鲁芝调任镇东将军，进爵为侯。因为他清廉忠诚、行为端正，一向没有私宅，于是武帝让士兵为他建造一座有五十间房屋的宅院。鲁芝因年已七十，告老还乡，向朝廷请求的奏表上了十多次，于是征召为光禄大夫，赐以特殊的地位，配给吏卒，门前像官署一样设置木栅。羊祜为车骑将军，于是要把自己的位置让给鲁芝，说："光禄大夫鲁芝，洁身自好，清心寡欲，为人谦和而不盲目苟同，做官至头生白发，始终守礼，尚且没有受到这样的待遇，我却超越了他(坐这么高的位子)，怎么能满足天下人的愿望呢！"皇上没有听取。鲁芝就是如此被人敬重。泰始九年去世，时年八十四岁。武帝为他哀悼，赐谥号贞，并赐墓地百亩。

人皆有不忍人之心

课前预习练 解释下列粗体字的含义

人皆有不忍人之心

《孟子》

孟子曰："人皆有不**忍人**(怜爱别人。忍人：狠心对待别人)之心。先王有不忍人之心，斯有不忍人之政矣；以不忍人之心行不忍人之政，治天下可**运**(运转)之掌上。所以谓人皆有不忍人之心者：今人**乍**(突然、忽然)见孺子将入于井，皆有**怵惕**(chù tì，惊骇，恐惧)**恻隐**(哀痛，怜悯别人的不幸)之心；非所以**内交**(结交。内，同"纳")于孺子之父母也，非所以**要**(yāo求取)誉于乡党朋友也，非恶其声而然也。由是观之，无恻隐之心，非人也；无羞恶之心，非人也；无辞让之心，非人也；无是非之心，非人也。恻隐之心，仁之**端**(萌芽，发端)也；羞恶之心，义之端也；辞让之心，礼之端也；是非之心，智之端也。人之有是四端也，犹其有**四体**(四肢)也。有是四端而自谓不能者，自**贼**(伤害)者也；谓其君不能者，贼其君者也。凡有四端于我者，知皆扩而充之矣，若火之始**然**(同"燃"，燃烧)，泉之始**达**(流通，指泉水涌出)。苟能充之，足以**保**(安定)四海；苟不充之，不足以事父母。"

课后巩固练

一 基础过关练

（一）

1.“内”同“纳”，接纳，交纳，结交　2.“然”同“燃”，燃烧

（二）

1.①连词，表示因果关系，用在上半句，由果探因　②连词，表示因果关系，用在下半句，由因及果　③介词，用来……的（方式、方法、手段）

2.①指示代词，此　②判断词，同今义

3.①动词，侍奉　②名词，事情

4.①副词，忽然　②副词，刚刚，起初

（三）

1. 怜悯心，同情心

2. 运转

3. 小孩

4. 怵惕：惊骇，恐惧　恻隐：哀痛，怜悯（别人的不幸）

5. 博取名誉

6. 厌恶

7. 萌芽，发端

8. 伤害

9. 扩充

（四）

1. 句式：判断句，“非”，不是，否定判断

译文：没有同情心，（简直）不是人

2. 句式：状语后置句，正常语序应为“非所以于孺子之父母内交也”。

译文：这并不是因为想去和这孩子的父母结交。

3. 句式：状语后置句，正常语序应为“非所以于乡党朋友要誉也”。

译文：不是因为要想在乡邻朋友中博取声誉。

（五）

√

二 拓展阅读练

1.（1）顾：看（2）攻：建造（3）不日：不几日，不久（4）亟：急

2.（1）古时候的圣君贤王因为能与老百姓同乐，才能得到真正的快乐。

（2）太阳啊，你什么时候灭亡呢？我宁肯和你一同毁灭！

3. 与民同乐。

［参考译文］

孟子晋见梁惠王。王站在池塘边，一边欣赏着鸟兽，一边说：“有德行的人也享受这种快乐吗？”孟子答道：“只有有德行的人才能体会到这种快乐，没有德行的人即使有这一切，也没法享受。（怎么这样说呢？我拿周文王和夏桀的史实为例来说）《诗经·大雅·灵台》中说：‘开始筑灵台，勘测又标明。百姓都来做，慢慢就完成。王说才开始，不要太着急。百姓如儿子，都来出把力。王到鹿苑中，母鹿正栖息。母鹿肥又亮，白鸟毛如雪。王到灵沼上，满池鱼跳跃。’周文王虽然用了百姓的力量筑高台挖深池，但百姓乐意这样做，他们管这台叫‘灵台’，管这池叫‘灵沼’，还乐意那里有许多麋鹿和鱼鳖。古时候的圣君贤王因为能与老百姓同乐，才能得到真正的快乐。（夏桀却恰恰相反，百姓诅咒他死，他却自比太阳：‘太阳什么时候消灭，我才什么时候死亡。’）《汤誓》中便记载着百姓的哀歌：‘太阳啊，你什么时候灭亡呢？我宁肯和你一同毁灭！’老百姓恨不得与他同归于尽，即使有高台深池，珍禽异兽，他又如何能独自享受呢？”

三 高考真题练

1.D【解析】阙：空缺，缺失

2.C【解析】⑤是说明萧燧生活节俭，⑥表明萧燧能急人之困，结合排除法可得出答案。

3.A【解析】原文表述为“其亲党密告燧”，秦桧只是指使亲党去做这件事，他自己并没有亲自去，此处曲解原文意思。

4.（1）如今有德才和无德才的人混杂一道，风俗浇薄虚浮，兵力未强，财力未富，应该卧薪尝胆以求国内安定太平。

【解析】否：无德才；浇浮：浇薄虚浮；治：太平

(2)萧燧说:“东部西部不属同路,按说不该给粮食,但哪能忍心对原管辖地区不管不问呢?”

【解析】与:给;安:哪能;于:介词,对;另外注意介词结构后置的翻译。

［参考译文］

萧燧字照邻,临江军人。萧燧天生聪慧过人,从小就能撰写文章。绍兴十八年,(萧燧)考中进士。被授予平江府观察推官。当时秦桧把持朝政,他的亲党秘密告诉萧燧,秋试必定让他主持,萧燧询问其中的原因,他们说:“丞相有儿子要参加科举考试,要把他托付给你。”萧燧愤怒地说:“初次做官怎敢昧良心呢!”秦桧内心恨他,不久(萧燧)被贬到秀州,到的时候人员已满,就在府院中更换了一人前往漕试试场,秦熺果然考中前列。孝宗初年,萧燧被授予各王宫大小学教授。官员轮值上殿策对时政利弊,(萧燧)议论“应当按官职选择人才,不应当因人选择官位”。皇上非常高兴,作《用人论》赐给大臣。淳熙二年,晋升为起居郎。在此之前,监察御史空缺,朝中议论多数归属萧燧,因为(他)没有担任郡县的经历,于是被授予左司谏。当时宦官甘昪的门客胡与可、都承旨王抃的族叔王秬都在外为官,凭借靠山,没有好的表现,萧燧都上奏朝廷罢免了他们。当时朝中又议论进攻大计,皇上询问萧燧,他回答说:“如今有德才和无德才的人混杂一道,风俗浇薄虚浮,兵力未强,财力未富,应该卧薪尝胆以求国内安定太平。如果凭借安逸的生活,萌生骄逸的心思,(后果)就不是我能知道的了。”皇上说:“这真是忠言啊。”于是劝皇上整顿朝纲,容纳直言,亲近君子,远离小人;亲信有功可赏赐财物,却不可赋予权力。皇上都赞许地采纳。(萧燧)出任严州知州。严州面积狭小财物匮乏,刚到的时候,官俸不满三千,萧燧依靠节俭也够用了。两年之间,以盈余填补拖欠,各地都感到宽松。皇上正吝惜职衔,没有功劳将不授予,下诏萧燧治郡有功,授予敷文阁待制,调他去治理婺州。萧燧临行时父老拦满街道,几乎不能出发,送出境的有上千人。婺州与严地相邻,人们都熟知(他的)法规、教令,所以没费力气就治理得井井有条。遇到干旱年景,浙西常平司请求往严地运送谷物,萧燧说:“东部西部不属同路,按说不该给粮食,但哪能忍心对原管辖地区不管不问呢?”替他们向朝廷请示,打开太仓的米来赈灾。淳熙八年,召回,说:“江、浙两年水涝干旱,希望下诏征求意见,再命令各部门通融收取郡县的赋税,不要只是督责逼迫。”淳熙十年,上书陈说广西各郡民身受丁钱之害。建议大多得以施行。庆典时推布恩泽,丁钱减半,也是从萧燧发起的。绍熙四年去世,时年七十七岁。

《老子》四章

课前预习练 解释下列粗体字的含义

《老子》四章

三十**辐**(车辐)共一**毂**(车轮的中心部位),当其**无**(车毂的中空处),有车之用。**埏埴**(shān zhí,和泥)以为器,当其无,有器之用。凿**户牖**(yǒu,门窗)以为室,当其无,有室之用。故有之以为**利**(利用),无之以为用。(第十一章)

企(踮起脚)者不立,跨者**不行**(行走不稳),自**见**(同“现”,表现,显露)者不**明**(显明),自**是**(认为正确)者不**彰**(彰显),自**伐**(夸耀)者无**功**(建立功勋),自**矜**(夸耀)者不**长**(长久。一说读zhǎng,意思是得到敬重)。其在道也,曰**余食**(剩饭)**赘行**

(赘瘤,行:同"形"),**物**(指人或事物)或恶之,故有道者不**处**(为,做)。(第二十四章)

知人者智,自知者明(句式:宾语前置,"知自者明")。胜人者有力,自胜者强(句式:宾语前置,"胜自者强")。知足者富,**强行者**(勤勉而行的人)**有志**(有意志)。不失其所者久,死而不亡者**寿**(长寿)。(第三十三章)

其安易持(事物安然未生变的时候容易持守),**其未兆易谋**(问题还没有显露迹象的时候容易解决),其脆易**泮**(同"判",分离),其微易散。为之于未有,治之于未乱(句式:状语后置,"于未有为之,于未乱治之")。合抱之木,生于**毫末**(毫毛的末端,比喻极其细微的事物);九层之台,起于**累土**(一筐土。累:同"蔂",土筐);千里之行,始于足下。为者败之,执者失之。是以圣人**无为**(顺应自然,不求有所作为),故无败;无**执**(执掌),故无失。民之**从事**(行事、做事),常于**几**(jī,接近)成而败之。慎终如始,则无败事。是以圣人**欲不欲**(想要常人所不想要的),不贵难得之货,**学不学**(学习常人所不学习的),**复**(弥补、补救)众人之所过,以辅万物之自然而不敢为。(第六十四章)

课后巩固练

基础过关练

(一)

1."见"同"现",表现,显露 2."泮"同"判",分离 3."累"同"蔂",土筐

(二)

1.①同"挡",阻挡 ②担当,担任 ③执掌,主持 ④判决,判罪 ⑤同"倘",如果

2.①道路 ②道义 ③方法 ④说,讲 ⑤规律,法则

3.①砍伐 ②敲打 ③功劳,功业 ④攻破,破坏 ⑤夸耀,自夸

4.①罪恶,邪恶 ②坏,不好 ③憎恶,讨厌 ④哪里,怎么 ⑤叹词,相当于"啊""唉"

(三)

1.门窗 2.踮起脚的人 行走不稳 3.自我显露的 自以为是的 4.指人或事物 5.征兆,显露迹象 6.动手去做 有所把持 7.指顺应自然,不求有所作为 8.意动用法,以……为贵

(四)

句式:状语后置句,正常语序应为"于未有为之,于未乱治之"。

译文:在事情尚未发生之时就预防处理,在祸乱产生之前就早做准备。

(五)

1.√,自以为是:自己认为自己正确,形容主观不谦虚的态度。

2.√,自知之明:自己了解自己的情况和能力。

3.√,慎终如始:谨慎收尾,如同开始时一样。指始终要谨慎行事。

(六)

1.知人者智,自知者明

2.自见者不明,自是者不彰

3.为之于未有,治之于未乱

4.常于几成而败之 慎终如始

5.千里之行,始于足下

6.企者不立,跨者不行

7.九层之台,起于累土。

8.自伐者无功,自矜者不长

9.胜人者有力,自胜者强

10.有之以为利,无之以为用

11.不失其所者久,死而不亡者寿

拓展阅读练

1.D 2.A 3.C

4.(1)即使是有些没带钱的人来,宋清也都愉快地应允。宋清也都给他好的药材,以至于债券、欠条堆积得像山一样高,宋清不曾跑去向他们收账。

【解析】①响应:答应,回应,应允;②与:给,给予;③诣:到……去,前往;④取直:拿钱、收钱,要账、要钱。以上每点1分。

(2)我看今天同人家交朋友的,别人得势了就

去依附，变贫寒了就离弃，很少有人能像宋清这样做的。

【解析】①交乎人：状语后置，译为“与人交往”；②炎：权势大、得势（之人）；③寒：失势，落魄，贫寒，变得贫寒，贫寒的人；④鲜：很少。以上每点1分。

［参考译文］

宋清是长安西边药材市场的药商，（他）经销好的药材。有从深山大泽来的采药人，一定会把药材卖给宋清，宋清总是好好地招待他们。长安的医生得到宋清的药材，辅助配成药方，就很容易出售，大家都称赞宋清。那些生了病长疮的人，也都乐意到宋清那儿求药，希望病能快点治愈。即使是有些没带钱的人来，宋清也都愉快地应允，也都给他好的药材，（以至于）债券堆积得像山，（宋清）不曾前往去向他们要钱（收账）。有些他不认识的人，从远地来写债券购药，他也不推辞。到了年末，揣测（他们）不能报账（还钱），于是就焚烧债券，不再提钱的事。市场上的人因为宋清（做法的）不同，都取笑他说：“宋清，真是个愚蠢荒唐的人啊！”也有人说：“宋清大概是个有道德的人吧！”宋清听了后说：“我宋清只是赚点钱来养活妻小罢了，并不是有道德；然而说我愚蠢荒唐的人也错了。”

宋清囤积药材四十年，烧掉债券有一百几十人的，（其中）有的人（后来）做了大官，有的接连管理几个州，得到丰厚的俸禄，那些给宋清送礼物的人，接连不断到宋清家里。宋清虽然不能立刻得到他们的回报，并且因为赊欠变成死账的有成百上千，但是并不妨碍他成为富有的人。宋清获取利益的眼光长远，目光远所以利润也大，哪像那些小商人呢？一次要不到债，就勃然变色，第二次就谩骂并把你当成仇人。那些人赚钱，不是显得很狭隘吗？我看愚蠢的人是有的，（就是那些商人）。宋清实在是凭着诚心实意的作风获得大利的，又不胡来，坚持这种作风不停，最终凭借这成为富人。来向他求药的人越来越多，他应别人所求也越广，有些官吏遭到贬官，他照样亲自同他们打交道；（有些）看上去落魄不堪，宋清不因此怠慢别人，照样给他们好药。等到有一天，这些人重新掌权，就更加厚重地报答宋清。宋清从长远考虑来求利，都同上面的例子类似。

我看今天同人家交朋友的，别人得势了就去依附，变贫寒了就离弃，很少有人能像宋清这样做的。世俗之言，只是说“商人之间的交情”。唉！宋清就是个商人，今天和人打交道的，有能像宋清那样希望得到长远回报的吗？如果有幸（能遇到）跟宋清大概差不多的人，那么天下穷困潦倒、废黜受辱而能免于死亡的人就会很多了。

柳先生说：“宋清身在集市却不做市场上的那一套，然而那些身居朝廷、官府，待在学校、乡里，自称为士大夫的人，反而争先恐后地做着市侩的行为，真是悲哀啊！这样说来，那么宋清就不单只是不同于一般的商人了。”

三 高考真题练

1.C【解析】本句意为：九月，契丹大举入侵，当时因为契丹敌寇深入中原，朝廷内外都震惊骇怕，召集群臣询问应对策略。王钦若是临江人，请求皇帝驾临金陵暂避。陈尧叟是阆中人，请求皇帝驾临成都暂避。“入寇”是入侵之意，“时”作后句的时间状语，应在“时”前断开，排除AD。“王钦若/临江人”“陈尧叟/阆州人”是两个判断句，“临江人”和“阆州人”均为宾语，在其后断开，排除B。故选C。

2.C【解析】“闰某月指加在某月之前的那个月”错误，闰月加于某月之后叫“闰某月”。故选C。

3.D【解析】“宋朝皇帝为了息战，主动提出议和”错误。原文“是时，故将王继忠为契丹言和好之利，契丹以为然，遣李兴议和”可见，并非宋朝皇帝主动议和，而是契丹主动议和。故选D。

4.(1)常常纵使游动骑兵抢劫掠夺，稍稍失利就撤退，来回游荡没有斗志。评分参考：译出大意给2分；“每”“辄”“引去”三处，每译对一处给1分。“每”译为“常”“经常”“常常”等，给1分。把“辄”译为“就”“总是”等，给1分。把“引去”译为“撤退”“撤离”“撤去”“撤回”“退去”“退兵”“逃走”“逃离”“离去”“离开”等，给1分。

(2)如果想要货物钱财，汉朝曾赐给匈奴单于玉帛，有先例，应当答应他们。评分参考：译出大意给2分：“若”“故事”“宜”三处，每译对一处给1分。

［参考译文］

九月，契丹大规模地入侵宋朝。当时因为敌寇深入宋境，朝廷内外震动惊骇。宋真宗召集群臣询问应对的方法、谋略，王钦若是临江人，请求皇帝前往金陵；陈尧叟是阆州人，请求皇帝前往成都。皇帝因此询问寇准，寇准说："我不知道是谁替陛下谋划的这两个计策呢?"皇帝说："你姑且判断这两个计策是否可行，不要问出计策的人是谁。"寇准说："臣想要抓住提出计策的人，杀了他，把他的血涂在鼓上，然后北伐！如今陛下神明威武，武将文臣团结和谐，如果您亲自领兵出征，敌人应当自行逃跑；如果不这样做，那就出奇兵来打乱敌人的计划，坚守阵地来使敌人困乏疲惫，从疲劳和安逸的敌我形势来看，我们有必胜的把握。为什么要抛弃宗庙社稷，想要到楚、蜀之地呢，问题在于人心溃散，敌人趁着胜利的形势深入宋境，天下还能够保得住吗?"皇帝的心意就决定了，于是询问寇准说："现在敌人的骑兵快跑猛冲，而天雄军实际是重镇，万一被攻陷，那么黄河以北的地区都成为敌人的地域了。谁能够担任守将?"寇准举荐王钦若，并且说："应该快速召见他当面晓谕，授予诏令让他前去。"王钦若到了之后，还没来得及说话，寇准急忙说："皇上亲自领兵出征，现在不是臣子躲避危险辞难的时候，参政是国家的掌权之臣，应当体察这个意思。"王钦若惊慌恐惧不敢推辞。闰月乙亥，(皇上)让参知政事王钦若兼任天雄军兼都部署。契丹主隆绪和他的母亲萧氏派遣辽统军顺国王萧挞览，攻打威虏、顺安军，三路都部署击败辽军，斩杀辽军副使，俘获了辽军军用物资。辽军又攻打北平砦及保州，又被州砦兵打败。萧挞览与契丹主及其母亲聚集兵众攻打定州，宋兵在唐河抵抗，攻击辽军游骑。契丹于是在阳城淀驻守军队，号称二十万，常常纵使游动骑兵抢劫掠夺，稍稍失利就撤退，来回游荡没有斗志。这时，降辽旧将王继忠对契丹进言议和的好处，契丹表示认同，派遣李兴议和。皇帝说："我难道想要滥用武力吗，只想着停止战争。如果答应沟通议和，立即派遣使者去往契丹军中。"冬十月，派遣曹利用到达契丹军营议和。十二月庚辰，契丹使者韩杞持书与曹利用一起到来，请求订立盟约。曹利用进言契丹想要得到关南土地。皇帝说："辽所说的归还土地的事极其没有理由，如果一定求取，我一定决战！如果想要货物钱财，汉朝曾赐给匈奴单于玉帛，有先例，应当答应他们。"契丹还觊觎关南，派遣辽监门卫大将军姚东之持书复议，皇帝没有答应他，他就离开了。曹利用最终用十万两白银、二十万匹绢订立盟约回来了。

五石之瓠

课前预习练 解释下列粗体字的含义

五石之瓠

《庄子》

惠子谓庄子曰："魏王**贻**(赠送)我大**瓠**(hù，葫芦)之种，我**树**(种植)之**成**(成熟)而**实**(容纳、填塞)五**石**(shí，计算容量的单位，十斗为一石)。**以**(介词，用)盛水浆，其**坚**(坚固，指大瓠的坚固程度)不能自**举**(拿起来)也。剖之**以为**(把它作为)瓢，则**瓠落**(宽大空廓的样子)无所容。非不**呺然**(内中空虚而宽大的样子)大也，吾**为**(因为)其无用而**掊**(pǒu，击破)之。"庄子曰："夫子**固**(实在)

拙于用(使用)大(形容词作名词,大的东西)矣。宋人有善为不龟(jūn,同"皲",皮肤冻裂)手之药者,世世以洴澼絖(píng pì kuàng,漂洗丝絮;洴澼:漂洗;絖:同"纩",丝绵絮)为事(职业)。客闻之,请买其方百金(句式:省略句,省略"以","以百金")。聚族而谋之曰:'我世世为洴澼絖,不过(超过)数金;今一朝而鬻(yù,卖,出售)技百金,请与(给)之。'客得之,以(来)说(shuì,劝说别人听从自己的意见。一说,同"悦",取悦)吴王。越有难(nàn,发难,这里指越人发兵侵吴),吴王使之将(统帅军队)。冬,与越人水(名词作状语,在水上)战,大败(使动用法,使……失败)越人,裂地(割地)而封(封赏)之。能不龟手一(相同,一样)也,或(有的人)以封,或不免于洴澼絖,则所用之异也。今子有五石之瓠,何不虑(用绳结缀。一说,考虑)以为大樽(盛酒器。这是说大瓠像大樽,缚于身,可使人漂浮渡水)而浮乎江湖,而忧其瓠落无所容?则夫子犹有蓬之心(比喻不通达的见识。蓬,一种草,弯曲不直)也夫!"

课后巩固练

一 基础过关练

(一)

1."龟"同"皲",皮肤冻裂

2."说"同"悦",取悦

(二)

1.①赠送 ②遗留

2.①实在 ②顽固 ③本来 ④巩固,使……坚固

3.①给予,给 ②介词,和,同 ③结交、亲附 ④用于句末,表示疑问、反诘或感叹 ⑤同"举",推举,进用 ⑥赞成

4.①劝说别人听从自己的意见。一说,同"悦",取悦 ②同"悦",高兴 ③言论 ④相约的誓言 ⑤诉说

(三)

1.赠送

2.名词作动词,种植

3.击破

4.副词,实在,确实

5.卖,出售

6.统帅军队

7.形容词,同样的。

8.把……作为

(四)

1.句式:宾语前置句,即"举自",拿起自己。

译文:它的坚硬程度却经不起自身所盛水的压力。

2.句式:定语后置句,正常语序为"宋有善为不龟手之药者人"。

译文:宋国有善于调制防止手冻裂的药物的人。

3.句式:省略句、状语后置句,正常语序为"请(以)百金买其方"。

译文:请求用百金买下他的药方。

4.句式:省略句,应为"或以(之)封"。

译文:有的人用它来获得封赏。

(五)

1.√,大而无当:"当"指底、边际。原指说话夸大没有边际。后用来表示虽然大,但不适用。

2.×,材大难用:指能力强难用于小事,后形容怀才不遇。

3.×,相得益彰:互相帮助,互相补充,更能显出各自的好处。相辅相成:互相补充,互相配合。前文提及《齐物论》对《逍遥游》作了补充与说明,所以此处应选用"相辅相成"。

(六)

1.√

2.×,应该是《庄子》善于借助寓言,曲达旨意;《老子》善于汲取世俗经验展开哲理思辨。

3.√

4.×,庄子是战国中期思想家,且《庄子》不是庄子一人所著,而是庄子及其后学所著。

5.√

（七）

1.剖之以为瓢，则瓠落无所容

2.或以封　或不免于洴澼絖

3.何不虑以为大樽而浮乎江湖，而忧其瓠落无所容？

4.夫子固拙于用大矣　夫子犹有蓬之心也夫

5.宋人有善为不龟手之药者，世世以洴澼絖为事

6.其坚不能自举也　则瓠落无所容

7.何不虑以为大樽而浮乎江湖

8.则所用之异也

9.我世世为洴澼絖，不过数金

二 拓展阅读练

1.D

2.C【解析】《任公子钓鱼》出自《庄子·外物》，庄子通过这篇寓言告诉我们：有远志的人必须有所舍才能有所大成，要想成就一番大事业，就得胸怀大志，朝着既定的目标一直走下去，持之以恒，狠下功夫，才会到达胜利的彼岸。

［参考译文］

任国的公子做了大鱼钩和粗黑的绳子，他把五十头肥壮的牛作为鱼饵，蹲在会稽山上，将钓钩甩到东海，天天在那里钓鱼，等了一年还没钓到鱼。后来有一条大鱼吃钩了，牵动巨大的鱼钩，它将巨大的鱼钩拖入水下，迅速地昂头扬尾摆动鬐背，激起的白色波涛就像山一样，（似乎整个）海为之震荡，发出的声响好像出自鬼神，骇人的声威震慑千里。任国公子钓到这条鱼，将这条大鱼切小然后腌制成鱼干，从制河以东，到苍梧以北的人们，没有不饱食这条鱼的。

这样后来的浅薄说客之流，都惊叹这件事并互相告知。他们拿了鱼竿和钓线，赶到沟渠旁边，只能钓些鲇、鲫这样的小鱼，再想钓到那样的大鱼就难了啊！（他们）凭借浅薄荒诞的言论获得崇高的声誉，那距离高妙通达的大道理还差得很远呢。所以不曾听说任国公子的作风，他们要治理政事那还差得很远啊。

三 高考真题练

1.B【解析】A项“晚而改节敦/儒学习《尚书》”断句应为“晚而改节/敦儒学/习《尚书》”，其中“敦”字应该属下，与“儒学”连成“敦儒学”一读，“习《尚书》”另合为一读，句中说成“晚而改节敦”则无义可说。D项“涣少/好侠尚气力”应该断句为“涣少好侠/尚气力”，“尚气力”是承着“涣少好侠”而来的进一步说明，不应在“涣少”后断开，句中说成“好侠尚气力”也难以说通。C项则兼有这几处错误。B项“涣少好侠”意思是少年时即喜好侠义，与后面“晚而改节/敦儒学”形成转折。该项没有错误，是正确选项。全句大意是：王涣自小就喜好侠义，崇尚气力，后来改节，才重视儒学，学习《尚书》，等等。

2.D【解析】A项的“豪右”古代通常指豪门大族，之所以称为豪右，是因为汉代以右为尊，豪门大族地位高于平民，所以称为“右”。这里的“豪”“右”“以右为尊”，学生是能够掌握的，不存在过难的问题。B项的“顿首”是古代的一种礼仪，现在已基本废止。顿首如今俗称磕头，一般不再用于书信中，但古代在书信、表奏中可以使用，这一条也没有错误。C项的“茂才”来源于“秀才”，二者后世均可使用。这里引入了避讳的概念，应该说学生也不陌生，教师讲解柳宗元《捕蛇者说》“人风”时不可能不提及，这一条也没有错误。D项说到的“京师”，现在统称为首都，如果说成是整个古代京城的通称，当然有些勉强，但更大的错误来自“京、师”单用，旧时均可指国都，因为“京”字单用固然可以称国都，但“师”字单用，是不可以称国都的。所以，D项的表述有错误，是该题的正确选项。

3.D【解析】“充分发挥文武属吏才干，仍然忙得无法分身”的表述有错误，因为原文的“皆尽其能”“不得旋踵”，是指任峻处事严酷，尽力使唤下属，要求下属尽其所能，办事快速、不得迟疑拖延，而不是说下属尽职尽责工作而任务重得抽不开身，其实从文中看，并未说政务有多么繁忙；“旋踵”字面上的意义是调转脚后跟、转足之间的意思，“不得旋踵”又喻指快速、不得迟疑不可拖延，“不得旋踵”是不用于表示“无法分身”义的。

4.(1)百姓思念王涣恩德,在安阳亭西为他建造祠堂,每到进食时就奏乐歌咏,以此来祭祀他。

【解析】“祠”本为祭祀,再由祭祀引申为祭祀的处所,即供祭祀用的庙堂。这里即指祠堂,“立祠”的意思就是“建造祠堂”。“荐”可以表示进献、祭祀、祭品等,这里用祭祀义。

(2)一年间的断案,不过几十件,(任峻的)声威超过王涣,而在条理方面比不上他。

【解析】“威风”指让人敬畏的声势或气派。“及”是赶上、比得上的意思。

［参考译文］

王涣字稚子,是广汉郪县人。父亲王顺,任安定太守。王涣年少时喜好行侠仗义,打抱不平,崇尚力气和武艺,与强悍轻捷的少年交往频繁。后来才改变了自己的志向,王涣钻研儒学,学习《尚书》,研读律令,大体明晓了这些书典的主要旨义。他担任郡太守陈宠的功曹后,对自己的职责认真负责,敢于决断,即使对豪强大户也决不留情。陈宠因而名声大震,被提升到朝中任大司农。汉和帝问他:“你在郡中是用什么办法治理政务的?”陈宠叩头回答说:“臣任用功曹王涣,让他选拔有才能的人处理各种事务;又让主簿镡显弥补纠正有漏洞的地方,我不过是奉命宣读皇上您的诏书罢了。”和帝十分高兴。王涣从此后开始知名。州里举荐王涣为茂才,并让他做温县县令。温县境内有很多奸猾之徒胡作非为,长期以来成了当地人的大患。王涣采取策略加以讨伐打击,把他们全都杀了。县境内安定太平,有的商人就在道路停宿。其中有放牛的人,都说自己是王涣的属下,始终没有人敢侵犯。王涣担任了三年温县县令后,升为兖州刺史,他用法律严格地纠察所属郡县,声名大震。后来由于考核妖言不实而被定罪免官。一年多后,又被征召任命为侍御史。永元十五年,王涣随从皇帝南巡,返回后被任命为洛阳县令。他严格要求自己,办事清平公正,处理案件也宽严得当。其中那些含有冤情,长期告状,而历届官府所不能判决、按法律情理难以彰明、人们难以信服的案件,王涣无不弄清真伪,清除大家的疑点。同时他还用巧妙的办法,多次揭发和暴露隐密的坏人坏事,京城的人都称颂叹服他,认为王涣有神仙一样的智慧和妙算。元兴元年,王涣病死。无论是城中百姓还是路过此地的人没有不叹息的。男女老少都共同集资,前去祭奠酿酒,多达数千人。王涣的灵柩向西运回家乡,路过弘农县,老百姓都在路旁摆设盘、碗加以祭奠。官吏问这样做的缘故,老百姓全都说平常带米到洛阳,被士卒衙门所盘剥,经常要损失一半,自从王涣任洛阳县令,不再有官吏掠夺侵扰的事情了,所以来祭奠以报答他的恩情。王涣的政治教化令人怀念感激达到这样的地步。人民思念王涣的恩德,在安阳亭西边为他建造祠堂,每到进食时就奏乐歌咏,以此来祭祀他。延熹年间,桓帝事奉黄老学说,将所有的祠堂全部毁去,惟独专门下诏书要密县保留原太傅卓茂的庙,洛阳保留王涣的祠堂。自从王涣去世以后,皇帝连续下诏书给三公,要他们专门挑选洛阳令,但挑出来的都不称职。永和年间,朝廷任命剧县令勃海人任峻任洛阳令。任峻选拔文武官员,充分发挥这些人的才能。这些人在纠正、斥责奸恶盗贼时,决不畏避退缩,所以一年中要判的案件,不过几十件,任峻的声威超过王涣,但在条理方面比不上王涣。任峻字叔高,最后在太山太守任上逝世。

兼　爱

课前预习练 解释下列粗体字的含义

兼　爱

《墨子》

圣人(封建时期对君主的尊称)**以**(把)治天下**为**(作为)事者也(句式:判断句),必知乱之**所自起**(产生的地方),**焉**(于是)能治之;不知乱之所自起,则不能**治**(治理)。**譬**(比)之如医之**攻**(治疗)人之疾者**然**(一样),必知疾之所自起,**焉**(于是)能攻之;不知疾之所自起,则**弗**(不)能攻。治乱者何独不然?必知乱之所自起,**焉**(于是)能治之;不知乱之所自起,则弗能治。

圣人以治天下为事者也,不可不**察**(考察)乱之所自起。当(同"尝",尝试)察乱何自起(句式:宾语前置)?起不相爱。臣子之不**孝**(孝敬)君父,所谓乱也。子自爱(句式:宾语前置),不爱父,故**亏**(使受损失)父而自**利**(使动用法,使……受益);弟自爱,不爱兄,故亏兄而自利;臣自爱,不爱君,故亏君而自利。此所谓乱也。**虽**(即使)父之不**慈**(形容词作动词,慈爱)子,兄之不慈弟,君之不慈臣,此亦天下之所谓乱也。父自爱也,不爱子,故亏子而自利;兄自爱也,不爱弟,故亏弟而自利;君自爱也,不爱臣,故亏臣而自利。是何也?皆起不相爱。虽至天下之为**盗贼**(偷窃和劫夺财物的人)者,亦**然**(这样)。盗爱其**室**(家),不爱异室,故窃异室以**利**(使动用法,使……受益)其室;贼爱其**身**(自己),不爱人,故**贼**(名词作动词,劫夺财物)人以利其身。此何也?皆起不相爱。虽至大夫之相乱**家**(卿大夫的封地)、诸侯之相攻**国**(诸侯的封地)者,亦然。大夫各爱其家,不爱异家,故乱异家以**利**(使动用法,使……受益)其家;诸侯各爱其国,不爱异国,故攻异国以利其国。天下之**乱物**(纷乱之事),**具此**(全都在这里。具:完备、齐全)而已矣。

察此何自起?皆起不相爱。**若使**(假使)天下兼相爱,爱人**若**(像)爱其身,**犹**(仍然)有不孝者乎?视父兄与君若其身,**恶**(wū,相当于"何""怎么")**施**(实行。"怎么实行")不孝?犹有不慈者乎?视弟子与臣若其身,恶施不慈?故不孝不慈**亡**(同"无",没有)。犹有盗贼乎?视人之室若其室,谁窃?视人身若其身,谁贼?故盗贼**有**(同"又")亡。犹有大夫之相乱家、诸侯之相攻国者乎?视人家若其家,谁乱?视人国若其国,谁攻?故大夫之相乱家、诸侯之相攻国者**有**(同"又")亡。若使天下兼相爱,国与国不相攻,家与家不相乱,盗贼无有,君臣父子皆能孝慈,若此则天下治。

故圣人以治天下为事者,**恶**(怎么)得不禁恶而**劝**(鼓励)爱?故天下兼相爱则治,**交相**(互相)恶则乱。故子**墨子**(墨子的弟子对墨子的尊称)曰不可以不劝爱人者,此也(句式:判断句)。

课后巩固练

一 基础过关练

(一)

1."当"同"尝",尝试

2."亡"同"无",没有

3."有"同"又",也,再

(二)

1.①对着 ②执掌,主持 ③把守 ④同"倘",倘若,假如 ⑤判罪 ⑥当作

2.①奸恶的人 ②wū,哪里 ③wù,讨厌,憎恨 ④坏事

（三）

1.把 2.于是 3.治疗 4.使受损失 5.何,怎么 6.鼓励

（四）

1.句式:宾语前置句。正常语序为:子爱自,不爱父,故亏父而利自。

译文:儿子爱自己,不爱父亲,所以使父亲受损失而使自己受益。

2.句式:宾语前置句。正常语序为:察此自何起?

译文:细察它从哪里产生呢?都产生于不相爱。

（五）

1.×,“目不交睫”形容夜间不睡觉或睡不着觉。语境强调的是“快速变幻的布景”让观众眼睛忙得看不过来,应改为“目不暇接”。

2.×,“厝火积薪”指把火放在柴堆下面,比喻潜伏着很大的危险。语境强调对待石油这一战略资源应早做准备,此处不合语境。

3.√,“筚路蓝缕”形容创业的艰苦。语境强调航空领域的拓荒者创立航空事业的艰辛,使用正确。

4.√,“讳莫如深”指紧紧隐瞒。语境强调参加会谈的“他们两个人”不肯说出会谈内容,导致会谈内容成了难解之谜,使用正确。

5.×,“安步当车”指慢慢地步行,就当作是坐车。语境强调王教授听说病人情况危急,立刻向医院赶去,使用“安步当车”显然错误。

6.√,“苦心孤诣”指费尽心思钻研或经营,达到别人达不到的境地。语境强调作者创作诗歌用字讲究,使用正确。

（六）

1.√ 2.√

3.×,“孟子、荀子、墨子、韩非子都继承了儒家学派的传统”说法错误,墨子是墨家代表人物,韩非子是法家代表人物。

4.√

（七）

1.必知乱之所自起,焉能治之

2.皆起不相爱

3.若使天下兼相爱,爱人若爱其身

4.故天下兼相爱则治,交相恶则乱

二 拓展阅读练

1.A【解析】B选项“逊”译为“恭敬”;C选项“发”译为“发射”;D选项译为“用牛皮”,做状语。

2.A【解析】“以广辟土地,著税货财”意思是“用来扩大领土,聚敛货物、钱财”。“土地”“货财”都是名词,作为前面动词的宾语,故“土地”和“著税”之间必须断开,排除B、C。“攻者”和“所攻者”之间构成并列关系,“所攻者不利,而攻者亦不利”,意思是“对被攻伐者不利,对攻伐者也不利”,因此在“而”之前,必须断开。排除D。句意:用来扩大领土,聚敛货物、钱财,这样出战就一定要受到屈辱,对被攻伐者不利,对攻伐者也不利,这是对两方面都不利的事。故选A。

3.A【解析】“与‘子墨子’的前一个‘子’意思是一样的”,理解错误。子墨子,就是墨子,第一个“子”,冠诸姓氏之前,有“老师”的意思,是有德之称。如子沈子,子司马子,子北宫子等。在翻译过程中,可译为先生墨子、先生沈子等。第二个“子”就是像孔子、老子中的“子”一样,是对人的尊称。故选A。

4.D【解析】“在服饰上,他们都非常讲究”说法错误。齐桓公、楚庄王在服饰上讲究,而晋文公、勾践在服饰上不讲究。因为文中有晋文公、勾践服饰的相关描述,比如“晋文公穿着粗布缝制的衣服,披着母羊皮做的皮袄,用不加文饰的牛皮来佩剑,来治理国家”。故选D。

5.(1)现在没有问你,你却说话了,这岂不是所说的不敲就响了吗?

【解析】前一个“扣”,指问话;“言”指说话;后一个“扣”,译为“敲”;“鸣”译为“响”。

(2)如果一定要放下笏板、换掉礼帽,然后才见我,那么行事的成败果真在于服饰了。

【解析】“易”译为“换掉”;“行”指行事的(结果、成败);“果”译为“果真”;“服”指“服饰”。

6.①在墨子看来,公孟子之所以认为君子只有

问时才说，是因为如果王公大人在国内做荒淫残暴的事，入朝进谏，就会说你不恭顺；通过左右的人去进谏，就会说你私下议论，这时君子感到疑惑（不敢讲话）。如果问再说，就会避免这种情况出现。

②公孟子这种思想的本质是明哲保身，是只考虑自身利益的非君子行为。

［参考译文］

公孟子对墨子说："君子应拱手侍立来等待，别人问他就说话，不问他就不说。就像钟一样，敲就响，不敲就不响。"墨子说："这种说法有三种不同情况，你现在只知其一罢了，而且对它的意义还没有搞清楚。如果王公大人在国内做荒淫残暴的事，入朝进谏，就会说你不恭顺；通过左右的人去进谏，就会说你私下议论。这时君子感到疑惑（不敢讲话）。如果王公大人施政，使得国家将有大难发生，就像弩机将要发射一样，这时君子必须进谏，然后对王公大人有利，像这样的情况，虽然没有敲但也一定要发出声音来。如果王公大人有不义的叛逆的行为，虽然有最巧妙的方法，可以在军队里推行，想去攻打无罪的国家，并且占据它，君主得到这样的方法，必定使用无疑。用来扩大领土，聚敛货物、钱财，这样出战就一定要受到屈辱，对被攻伐者不利，对攻伐者也不利，这是对两方面都不利的事。像这样的情况，虽然没有敲也一定会发出声音来。而且你说：'君子只需拱手侍立来等待，别人问就说话，不问就不说，就像钟一样，敲就响，不敲就不响。'现在没有问你，你却说话了，这岂不是所说的不敲就响了吗？照你的说法你不也算不上君子了吗？"

公孟子戴着礼帽，腰间插着记事的木板，穿着儒服，来见墨子说："君子是先注重服饰然后再注重行事呢？还是先注重行事然后才顾及服饰？"墨子说："（君子所重在于）行事不在于服饰。"公孟子说："怎么知道是这样呢？"墨子说："从前，齐桓公戴着高耸的冠冕，腰间系着宽大的衣带，拿着金剑木盾，来治理国家，他的国家治理得很好。从前，晋文公穿着粗布缝制的衣服，披着母羊皮做的皮袄，用不加文饰的牛皮来佩剑，来治理国家，他的国家治理得很好。从前，楚庄王戴着漂亮的冠冕，缀着华丽的冠缨，穿着针线连缀的宽大的衣服，来治理国家，他的国家治理得很好。从前，越王勾践剪掉头发，在身上刺满花纹，来治理国家，他的国家治理得很好。这四位国君，他们的服装不同，他们的行事一样。因此我知道行事（的成败）不在于服饰。"公孟子说："对啊！我听说'把该做的好事压下来不去施行的人不会有好结果'，请让我放下笏板，换掉礼帽，再来见先生可以吗？"墨子说："请你就带着这些东西相见吧。如果一定要放下笏板、换掉礼帽，然后才见我，那么行事的成败果真在于服饰了。"

三 高考真题练

1.D【解析】"时然后言/所继叔父混名知人"与"时然后言所继叔父/混名知人"，从后文看，"混"是专有名词，即"谢混"，"所继叔父"是谢弘微和他的关系，用来修饰"混"。由此分析，"所继叔父/混名知人"的断法有误。据此排除B、C两项。"此儿深中夙敏方成/佳器有子如此"与"此儿深中夙敏/方成佳器/有子如此"，"有子如此"前省略主语"你"，即谢弘微的父亲谢思，其前应断开。据此可排除A项。

2.B【解析】"它与血亲有同有异……一部分"错。姻亲是以婚姻关系为中介而产生的亲属，血亲是基于血统关系的亲属。二者性质完全不同。

3.B【解析】根据原文"混风格高峻，少所交纳，唯与族子灵运、瞻、曜、弘微并以文义赏会"可知，常与子弟们诗文唱和的是"谢混"而不是"谢弘微"。

4.(1)（谢弘微）品性严肃正直，行为坚持遵守礼制法度，侍奉过继家的亲族，恭敬谨慎过于常礼。【解析】关键词："严正""循""党"。

(2)而谢曜喜爱褒贬人物，谢曜每每发表议论，弘微常说其他的事岔开话头。【解析】关键词："臧否""言论""乱"。

［参考译文］

谢弘微，陈郡阳夏人。父亲谢思，是武昌太守。堂叔谢峻，是司空谢琰的第二个儿子。谢峻自己无子，就以谢弘微为嗣子。谢弘微本名为密，因为触犯了嗣母的名讳，所以就用字来代替名字。

谢弘微孩童时代，风采充溢、端庄谨慎，遇到适当的时机才说话，他嗣父的弟弟谢混有知人之名，见到谢弘微，认为他不同于寻常之人，对谢思说："这个孩子深觉早慧，将成为才行出众的人，有这样的儿子就足够了。"谢弘微自己家里一向贫穷俭约，但嗣父产业很丰盈，他只接受了嗣父的数千卷书，遗产俸禄，一概不加过问。谢混风格高尚峻洁，很少同人交往，只和同族兄弟的儿子谢灵运、谢瞻、谢曜、谢弘微等人因为赏析文义而聚会。曾经一起宴饮相处，住在乌衣巷，所以称之为乌衣之游。谢瞻等人富有才华、能言善辩，谢弘微常常用简要的话使他们信服，谢混特别敬重和珍视他，称他为微子。义熙八年，谢混因为是刘毅的同党而被处死，谢混的妻子晋陵公主把谢混的家事委托给谢弘微。谢弘微经营产业，办事如同处理公务，一枚钱一尺帛的出入，都有文簿记录。高祖做了皇帝，晋陵公主降封为东乡君。从谢混死到此时已经九年了，而房舍整齐，仓库充盈，仆人听从使唤，各有所业，和平常没有什么不同，田地的开垦种植，比旧时有所增加。本族外姓的亲戚，出家的和世俗的朋友故旧，进门见到这么齐整的家景，没有谁不感慨叹息，甚至有人为之流泪，深为谢弘微的义行所感动。(谢弘微)品性严肃正直，行为坚持遵守礼制法度，侍奉过继家的亲族，恭敬谨慎过于常礼。太祖镇守江陵，谢弘微为文学。谢弘微因为母亲去世离职。守丧以孝顺著称，服丧期满超过一年后，谢弘微仍然吃素食。谢弘微的哥哥谢曜历任御史中丞，元嘉四年去世。谢弘微为哥哥长期吃素食，哀痛超过礼法，丧服虽然脱去，仍不吃鱼肉。谢弘微少年丧父，侍奉兄长如同父亲，兄弟之间极其友爱和睦，当时没有人能比得上。谢弘微口中不说别人的好坏，而谢曜喜爱褒贬人物，谢曜每每发表议论，弘微常说其他的事岔开话头。元嘉九年，东乡君去世，遗留巨额资财，园宅十几所，奴仆还有数百人。谢弘微一概不要，用自己的俸禄营办丧事。谢弘微说："亲戚之间争夺财产，算得上是最为鄙贱的事情。现在财产多就分用，少就共用，不至于穷困就可以了，身死以后，哪里还去管它。"元嘉十年去世，享年四十二岁。皇上极为痛惜，让左右二卫千人营办丧葬事务，一直到丧事完毕。朝廷追赠谢弘微为太常。

屈原列传

课前预习练 解释下列粗体字的含义

屈原列传

司　马　迁

屈原者，名平，楚之同姓也。**为**(担任)楚怀王左徒。博**闻**(学识)强**志**(记)，明于**治**(国家安定)**乱**(国家动荡)，**娴**(熟练、熟悉)于辞令。**入**(对内，进入宫廷)则与王**图议**(谋划计议)国事，以出号令；出则接遇宾客，应对诸侯。王甚**任**(信任)之。

上官大夫与之**同列**(指地位相同。列：朝列、班列)，争宠而心**害**(嫉妒)其能。怀王使屈原造为**宪令**(国家法令)，屈平**属**(zhǔ，撰写)草稿未定，上官大夫见而欲**夺**(强取)之，屈平不**与**(给)。**因**(于是)谗之曰："王使屈平为令，众莫不知。每一令出，平**伐**(自夸，炫耀)其功，曰以为'非我莫能为'也。"王怒**而**(表顺承)疏屈平。

屈平**疾**(痛心)王听之不**聪**(明察)也，**谗谄**(形容词作名词，说人坏话、奉承献媚的小人混淆黑

白。谗：说人坏话；谄：奉承献媚)之**蔽明**(蒙蔽怀王)也，**邪曲**(形容词作名词，品行不正的小人)之**害**(损害)公也，**方正**(形容词作名词，端方正直的人)之不**容**(表被动，被容纳)也，故忧愁**幽思**(久积于心的郁闷)而作《离骚》。“离骚”者，犹**离**(同“罹”，遭受)**忧**(忧患)也。夫天者，人之始也；父母者，人之本也。人**穷**(困窘)则**反本**(追念根本)，故劳苦**倦极**(疲倦困苦。极：疲困)，未尝不呼天也；疾痛**惨怛**(忧伤，悲痛)，未尝不呼父母也。屈平正道直行，竭忠尽智以**事**(侍奉)其君，谗人**间**(离间)之，可谓**穷**(困窘)矣。信而**见**(被)疑，忠而被谤，能无怨乎？屈平之作《离骚》，**盖**(大概)**自**(由)怨生也。《国风》好色而不**淫**(过度、无节制)，《小雅》**怨诽**(怨愤发牢骚)而不乱。若《离骚》者，可谓兼之矣。上**称**(提到)帝喾，下**道**(提到)齐桓，中述汤、武，以**刺**(讥讽)世事。**明**(形容词作动词，阐明)道德之**广崇**(广大崇高)，治乱之**条贯**(条理)，**靡**(无，没有)不**毕**(全都)见。其文**约**(简约)，其辞**微**(含蓄隐晦)，其志洁，其行廉。其称文小而其**指**(同“旨”)极大，举**类**(事物)**迩**(近)而见义远。其志洁，故其称物芳；其行廉，故死而不容。自疏**濯淖污泥**(污浊)之中，蝉蜕于浊秽，以浮游尘埃之外，不**获**(辱、被辱)世之**滋**(黑)垢，**皭**(jiào，清白、洁净)然**泥**(niè，同“涅”，染黑)而不**滓**(zǐ，污染)者也。**推**(推赞，推许)此志也，**虽**(即使)与日月争光可也。

屈原既**绌**(同“黜”，被罢免官职)，其后秦欲伐齐，齐与楚**从**(同“纵”，合纵，联合抗秦)亲，惠王**患**(担忧)之。乃令张仪**详**(同“佯”，假装)**去**(离开)秦，**厚币**(丰厚的礼物)**委**(呈献)**质**(同“贽”，见面礼)事楚，曰：“秦甚憎齐，齐与楚**从**(同“纵”，合纵，联合抗秦)亲，楚诚能绝齐，秦愿献商於之地六百里。”楚怀王贪而信张仪，遂绝齐，使使**如**(到，往)秦受地。张仪**诈**(欺骗，骗取)之曰：“仪与王约六里，不闻六百里。”楚使怒去，归告怀王。怀王怒，大兴师伐秦。秦发兵击之，大破楚师于丹、淅，斩首八万，虏楚将屈匄，遂取楚之汉中地。怀王乃**悉**(全部)发国中兵，以深入击秦，战于蓝田。魏闻之，袭楚至邓。楚兵惧，自秦归。而齐竟怒不救楚，楚大**困**(处境艰难)。

明年(第二年)，秦割汉中地与楚以和。楚王曰：“不愿得地，愿得张仪而甘心焉。”张仪闻，乃曰：“以一仪而**当**(dāng，抵得上)汉中地，臣请往如楚。”如楚，又**因**(趁机)厚币**用事**(当权)者臣靳尚，而**设诡辩**(说假话)于怀王之宠姬郑袖。怀王**竟**(最终)听郑袖，复释去张仪。**是时**(这时)屈平**既**(已经)疏，不复在位，使于齐，**顾反**(回来)，谏怀王曰：“何不杀张仪？”怀王悔，追张仪，不及。

其后诸侯共击楚，大破之，杀其将唐眛。

时秦昭王与楚**婚**(名词作动词，结为婚姻)，欲与怀王会。怀王欲行，屈平曰：“秦，**虎狼**(名词作状语，像虎狼一样)之国，不可信。不如毋行。”怀王稚子子兰劝王行：“奈何绝秦**欢**(友好)？”怀王**卒**(终于)行。入武关，秦伏兵绝其后，**因**(于是)**留**(扣留)怀王，以求割地。怀王怒，不听。**亡**(逃跑)**走**(往)赵，赵不**内**(同“纳”，接纳)。复**之**(动词，到、往)秦，**竟**(最终)死于秦而**归**(回国)葬。

长子顷襄王立，以其弟子兰为令尹。楚人既**咎**(怪罪，责怪)子兰以劝怀王入秦而不**反**(同“返”)也。屈平既**嫉**(恨)之，虽放流，**眷顾**(眷念)楚国，**系心**(挂念)怀王，不忘欲反。冀幸君之一(彻底)悟，俗之**一**(完全)改也。其**存**(思念。一说，保全)君兴国而欲**反覆**(回归)之，一篇之中三**致志**(再三表达这种意愿)焉。然终无可奈何，故不可以反。卒以此见怀王之终不悟也。人君**无**(无论)愚、智、贤、不肖，莫不欲求**忠**(形容词作名词，忠心的人)以**自为**(wèi，帮助自己)，**举**(推荐、推选)**贤**(名词作状语，贤明的人)以**自佐**(辅佐自己)；然亡国破家**相随属**(zhǔ，接连出现)，而圣君**治国**(安定太平的国家)累世而不见者，其所谓忠者不忠，而所谓贤者不贤也。怀王**以**(因为)不知忠臣之分，故**内**(名词作状语，在国内)惑于郑袖，**外**(名词作状语，在国外)欺于张仪，疏屈平而信上官大夫、令尹子兰，**兵**(军队)挫地削，**亡**(失去)其六郡，身客死于秦，**为**(被)天下笑。此不知人之祸也。……

令尹子兰闻之，大怒，卒使上官大夫**短**(诋毁)屈原于顷襄王。顷襄王怒而**迁**(放逐)之。

屈原至于江滨，**被**(同“披”)发行吟泽畔，颜色憔悴，**形**(身形)**容**(面容)枯槁。渔父见而问之曰：“子非三闾大夫欤？何故而至此？”屈原曰：“举世混浊而我独清，众人皆醉而我独醒，是以**见**(被)

放。”渔父曰：“夫**圣人**（聪明通达的人）者，不**凝滞**（拘泥、执着）于物，而能**与世推移**（随世道变化而变化）。举世混浊，何不随其流而扬其波？众人皆醉，何不**哺**（bū，吃）其糟而**啜**（chuò，喝）其**醨**（lí，薄酒）？何故**怀瑾握瑜**（比喻保持高洁美好的节操志向），而自令见放**为**（表疑问语气）？”屈原曰：“吾闻之，新沐者必**弹冠**（弹去帽子上的灰尘），新浴者必振衣。人又谁能以身之**察察**（洁净的样子），受物之**汶汶**（mén，浑浊的样子）者乎？宁赴**常流**（即“长流”，指江水）而葬乎江鱼腹中耳。又安能以**皓皓**（hào，皎洁的样子）之白，而**蒙**（蒙受）世俗之**温蠖**（huò，尘垢）乎？”乃作《怀沙》之赋。……于是怀石，遂自投汨罗以死。

屈原既死之后，楚有宋玉、唐勒、景差之**徒**（同类人，“辈”“伦”“族”）者，皆好辞而以赋**见**（被）**称**（称赞）；然皆**祖**（效法，继承）屈原之**从容**（委婉得体）辞令，终莫敢直谏。其后楚日以削，数十年，竟**为**（被）秦所灭。……

太史公曰：“余读《离骚》《天问》《招魂》《哀郢》，悲其志。**适**（到某地去）长沙，观屈原所自沉渊，未尝不垂涕，想见其为人。及见贾生吊之，又怪屈原以**彼其材**（他那样的才能），游诸侯，何国不容，而自令若是！读《服鸟赋》，**同**（把……同等看待）死生，**轻**（形容词的意动用法，以……为轻）**去就**（指离官去职或在朝任职），又**爽然自失**（茫然若有所失）矣。”

课后巩固练

一 基础过关练

（一）

1.罹，遭受　2.旨，意旨　3.黜，罢免官职　4.纵，合纵，联合抗秦　5.佯，假装　6.贽，见面礼　7.纳，接纳

（二）

1.①撰写　②连接　③“嘱”，嘱托　④劝请　⑤某一类人　⑥类　⑦类　⑧归属，隶属

2.①自夸，炫耀　②进攻，征伐　③砍伐　④砍伐　⑤砍伐

3.①诚实　②放任，随意　③果真，的确　④相信，信任

4.①简约　②约束，节制　③约定　④大约，大概　⑤约定

5.①记载，记录　②做记号　③志向　④记　⑤记载　⑥记述事或人的文章、著作

6.①被　②表现，显现　③拜见　④加在动词前表示对他人动作行为的承受，译为“自己”“我”　⑤见解、见识

7.①句末语气词，表疑问　②被　③担任　④替，给　⑤表示动作行为所向，可译为“向”“对”“朝”

8.①代词，他　②代词，楚师　③助词，的　④动词，到　⑤定语后置的标志　⑥主谓之间，取消句子独立性

9.①连词，表目的，来　②介词，用、拿　③介词，从、在　④因为　⑤因为　⑥因为　⑦连词，才

10.①明白，懂得　②阐明，明确　③明智的判断力、洞察力　④明亮

11.①疏远　②名词作动词，用奏章写　③形容词，稀疏　④一种文体

（三）

1.学识

2.熟悉、熟练

3.朝列、班列

4.嫉妒

5.撰写

6.自夸、炫耀

7.痛心

8.困窘

9.讥讽

10.无，没有

11.含蓄隐晦

12.近

13.辱、被辱

14.清白、洁净

15.推赞，推许

16.同“贽”，见面礼

17. 当权
18. 怪罪,责怪
19. 恨
20. 诋毁
21. 吃
22. 名词作动词,结为婚姻
23. 帮助自己
24. 动词作名词,听觉
25. 形容词作名词,说人坏话、奉承献媚的小人
26. 形容词作名词,圣明的人
27. 形容词作名词,品行不正的小人
28. 形容词作名词,端方正直的人
29. 形容词作动词,阐明
30. 形容词作名词,寻常事物
31. 名词作状语,像蝉脱壳一样
32. 形容词作名词,污浊的环境
33. 名词作状语,用丰厚的礼物
34. 名词作动词,结为婚姻
35. 名词作状语,像虎狼一样
36. 形容词作名词,忠心的人
37. 形容词作名词,贤明的人
38. 名词作状语,在国内
39. 名词作状语,在国外

(四)

1. 句式:判断句。

译文:屈原,名字叫平,是楚王的同姓。

2. 句式:判断句。

译文:秦国,是像虎狼一样的国家,不可信任。

3. 句式:被动句。

译文:诚信不欺却被怀疑,尽忠却被诽谤。

4. 句式:被动句。

译文:所以在内被郑袖所迷惑,在外被张仪所欺骗。

5. 句式:被动句、状语后置句,正常语序为"于秦客死"。

译文:自己也在秦国客死他乡,被天下人耻笑。

6. 句式:被动句。

译文:因此被放逐。

7. 句式:状语后置句。正常语序为"于治乱明,于辞令娴"。

译文:对国家治乱的道理明了,在外交辞令方面擅长。

8. 句式:状语后置句。正常语序为"于顷襄王短屈原"。

译文:终于让上官大夫在顷襄王面前说屈原的坏话。

9. 句式:状语后置句。正常语序为"于怀王之宠姬郑袖设诡辩"。

译文:在怀王宠姬郑袖面前编造了一套谎话。

10. 句式:宾语前置句。正常语序为"为自""佐自"。

译文:没有不想求得忠臣来为自己服务,选拔贤才来辅助自己的。

11. 句式:定语后置句。正常语序为"察察之身""汶汶之物"。

译文:谁能让自己清白的身躯,蒙受浑浊的外物呢?

(五)

1.×,怀瑾握瑜:怀里揣着瑾,手里拿着瑜。比喻人具有纯洁而高尚的品德。不可作定语。

2.√,博闻强志:见闻广博,记忆力强。也作"博闻强记"。

3.√,随波逐流:随着波浪起伏,顺着流水飘荡。比喻没有原则或主见,只是随大流,跟着别人走。

(六)

1.√ 2.√ 3.×,是抒情诗

(七)

1. "离骚"者,犹离忧也。
2. 邪曲之害公也,方正之不容也
3. 信而见疑,忠而被谤
4. 信而见疑,忠而被谤
5. 故劳苦倦极,未尝不呼天也
6. 疾痛惨怛,未尝不呼父母也
7. 《国风》好色而不淫,《小雅》怨诽而不乱
8. 上称帝喾,下道齐桓,中述汤、武
9. 其文约,其辞微
10. 其称文小而其指极大,举类迩而见义远
11. 其志洁,故其称物芳
12. 推此志也,虽与日月争光可也
13. 明道德之广崇,治乱之条贯,靡不毕见
14. 推此志也,虽与日月争光可也

二 拓展阅读练

1. 观足下所为文百余篇／实先意气而后辞句／慕古而尚仁义者／苟为之不已／资以学问／则古作者不为难到／古者其身不遇于世

【解析】①"百余篇"是后置定语，修饰"文"，故应该在"百余篇"后断开。②"先……而后……"是对称句式，应该在"后辞句"后断开。③"者"用在形容词、动词或形容词性词组、动词性词组后面，表示有此属性或做此动作的人或事物，后面应该断开。④"不已"作"为之"的补语，后面断开。⑤"以学问"作"资"的状语，"资"后无宾语，应该在"学问"后断开。⑥"古者"作"其身不遇于世"的主语，前面要断开。

2.①写文章"先意气后辞句"，即以意为主。朝着这个方向努力就能达到前人的水平。②好文章比富贵身份更能让后人记住你，但不要希求在当世出名。

【解析】这段话中作者的观点可以分为三层进行概括。第一层，"实先意气而后辞句，慕古而尚仁义者，苟为之不已，资以学问，则古作者不为难到"，指出写文章"先意气而后辞句"的道理，并鼓励对方"为之不已"，那么就能达到古人的水平。第二层，"自两汉以来，富贵者千百，自今观之，声势光明，孰若马迁、相如、贾谊、刘向、扬雄之徒"指文章写得好，才能让人记住名声。第三层，"斯人也岂求知于当世哉"则指不要希冀当世就能流传名声，往往到后世才能显名。

［参考译文］

观阅您所写的一百多篇文章，全都是先想好文章的主旨大意然后再斟酌词句的，主旨又都是仰慕古人崇尚仁义，如果您一直用这样的办法去写文章，在文章中运用您的才华学问，那么以前的作家学者也不是不能超越的。古时候的人怀才不遇，就把志向寄寓在文章中，希望自己的文章在后世得到认可。自从两汉以来，富贵的人成百上千，从现在看来，声名显耀，谁又能比得上司马迁、司马相如、贾谊、刘向、扬雄这些人，这些人难道希求在当世知名吗？

3.C【解析】通过"莞尔一笑，鼓枻而去"和"沧浪之水清兮，可以濯吾缨；沧浪之水浊兮，可以濯吾足。"判断，《楚辞》中的"渔父"是一个懂得与世推移、随遇而安、乐天知命的隐士。他看透尘世的纷纷扰扰，但绝不回避，而是恬然自安，将自我情操寄托在无尽的大自然中，在随性自适中保持自我人格。因此，C项中渔父形象最接近。A项中写的是一个孤寂不屈的渔翁形象，B项写的是渔者生活的艰辛，D项写的是渔者生活的富足美满。

4. 清有三层含义：①水清澈②人品高洁③社会政治清明。

浊有三层含义：①水浑浊②人品卑劣③社会黑暗，是非黑白颠倒，善恶忠奸不辨。

［参考译文］

屈原被放逐之后，在湘江一带游荡。他沿着水边边走边唱，脸色憔悴，身形容貌枯瘦。渔父看到屈原便问："您不就是三闾大夫吗？为什么会落到这种地步？"屈原说："世上全都肮脏只有我干净，个个都醉了唯独我清醒，因此被放逐。"渔父说："通达事理的人对客观时势不拘泥执着，而能随着世道变化推移。既然世上的人都肮脏龌龊，您为什么不也为搅浑泥水而推波助澜？既然个个都沉醉不醒，您为什么不也跟着吃那酒糟喝那酒汁呢？为什么您偏要忧国忧民，行为超出一般而与众不同，使自己遭到被放逐的下场呢？"屈原说："我听过这种说法：刚洗头的人一定要弹去帽子上的尘土，刚洗澡的人一定要抖净衣服上的泥灰。哪里能让洁白的身体去接触污浊的外物？我宁愿投身湘水，葬身在江中鱼鳖的肚子里，哪里能让洁净的东西去蒙受世俗尘埃的沾染呢？"渔父微微一笑，敲打着船桨离去，于是唱道："沧浪水清啊，可用来洗我的帽缨；沧浪水浊啊，可用来洗我的双足。"于是便离开了，不再和屈原说话。

三 高考真题练

1.C【解析】划线句子的大意是：贾生的名叫做谊，是洛阳人。十八岁的时候，便能以赋诗作文而在全郡有名气。吴廷尉当时是河南郡郡守，听说贾谊是个了不起的人才，便把他罗致到自己门下，对他很赏识。句中，"以能诵诗属书闻于郡中"是介词短语后置句，"于郡中"是"闻"的状语，中间不

能断开，排除D项。“吴廷尉”是专有名词，作“为河南守”的主语，中间不能断开，排除A项。（注意，“廷尉”是官职名，“吴廷尉”即“姓吴的廷尉”）“召置门下”是一个事件，应该和后面断开，排除B项。由此可知，选C项。

2.A【解析】A项“诸子百家是对先秦时期各学术派别的总称”错误。

3.C【解析】C项中“重新得到重用”原文没有提及，只是“征见”，“任命他为自己钟爱的小儿子梁怀王的太傅，又表示自己也比不上贾谊”顺序不当，应该是先“表示自己也比不上贾谊”，然后再“任命他为自己钟爱的小儿子梁怀王的太傅”。

4.(1)便在皇帝面前诋毁贾谊说：“这个洛阳人，年轻学浅，一味想独揽权力，使许多事情都混乱了。”

【解析】短，诋毁；擅权，揽权；纷乱，使……变得混乱。“乃短贾生曰”是省略句，承前省，主语应该是“绛、灌、东阳侯、冯敬之属”

(2)贾谊又多次上疏皇帝，说有的诸侯封地太多，甚至多达数郡之地，不合古代制度，应该逐渐削减他们的封地势力。

【解析】数，屡次；言，说，指出；或，有的；削，削弱。“非古之削”是省略句，省略的主语是“这种状况”。

［参考译文］

贾生名叫谊，是洛阳人。十八岁的时候，便以能赋诗作文而在全郡有名气。吴廷尉当时是河南郡郡守，听说贾谊是个了不起的人才，就把他罗致到自己门下，对他很赏识。孝文皇帝即位不久，了解到河南郡的吴郡守治理政事、安抚百姓在全国最有成绩，过去又因与李斯是同乡而常向李斯学习，就把他征召到朝廷担任廷尉。吴廷尉便向皇帝推荐贾谊，说他很年轻，颇为通晓诸子百家的学说。于是，文帝便把贾谊召到朝廷任命为博士。当时贾谊才二十岁出头，在朝臣中是最年轻的。每当皇帝诏令臣下商议政事，各位老先生往往无言答对，而贾谊却总是答得很完满，人人都感到贾谊所讲的，正是自己所要说的。于是，大家都认为自己的才能赶不上贾谊。文帝也很喜欢他，一年之内，就把他从博士破格提拔为太中大夫。贾谊认为，从汉兴到文帝经过二十多年，天下已经安定，朝野和睦，应当更定历法，改变所崇尚的颜色，订正法令制度，统一官名，大兴礼乐，便详细草拟了各项仪礼和办法，建议崇尚黄色，遵用五行之说，重新确定官名，全部变更秦朝的法度。文帝刚刚即位，谦恭谨慎，一时还顾不上这些事。但一些律令的更定，以及在京城的诸侯回到封国，都是贾谊出的主意。因此，皇帝和大臣商议，打算把贾谊提拔到公卿大臣的位置。绛侯周勃、颍阴侯灌婴、东阳侯张相如、御史大夫冯敬等人都嫉妒贾谊，便在皇帝面前诋毁贾谊说：“这个洛阳人，年轻没有经验，专想揽权，把许多事情都搞乱了。”因此，皇帝从此也疏远了贾谊，不再采纳他的建议，并派他去做了长沙王吴差的太傅。贾谊已经辞别朝廷前往任所，听说长沙地势低洼，气候潮湿，自认为寿命不会长久，又因为是被贬谪而去的，心情抑郁（不愉快）。在渡湘江的时候，作了一首赋，来凭吊屈原。又过了一年多，贾谊被征召到京城觐见皇帝。正赶上文帝坐在宣室接受神的赐福。文帝有感于鬼神之事，便询问鬼神的本源。贾谊就详细说明了鬼神形成的情形。一直谈到夜半，文帝不知不觉地在座席上向贾谊面前移动。谈完之后，文帝说：“我好久不见贾生了，自以为超过了他，今天看来还是不如他。”时间不长，就任贾谊为梁怀王刘揖的太傅。梁怀王是文帝喜爱的小儿子，好读书，所以文帝让贾谊做他的师傅。文帝封淮南厉王的四个儿子都为列侯。贾谊谏阻，认为这样做祸患就会由此产生。贾谊屡次上书，指出诸侯势力过大，有的封地连接数郡，不符合古代的制度，应该逐渐削弱他们的势力。文帝不听。几年以后，梁怀王骑马时，从马上跌下摔死了，没有后代。贾谊认为自己这个老师没有当好，很伤心，哭泣了一年多，也就死去了。

苏 武 传

课前预习练 解释下列粗体字的含义

苏 武 传

班 固

武，字子卿。少**以**（凭借）父任，兄弟**并**（都）为郎。**稍**（渐渐）**迁**（升迁，升任）至移中厩监。时汉连伐胡，**数**（屡次）**通使**（互派使者）相**窥观**（窥探观察）。匈奴留汉使郭吉、路充国等，前后**十余辈**（十几批）。匈奴使来，汉亦留之**以**（连词，表目的，来）**相当**（相抵）。天汉元年，且鞮侯单于初立，恐汉袭之，乃曰："汉天子我**丈人**（对长辈的尊称）**行**（辈）也。"尽归汉使路充国等。武帝嘉其义，乃遣武以中郎将使持**节**（旄节，以竹为杆，上缀以牦牛尾，是使者所持的凭证）送匈奴使留在汉者，**因**（趁机）**厚赂**（赠送丰厚的礼物）单于，**答**（回报）其善意。武与副中郎将张胜及**假吏**（临时委任的使臣属官）常惠等募**士**（士卒）斥候百余人俱，既至匈奴，**置**（准备，备办）**币**（财物）**遗**（wèi，送）单于；单于**益**（渐渐）骄，非汉所望也。

方（正要）欲**发**（打发，派遣）使送武等，**会**（适逢）缑王与长水虞常等谋反匈奴中。缑王者，昆邪王姊子也，与昆邪王俱降汉，后随浞野侯**没**（陷入而不能脱身）胡中。及卫律所**将**（率领）降者，**阴**（暗地里）**相与**（互相，一起）谋劫单于母阏氏归汉。会武等至匈奴，虞常在汉时，**素**（一向）与副张胜**相知**（相熟识，有交情），**私候**（私下拜访）胜曰："闻汉天子甚怨卫律，常能为汉伏弩射杀之，吾母与弟在汉，**幸**（希望）**蒙**（蒙受、得到）其赏赐。"张胜**许**（答应、应允）之，以**货物**（财物）与常。

后月余，单于出猎，独阏氏子弟在。虞常等七十余人欲**发**（发动，动手），其一人**夜**（名词作状语，在夜里）**亡**（逃跑），**告**（告发）之。单于子弟发兵与战。缑王等皆死，虞常**生得**（被活捉）。单于使卫律**治**（审理）其事，张胜闻之，恐前语**发**（暴露、泄露），以**状**（情状、情况）**语**（告诉）武。武曰："事如此，此必**及**（牵连）我，**见犯**（受到侮辱）**乃**（才）死，**重**（zhòng，更加）负国。"欲自杀，胜、惠共止之。虞常果**引**（牵扯）张胜。单于怒，召诸贵人议，欲杀汉使者。左伊秩訾曰："**即**（假使）谋单于，何以复加？宜皆**降**（使动用法，使……投降）之。"

单于使卫律召武**受辞**（听取供词）。武谓惠等："**屈节辱命**（污损了节操，辜负了使命），**虽**（即使）生，何面目以归汉！"**引**（举，拿）佩刀自刺。卫律惊，自抱持武，**驰**（骑马）召医。凿地为**坎**（坑），置**煴火**（yūn，没有火焰的微火），覆武其上，**蹈**（同"搯 tāo"，叩击，拍打。一说当作"焰"，熏）其背以出血。武气**绝**（断绝），半日复**息**（呼吸）。惠等哭，**舆**（车，这里作动词，用车载送）归营。单于**壮**（意动用法，认为……豪壮）其节，朝夕遣人**候问**（问候）武，而**收**（逮捕）**系**（监禁）张胜。

武益愈，单于**使**（动词，派）使晓武，**会**（会同）**论**（判罪）虞常，欲**因**（趁机）此时降武。剑斩虞常已，律曰："汉使张胜谋杀单于近臣，**当**（判处）死。单于募降者赦罪。"举剑欲击之，胜请降。律谓武曰："副有罪，当**相坐**〔相连坐（治罪）〕。"武曰："本**无谋**（没有参与谋划），又非亲属，何谓相坐？"复举剑**拟**（比画）之，武不动。律曰："苏君，律前负汉归匈奴，幸蒙大恩，赐号称王。拥众数万，马畜**弥**（满）山，富贵如此！苏君今日降，明日复**然**（这样）。空以身**膏**（gào，滋润）草野，谁复知之！"武不应。律曰："君**因**（通过、经由）我降，与君为兄弟；今不听吾计，后**虽**（即使）欲复见我，尚可得乎？"武骂律曰："汝为人臣子，不顾恩义，**畔**（同"叛"，背叛）主背亲，为降虏于蛮夷，何以汝**为**（宾语前置的

标志)见？且单于信汝，使决人死生，不平心持正，反欲**斗**(使……相斗)两主，观祸败。**若**(你)知我不降明，欲令两国相攻，匈奴之祸，从我始矣。”

律知武终**不可胁**(不可威逼而致屈服)，**白**(告诉)单于。单于**愈益**(更加)欲降之。乃**幽**(囚禁)武置大窖中，绝不饮食。天**雨**(yù，动词，下)雪，武卧**啮**(niè，咬，嚼)雪，与**旃**(同“毡”，毛织的毡毯)毛并咽之，数日不死。匈奴**以为**(把……当作)神。乃徙武北海上无人处，使牧**羝**(dī，公羊)，羝乳乃得归。**别**(分开、离析)其官属常惠等各置他所。武既至海上，**廪食**(官府发给的粮食)不至，掘野鼠**去**(同“弆 jǔ”，收藏)**草实**(野生果实)而食之。**杖**(名词作动词，执、拄)汉节牧羊，卧起操持，节旄尽落。积五六年，单于弟於靬王**弋射**(yì，用绳系在箭上射猎)海上。武能**网**(结网)**纺缴**(zhuó，纺制系在箭尾的丝绳)，**檠**(qíng，作动词，用檠矫正)弓弩，於靬王爱之，给其衣食。三岁余，王病，赐武马畜、服匿、穹庐。王死后，人众徙去。其冬，丁令盗武牛羊，武复**穷厄**(困顿)。

初，武与李陵俱为侍中。武使匈奴，**明年**(第二年)，陵降，不敢**求**(访求)武。久之，单于使陵至海上，为武置酒设乐。因谓武曰：“单于闻陵与子卿**素**(一向)厚，故使陵来说足下，**虚心**(诚心)欲相待。终不得归汉，**空**(白白地)自苦**亡**(同“无”)人之地，信义安所**见**(同“现”，显示，显现)乎？前**长君**(苏武的大哥苏嘉)为奉车，从至雍棫阳宫，扶辇下**除**(宫殿的台阶，一说指门与屏之间的通道)，触柱折辕，**劾**(判决)大不敬，伏剑自刎，赐钱二百万以葬。孺卿从**祠**(祀)河东后土，宦骑与黄门驸马争船，推堕驸马河中溺死，宦骑亡，诏使孺卿逐捕，不得，惶恐饮药而死。来时太夫人已**不幸**(对去世的委婉说法)，陵送葬至阳陵。子卿妇年少，闻已**更嫁**(改嫁)矣。独有**女弟**(妹妹)二人，两女一男，今复十余年，存亡不可知。人生如朝露，何久自苦如此！陵始降时，**忽忽如狂**(精神恍惚，好像发狂一样)，自痛负汉，加以老母**系**(拘禁，关押)保宫。子卿不欲降，何以过陵？且陛下**春秋**(年纪)高，法令**亡**(同“无”，没有)**常**(定规)，大臣**亡**(同“无”)罪**夷灭**(诛灭，这里指全家杀尽)者数十家，安危不可知，子卿**尚复**(同义连用，“还”)谁为乎？愿听陵计，勿复有云。”武曰：“武父子**亡**(同“无”)功德，皆**为**(表被动)陛下所**成就**(栽培，提拔)，位列将，爵通侯，兄弟**亲近**(亲近之臣)，常愿肝脑涂地。今得杀身自**效**(贡献、献出)，虽**蒙**(受)斧钺汤镬，**诚**(的确)甘乐之。臣事君，犹子事父也，子为父死，**亡**(同“无”)所恨，愿勿复再言！”

陵与武饮数日，复曰：“子卿**壹**(一定)听陵言！”武曰：“自**分**(fèn，料想，断定)已死久矣！王必欲降武，请**毕**(尽)今日之欢，**效死于前**(在您面前死去)！”陵见其**至**(极，最)诚，喟然叹曰：“嗟乎，义士！陵与卫律之罪上**通**(达)于天！”因泣下**沾衿**(沾湿了衣襟。衿，同“襟”)，与武**决**(同“诀”，辞别、告别)去。……

昭帝即位，数年，匈奴与汉和亲。汉求武等，匈奴**诡言**(欺骗说)武死。后汉使复至匈奴，常惠请**其守者**(看守他的人)与俱，得夜见汉使，**具**(完全、详尽)自**陈道**(陈述说明)。教使者谓单于，言天子射上林中，得雁，足有系帛书，言武等在某泽中。使者大喜，**如**(依照)惠语以**让**(责备)单于。单于视左右而惊，**谢**(道歉)汉使曰：“武等**实在**(确实活着)。”……

单于**召会**(召集会见)武官属，前**以**(同“已”，已经)降及**物故**(死亡)，凡随武还者九人。武**以**(在……的时候)始元六年春至京师。……武留匈奴**凡**(总共)十九岁，始以强壮出，**及**(等到)还，须发尽白。

课后巩固练

一 基础过关练

(一)

1. 同“掐(tāo)”，叩击，拍打
2. 同“叛”，背叛
3. 同“毡”，毛织的毡毯
4. 同“弆(jǔ)”，收藏
5. 同“无”，没有
6. 同“现”，显现
7. 同“无”，没有

8.同“无”,没有

9.同“无”,没有

10.同“诀”,辞别、告别

11.同“已”,已经

(二)

1.①渐渐 ②官府免费供给的俸粮。

2.①希望 ②幸运 ③侥幸 ④宠幸,宠爱 ⑤帝王到某处

3.①你 ②像 ③及,比得上 ④假如,如果 ⑤用于形容词后,表示“……的样子”。

4.①逃跑 ②同“无”,没有 ③灭亡 ④死亡

5.①用在动词前,表被动,译为“被” ②同“现”,显示,显现。 ③拜见,谒见。 ④见解,见识 ⑤看见

(三)

1.形容词的意动用法,认为……壮烈

2.形容词的意动用法,以……为乐

3.使动用法,使……投降

4.使动用法,使……肥沃

5.使动用法,使……争斗

6.使动用法,使……投降

7.使动用法,使……受苦

8.使动用法,使……投降

9.使动用法,使……归

10.使动用法,使……屈身;使……受辱

11.使动用法,使……分开

12.使动用法,使……投降

13.名词做动词,下雨

14.名词做动词,生子

15.名词做动词,拄着

16.名词做动词,结网;用檠矫正(弓弩)

17.名词做动词,用车子

18.名词做状语,向上

19.名词做动词,给他吃的、喝的

(四)

1.句式:定语后置句,正常语序为“乃遣武以中郎将使持节送留在汉者匈奴使”。

译文:于是派遣苏武以中郎将的身份出使,持旄节护送扣留在汉的匈奴使者回国。

2.句式:状语后置句,正常语序为“于蛮夷为降虏”。

译文:在异族那里做投降的奴隶。

3.句式:宾语前置句和状语后置句,正常语序为“以何为见汝”“以何见汝为”。

译文:因为什么要见你/要见你干什么。

4.句式:被动句,“见”为标志。

译文:等到被(匈奴)侮辱以后才死,更对不起国家。

5.句式:被动句,“为……所”是标志。

译文:(我们)都是被皇帝栽培提拔起来的。

(五)

1.×,白发丹心:丹心,赤诚之心。形容年迈苍老,仍然怀有一颗赤诚之心。

2.√,卧雪吞毡:比喻困境中的艰难生活,后用以比喻民族气节。

3.√,雁足留书:大雁能传递书信。

(六)

1.×,《汉书》是中国第一部纪传体断代史,《史记》是中国古代第一部纪传体通史。

2.√

3.×,《苏武传》是属于《汉书》“传”的部分。

(七)

1.乃幽武置大窖中,绝不饮食。

2.武卧啮雪,与旃毛并咽之。

3.乃徙武北海上无人处,使牧羝,羝乳乃得归。

4.单于愈益欲降之。

5.匈奴以为神。

6.丁令盗武牛羊,武复穷厄。

二 拓展阅读练

1.①(李陵)率领不满五千人的步兵,搏杀(匈奴)几万人的军队,转战千里,即使古代名将也不过如此。

②(我)自杀毫无益处,只会增加羞辱,所以常常愤慨地忍受侮辱,就又苟且地活在世上。

【解析】①提,率领、携带;抑,抵挡;虽,即使。

②杀身,自杀;适,只会;攘臂,愤慨;辄,就。

2.李陵:骁勇善战,被迫投降

司马迁:善良正直,公平正义

【解析】根据文段一的“提步卒不满五千，抑数万之师，转斗千里，虽古名将不过也。”可看出李陵带兵打仗，以少敌多，勇猛善战。根据文段二的“上念老母，临年被戮；妻子无辜，并为鲸鲵。身负国恩，为世所悲。”可看出汉朝廷与李陵彻底决裂，灭其亲人，导致李陵彻底投降匈奴。根据文段一众人“皆罪陵”，而唯有司马迁敢于直言进谏，理性地替李陵辩解，可以看出其善良正直，公平正义。

［参考译文］

文段一

李陵字少卿，被授任骑都尉，带领五千精兵，在酒泉、张掖训练箭术来防备匈奴。夜半时分，李陵与韩延年一同上马，十几名壮士跟随他们，几千匈奴骑兵追赶，韩延年战死。李陵说：“我没有脸面去见陛下啊！”于是投降了。他的部下四散逃命，逃脱到达塞内的仅四百多人。后来听说李陵投降，武帝大怒，文武百官都归罪李陵。司马迁极力辩解说：“李陵常常奋不顾身以赴国家的危难。率领不满五千人的步兵，搏杀（匈奴）几万人的军队，转战千里，即使古代名将也不过如此。李陵虽然深陷重围战败，但他打败敌人的战绩也足以显露于天下。他不死，应该是想找到恰当的机会来报效朝廷。”武帝认为司马迁在欺骗（所言不实），把他下狱施以腐刑。李陵在匈奴二十多年，元平元年病死。

文段二

子卿足下：

我从投降以来，直到今日身处艰难困境，一人独坐，愁闷苦恼。同您分别以后，更加无聊。上念老母，在垂暮之年还被杀戮；妻子、儿女们是无罪的，也一起惨遭杀害。我自己辜负了国家之恩，被世人所悲怜。您回国后享受荣誉，我留此地蒙受羞辱。这是命中注定，有什么办法？我出身于讲究礼义的国家，却进入对礼义茫然无知的社会；背弃了国君和双亲的恩德，终身居住在蛮夷的区域。真是伤心极了！让先父的后代，变成了戎狄的族人，自己怎能不感到悲痛！我在与匈奴作战中功大罪小，却没有受到公正的评价，汉朝辜负了我微小的诚意。每当想到这里，恍惚之中仿佛失去了对生存的留恋。我不难刺心来表明心迹，自刎来显示志向，但国家对我已经恩断义绝，自杀毫无益处，只会增加羞辱，所以常常愤慨地忍受侮辱，就又苟且地活在世上。

三 高考真题练

1.C【解析】其中“上以选人多诈冒资荫”是一个完整的句子，“以”作谓语，“选人多诈冒资荫”是主谓短语作宾语，之间不能断开，可排除A、D项。“未几有诈冒事觉者”这一句中“者”的意思是“……的人”，指代前文所说“诈冒事觉”这一类人，共同作“有”的宾语，之间不可断开，而下一句“上欲杀之”，“上”指皇上，是下一句的主语，引领一个新的句子，要单独成句，可排除B。这句话的意思是：戴胄为人忠诚清廉、公平正直，提拔为大理寺少卿。皇上因为候选人大都对自己的做官资历造假，下令他们自首，不自首的人判处死刑。没过多久，有伪造做官资历的人被发现了，圣上想杀他。戴胄上奏说：“按照法律应当流放。”故选C。

2.B【解析】“抵极刑”，极刑即死刑，“抵”意为达到，意即达到判处死刑的地步。没有尸体示众之意。故选B。

3.D【解析】“唐太宗认为正是因为臣不尽忠，最终导致了隋朝灭亡”错误。根据原文“此岂唯炀帝无道，其臣亦不尽忠”可知，隋朝灭亡是因为皇帝无道和大臣不尽忠两个原因造成的，而不仅仅是大臣的原因。故选D。

4.(1)然而既然已经知道不可以这样，再依法裁决，这正是忍耐小的愤怒保全了大的信用啊。

(2)(这些规定)都由门下省复核查验，有依据法令应当处死而情理上又值得怜悯的人，记下情况上报朝廷。

【解析】(1)既，已经；断，处理；复断之以法，状语后置句；忿，愤怒；信，信用。(2)覆视，查看；当，判处；矜，怜悯、怜惜；状，情况；闻，使……知道。

［参考译文］

戴胄为人忠诚清廉、公平正直，被提拔为大理寺少卿。皇上因为候选人大都对自己的做官资历造假，下令他们自首，不自首的人判处死刑。没过多久，有伪造做官资历的人被发现了，圣上想杀他。戴胄上奏说："按照法律应当流放。"皇上愤怒地说："你想遵守法律而让我说话不算话吗？"戴胄回答说："下令的人只是因为一时的喜怒，而法律是国家用来向天下公布大信用的。陛下因为愤怒候选人的作假，所以想要杀他，然而既然已经知道不可以这样，再依法裁决，这正是忍耐小的愤怒保存大的信用。"皇上说："你能够执行法律，我还有什么可担忧的呢？"戴胄经常就像这次一样宁肯使李世民发怒也要秉公执法，说出来的话语像不断涌出的泉水一样，而唐太宗全部都听从了他的建议，天下再也没有冤枉的案情了。鄃令裴仁轨私下使唤看门的人，皇上很愤怒，想要斩杀他。殿中侍御史长安李乾祐劝谏道："法律，是陛下和天下人共同遵守的，不是陛下独有的。如今仁轨犯了轻罪却遭受极刑，臣担心其他人因此而慌乱，不知如何是好。"皇上听了很高兴，免了仁轨的死罪，让乾祐担任侍御史一职。皇上对近侍大臣说："我认为死刑极为重大，所以下令三次回奏，是打算深思熟虑的缘故。可是负责的官吏在片刻之间就完成三次回奏。另外，古代处决犯人，君主为此撤掉音乐演奏，减少膳食。我的宫廷里没有常设的音乐，然后常常为此而不吃酒肉。再者，百官断案，只依据法律条文，即使情理上有值得同情的，也不敢违法，这当中怎能完全没有冤枉的呢？"（贞观五年十二月）丁亥日，皇上下诏："判决死刑犯，两天之内要五次回奏，在外地诸州的要三次覆奏。行刑的日子，主管膳食的不许上酒肉，内教坊和太常寺不许奏乐。（这些规定）都由门下省督察，依据法律应当处死而情理上又值得同情的，记下情况上报朝廷。"因此而保全性命的（死囚）很多。五次回奏，是指处决前一二天（两次回奏），到处决当天还要三次回奏。只有犯恶逆罪（恶逆是十恶之一）的，只要一次回奏就行了。太宗曾跟近侍大臣讨论诉讼案件，魏征说："隋炀帝时曾发生盗窃案，隋炀帝命令於士澄逮捕窃贼，稍微牵连是非难断的，全都拷打审讯迫使服罪，总共二千多人，隋炀帝下令全部处斩。大理寺丞张元济奇怪窃贼如此之多，试着查究他们的罪状，（得知）其中五人曾是盗贼，其余都是平民百姓；（可是）（张元济）最终没敢坚持（公道）奏报（真相），把所有人都杀掉了。"皇上说："这岂止是隋炀帝无道，那些大臣也没有尽忠。君臣全都这样，怎么能够不灭亡！你们应该以此为戒！"

过 秦 论

课前预习练 解释下列粗体字的含义

过（指出……的过失）秦论

贾　谊

秦孝公**据**（占据）**崤函**（崤山和函谷关）之**固**（形容词活用为名词，险要的地势），**拥**（拥有）雍州之地，君臣**固**（形容词作状语，牢固地）守**以**（表目的）**窥**（窥视）周室，有**席**（名词作状语，像席子一

样)卷天下,**包**(名词作状语,像包裹一样)举宇内,**囊**(名词作状语,像口袋一样)括四海之意,**并吞**(兼并侵吞)**八荒**(宇内、四海、八荒,都是“天下”的意思)之心。**当是时**(在这时)也,商君佐之,**内**(名词作状语,在国内)立法度,**务**(致力于,从事)**耕织**(农耕、纺织业),修**守战**(防守和进攻)之**具**(器械),**外**(名词作状语,对外)**连衡**(即“连横”,秦国采用的一种离间六国的策略,使它们各自同秦国联合,从而各个击破)而**斗**(使动用法,使…相斗)诸侯。于是秦人**拱手**(两手合抱,形容毫不费力)而取**西河**(黄河以西,即战国时魏地)之外。

孝公**既**(已经)**没**(通“殁”,死亡),惠文、武、昭襄**蒙**(继承)**故业**(已有的基业),**因**(沿袭)遗策,**南**(名词作状语,向南)取汉中,**西**(名词作状语,向西)**举**(攻占)巴、蜀,**东**(名词作状语,向东)割**膏腴**(肥沃)之地,**北**(名词作状语,向北)收**要害之郡**〔(政治、经济、军事上都)非常重要的地区〕。诸侯恐惧,**会盟**(诸侯集会结盟)而谋**弱**(削弱,使动用法,使……弱)秦,不**爱**(吝惜)珍器重宝肥饶之地,**以**(用来)**致**(招致,招引)天下之士,**合从**(即“合纵”,六国联合对付秦国)缔交,**相与**(yǔ,相互援助)**为一**(成为一体)。当此之时,齐有孟尝,赵有平原,楚有春申,魏有信陵。此四君者,皆明智而忠信,宽厚而爱人,尊**贤**(形容词活用为名词,贤能的人)而重士,**约**(结)**从**(同“纵”)**离**(离散)**衡**(秦国采用的一种离间六国的策略,使它们各自同秦国联合,从而各个击破。也作“连横”),**兼**(兼有,集聚)韩、魏、燕、楚、齐、赵、宋、卫、中山之**众**(众人)。**于是**(在这时)六国之士,有甯越、徐尚、苏秦、杜赫之**属**(……一类的人)为之**谋**(出谋划策),齐明、周最、陈轸、召滑、楼缓、翟景、苏厉、乐毅之**徒**(……一类的人)**通**(沟通)其**意**(意图);吴起、孙膑、带佗、倪良、王廖、田忌、廉颇、赵奢之**伦**(……一类的人)**制**(统领、统率)其**兵**(军队)。**尝**(曾经)**以**(凭借)十倍之地,百万之众,**叩**(攻打)关而攻秦。秦人开关**延**(迎击)敌,九国之师,**逡巡**(有所顾虑而徘徊不敢前进)而不敢进。秦无**亡**(丢失)矢遗**镞**(箭头)之**费**(损失、耗费),而天下诸侯已**困**(困厄、精疲力竭)矣。于是**从**(同“纵”)散约败,争割地而赂秦。秦有余力而**制**(控制)其**弊**(弱点),追**亡**(动词活用为名词,逃跑的军队)逐**北**(败逃,这里指败逃的军队),伏尸百万,流血**漂**(使动用法,使……漂浮)**橹**(大盾牌);**因**(趁着)**利**(形容词活用为名词,有利的形势)**乘**(趁着)**便**(形容词活用为名词,有利的形势),宰割天下,分裂山河。强国**请服**(请求降服),弱国入朝。延及孝文王、庄襄王,**享**(占有)国之日**浅**(短),国家无**事**(战事)。

及至始皇,**奋**(振兴)六世之**余烈**(遗留下来的功业),**振**(举起)长**策**(马鞭子)而**御**(驾驭、统治)宇内,吞二周而**亡**(使动用法,使……灭亡)诸侯,**履**(名词活用为动词,登上)**至尊**(至高无上的地位,指帝位)而制**六合**(天地四方,指天下),**执敲扑**(行刑用的棍杖,短的叫“敲”,长的叫“扑”)而鞭笞天下,威**振**(同“震”,震慑)四海。**南**(名词作状语,向南)取百越之地,**以为**(“以之为”的省略,把它作为)桂林、象郡;百越之君,俛首**系颈**(颈上系绳,表示投降),**委**(托付)命**下吏**(下级官吏,指狱官)。乃使蒙恬**北**(名词作状语,向北)筑长城而守**藩篱**(比喻边疆上的屏障。藩:篱笆),**却**(使动用法,使……退却)匈奴七百余里;胡人不敢南下而牧马,士不敢**弯**(使动用法,使……弯曲)弓而**报怨**(报仇。怨:仇恨)。于是废先王之道,焚**百家之言**(各学派的著作。言:著作),以**愚**(使动用法,使……愚昧)**黔首**(秦朝对百姓的称呼。黔:黑色);**隳**(huī,毁坏)名城,杀豪杰;收天下之**兵**(兵器),聚之咸阳,**销**(销毁)**锋镝**(兵刃和箭头,代指兵器),<u>铸以为金人十二</u>(句式:定语后置,“十二金人”),以**弱**(使动用法,使……弱,削弱)天下之民。然后**践**(踏,引申为依仗、凭借)华为城,**因**(凭借)**河**(黄河)为**池**(护城河),据亿丈之城,临不测之渊,**以为**(把……作为)**固**(形容词活用为名词,坚固的城防)。良将**劲弩**(强有力的弓,名词活用为动词,手执强弩)守要害之处,**信臣**(可靠的大臣)精卒**陈**(排列)**利兵**(锋利的武器)而**谁何**(盘诘查问。“何”同“呵”,大声呵问)。天下已定,始皇之心,自**以为**(认为)关中之**固**(形容词活用为名词,险固的地势),**金城**(坚固的城池。金:比喻坚固)千里,子孙帝王万世之业也。

始皇**既**(已经)**没**(通“殁”,死亡),余威震于**殊俗**(不同的风俗,指边远的地方)。然陈涉**瓮**(wèng,名词活用为动词,用瓮做)**牖**(yǒu,窗户)**绳**(名词活用为动词,用草绳系)**枢**(门扇开关的枢

轴)之子,**氓隶**(下层百姓。氓:民;隶:低贱的人)之人,而**迁徙之徒**(被征发的人。徒:某一类人)也;才能不及**中人**(平常的人),非有仲尼、墨翟之贤,陶朱、猗顿之富;**蹑足**(置身,参与)**行伍**(五人为伍,五伍为行。后用行伍泛指军队)之间,而**倔起**(兴起)**阡陌**(田间小道,南北为阡,东西为陌。这里指民间)之中,率疲弊之卒,**将**(率领)数百之众,转而攻秦;斩木为**兵**(武器),**揭**(举)竿为旗,天下云(名词作状语,像云彩一样)集**响**(名词作状语,像回声一样)应,**赢**(担负)粮而**景**(同"影",名词作状语,像影子一样)从。**山东**(崤山以东,代指东方诸国)豪俊遂**并**(一起)起而亡秦族矣。

且夫(再说)天下非**小**(形容词活用为动词,变小)**弱**(形容词活用为动词,变弱)也,雍州之地,**崤函**(崤山和函谷关)之固,自若也(句式:宾语前置,即"若自",像从前一样)。陈涉之位,非**尊**(地位高)**于**(比)齐、楚、燕、赵、韩、魏、宋、卫、中山之君也;**锄櫌**(yōu,同"耰",碎土平田用的农具)**棘矜**(用酸枣木做的棍子。这里的意思是农民军的武器,只有农具和木棍。棘:酸枣木),非**铦**(xiān,锋利)**于**(比)**钩戟**(带钩的戟)**长铩**(shā,长矛)也;**谪戍**(因有罪而被征调去守边)之众,非**抗**(匹敌,相当)**于**(和)九国之**师**(军队)也;深谋远虑,行军用兵之道,非及**乡时**(先前。乡,同"向")之士也。然而成败异变,功业相反,何也?**试使**(假使)山东之国与陈涉**度**(duó,度量)长**絜**(xié,衡量)大,比权量力,则不可同年而语矣。然秦**以**(凭借)**区区**(小)之地,**致**(达到)**万乘**(万辆兵车,指军事力量强大)之势,**序**(使动用法,安置使有序)**八州**(天下分九州,秦居雍州,其它六国居于兖州、冀州、青州、徐州、豫州、荆州、扬州、梁州八州)而**朝**(使动用法,使……朝见)**同列**(指六国诸侯),百**有**(同"又")余年矣;然后以六合为家,崤函为宫;一夫**作难**(nàn,起事)而**七庙**(古代天子的宗庙,代指国家。)**隳**(被毁灭),**身死人手**(指秦王子婴为项羽所杀),**为**(被)天下笑者,何也?仁义不施(句式:宾语前置句,即"不施仁义",不施行仁政)而**攻**(秦兼并六国时处于攻势)**守**(秦统一天下后处于守势)之**势**(形势)异也。

课后巩固练

一 基础过关练

(一)

1."从"同"纵",指战国时期六国联合共同对付秦国的策略,称为"合纵"

2."景"同"影",作状语,像影子一样

3."有"同"又",连接整数与零数

4."弊"同"敝",弱点

5."何"同"呵",呵问

6."没"同"殁",死亡

7."衡"同"横",连横之策

8."倔"同"崛",突出,突起

(二)

1.①名词,败北的军队 ②名词作状语,向北 ③名词,北方

2.①介词,趁着 ②动词,沿袭 ③介词,因此

3.①动词,招致,招引 ②动词,达到 ③动词,到达

4.①动词,丢失 ②动词活用为名词,逃跑的军队 ③使动用法,使……灭亡 ④动词,逃跑 ⑤动词,灭亡 ⑥动词,死亡

5.①动词,控制 ②动词,统领,率领 ③名词,规模 ④动词,制作 ⑤动词,控制

6.①形容词作名词,险固的地势 ②副词,牢固地 ③动词,巩固 ④形容词,固执,顽固 ⑤副词,本来 ⑥坚持,坚决

7.①动词,丢失,损失 ②名词,遗失的东西 ③形容词,遗留的 ④动词,wèi,留给 ⑤动词,遗漏、忽略

8.①名词,制度 ②动词,丈量,计算 ③动词,同"渡",越过 ④动词,duó,考虑 ⑤名词,限度 ⑥名词,风度、常态

(三)

1.名词作状语,像包裹一样

2.名词作状语,像席子一样

3.名词作状语,像口袋一样

4.名词作状语,像云一样聚合在一起

5.名词作状语,像影子一样

6.名词作状语,在北面

7.名词作状语,用破瓮;用草绳

8.名词作动词,翻译为“安置使有序”,即“统治、统理”

9.名词作动词,作窗户;系户枢

10.名词作动词,登上

11.动词作名词,亡,逃跑的人;北,败逃的军队

12.使动用法,使……争斗

13.使动用法,使……朝拜

14.使动用法,使……退却

15.使动用法,使……离散

16.使动用法,使……灭亡

17.形容词作名词,险固的地势

18.形容词作名词,有贤能的人

19.形容词作名词,有利(便利)的形势

20.形容词作名词,品德;财富

21.形容词作动词,使……弱

22.形容词作动词,使……弱,削弱

23.形容词作动词,使……愚蠢

24.形容词作动词,变小,变弱

25.古今异义词,古:担负 今:输赢的“赢”

26.古今异义词,古:崤山以东。即东方 今:指山东省

27.古今异义词,古:大盾牌 今:划船的工具

28.古今异义词,古:以,来;致,招纳 今:连词,表结果

29.古今异义词,古:以(之)为,把它设立为 今:认为

30.古今异义词,古:一般的人 今:中介人

(四)

1.句式:省略句,应为“南取百越之地,以(之)为桂林、象郡”。

译文:向南攻取了百越的土地,把(它)划为桂林郡和象郡。

2.句式:省略句,应为“百越之君,俯首系颈,委命(于)下吏”。

译文:百越的首领低着头,颈上捆着绳子,把自己的性命交(给)秦国的下级官吏。

3.句式:被动句,标志词是“为……所”。

译文:被天下人耻笑,这是什么缘故呢?

4.句式:判断句,标志词“也”。

译文:虽然这样,可陈涉不过是个用破瓮作窗户,用草绳系门扇的穷人子弟,是下层百姓,又做了被征发戍边的士兵。

5.句式:宾语前置句,正常语序应为“固之崤函,若自也”。

译文:坚固的崤山和函谷关,还是像从前那样。

6.句式:宾语前置句,正常语序应为“信臣精卒陈利兵而何谁”。

译文:可靠的官员、精锐的士卒,握着锋利的武器,盘查过往的行人。

7.句式:状语后置句,正常语序应为“谪戍之众,非于九国之师抗也”。

译文:被征发戍边的士卒,并不比九国的军队强大。

8.句式:定语后置句,正常语序应为“铸以为十二金人”。

译文:用来铸成十二个铜人。

(五)

1.√,同年而语:将两种情况或两件事放在同一时间来比较、评论。形容相提并论。

2.√,深谋远虑:指计划得很周密,考虑得很长远。

3.√,席卷天下:形容力量强大,控制了全国。

4.√,因、乘:凭借,依靠。凭借有利的条件或利用有利的时机。

5.√,揭:举起。竿:竹竿,指代旗帜。起:起义。高举反抗的旗帜,起来斗争。泛指人民武装起义。

6.√,瓮:坛子。牖:窗户。枢:门轴。用破瓮做窗户,用绳子做门轴,形容家境贫寒,也指贫寒人家。

(六)

1.√ 2.√ 3.√ 4.×,张仪主张连横,而苏秦则是主张合纵。 5.√ 6.√

7.×,陛,是宫殿的台阶;殿下,是对皇后、皇太子、诸王的称呼。 8.√ 9.√

（七）

1.斩木为兵，揭竿为旗，天下云集响应，赢粮而景从

2.然陈涉瓮牖绳枢之子，氓隶之人，而迁徙之徒也

3.内立法度，务耕织，修守战之具

4.皆明智而忠信，宽厚而爱人，尊贤而重士

5.强国请服，弱国入朝

6.秦孝公据崤函之固，拥雍州之地

7.自以为关中之固，金城千里，子孙帝王万世之业也

8.锄櫌棘矜，非铦于钩戟长铩也

9.试使山东之国与陈涉度长絜大，比权量力，则不可同年而语矣

10.仁义不施而攻守之势异也

11.（于是）废先王之道，焚百家之言，以愚黔首

12.山东豪俊遂并起而亡秦族矣。

13.良将劲弩守要害之处，信臣精卒陈利兵而谁何

14.执敲扑而鞭笞天下

15.振长策而御宇内，吞二周而亡诸侯，履至尊而制六合，执敲扑而鞭笞天下

二 拓展阅读练

1.A【解析】屈：缺乏。

2.B【解析】古代以农桑为本业，工商为末业。

3.D【解析】本文的中心论点是“夫积贮者，天下之大命也”。

4.（1）这两种大祸害公然盛行，没有人去稍加制止。【解析】贼：害，危害，祸害。公行：公然盛行。莫：没有人，代词。或：副词，稍微、稍稍。

（2）使敌对的人归降，使远方的人顺附，招谁而不来呢？【解析】怀敌：使敌对者来归顺。怀，使动用法。附远：使远方的人顺附。附，使动用法。两处使动共1分。招：招抚。何：疑问代词作宾语，前置。

（3）现在如果驱使百姓，让他们归向农业，都附着于本业。【解析】驱：驱使。归之农，使动用法，使之归农。著：“着”的本字，附着。

［参考译文］

管子说：“粮仓充足，百姓就懂得礼节。”百姓缺吃少穿而可以治理得好的，从古到今，没有听说过这事。古代的人说：“一个男子不耕地，有人就要因此挨饿；一个女子不织布，有人就要因此受冻。”生产东西有时节的限制，而消费它却没有限度，那么社会财富一定会缺乏。古代的人治理国家，考虑得极为细致和周密，所以他们的积贮足以依靠。现在人们弃农经商，（不生产而）吃粮的人很多，这是国家的大祸患；过度奢侈的风气，一天天地滋长，这也是国家的大祸害。这两种大祸害公然盛行，没有人去稍加制止；国家将要覆灭，没有人去挽救。生产的人极少，而消费的人很多，国家的财富怎能不枯竭呢！汉朝从建立以来，快四十年了，公家和个人的积贮还少得令人痛心。错过季节不下雨，百姓就将忧虑不安；年景不好，百姓纳不了税，朝廷就要出卖爵位，百姓就要出卖儿女。这样的事情皇上已经耳有所闻了，哪有治理国家已经危险到这种地步而皇上不震惊的呢？

世上有灾荒，这是自然界常有的现象，夏禹、商汤都曾遭受过。假如不幸有纵横二三千里地方的大旱灾，国家用什么去救济灾区？如果突然边境上有紧急情况，成千上万的军队，国家拿什么去发放粮饷？假若兵灾旱灾交互侵袭，国家财富极其缺乏，胆大力壮的人就聚众横行抢劫，年老体弱的人就互换子女来吃。政治的力量还没有完全达到各地，边远地方敢于同皇上对抗的人，就一同举兵起来造反了，于是皇上才惊慌不安地谋划对付他们，难道还来得及吗？

积贮，是国家的命脉。如果粮食多财力充裕，干什么事情会做不成？凭借它去进攻就能攻取，凭借它去防守就能巩固，凭借它去作战就能战胜。使敌对的人归降，使远方的人顺附，招谁而不来呢？现在如果驱使百姓，让他们归向农业，都附着于本业，使天下的人靠自己的劳动而生活，工商业者和不劳而食的游民，都转向田间从事农活，那么积贮就会充足，百姓就能安居乐业了。本来可以做到使国家富足安定，却造成了这种令人危惧的局面，我真替陛下痛惜啊！

三 高考真题练

1.B【解析】画线句子的大意是：适遇公叔座病重，魏惠王亲自前往探望病情，说："您的病倘若有个三长两短，国家将怎么办？"公叔座说："我的中庶子公孙鞅，年纪虽轻，却身怀奇才，希望大王把全部国政交付给他。大王如果不起用公孙鞅，就一定要杀掉他，别让他出国境。"句中"年虽少"与"有奇才"是公叔座推荐商鞅的话，"有"的宾语是"奇才"，不能断开。排除A项。"愿举国而听之"意思是"希望大王把全部国政交付给他"，此句语意连贯，中间不需要断开。排除D项。"听用鞅"即"任用商鞅"中间不能断开。排除C项。分析可知，B项断句正确。所以选B项。

2.B【解析】"汤武"指的是商汤与周武王的并称。所以选B项。

3.C【解析】C项"无论何人犯法均施以刑罚"说法错误，文中"太子犯法，刑其傅公子虔，黥其师公孙贾。"并未对其本人施以刑罚。所以选C项。

4.(1)圣人如果可以使国家强盛，不必效法陈规；如果可以使百姓获利，不必遵循旧制。【解析】苟，如果；法，效法；固，陈规；循，遵守。"可以(之)强国""可以(之)利民"都是省略句。

(2)法令在民间实行一年，秦国的百姓来到国都诉说新法不便利的数以千计。【解析】期年，满一年；之，利。"令利于民"是介词短语后置句。

【解析】此题考查文言文翻译的能力。此题要在准确把握文意的基础上，直译为主，意译为辅，理解文中某些关键性语句，如重点实词、虚词意义，明确判断句、被动句、倒装句、成分省略和词类活用等，用规范的现代汉语把它表达出来。本题需要注意以下关键词和特殊句式：(1)苟，如果；法，效法；固，陈规；循，遵守。"可以(之)强国""可以(之)利民"都是省略句。(2)期年，满一年。"令行于民"是介词短语后置句。

［参考译文］

商君是卫国公室的庶出公子，名鞅，姓公孙，他的祖先原本姓姬。商鞅年少时喜好刑名之学，侍奉魏国相国公叔座。公叔座知道他有才干，还没有来得及向魏王进荐。适遇公叔座病重，魏惠王亲自前往探望病情，说："您的病倘若有个三长两短，国家将怎么办？"公叔座说："我的中庶子公孙鞅，年纪虽轻，却身怀奇才，希望大王把全部国政交付给他。大王如果不起用公孙鞅，就一定要杀掉他，别让他出国境。"公叔座已死，公孙鞅听说秦孝公在国内下令寻求贤才，准备重建秦穆公的霸业，向东要收复被魏国侵占的土地，于是就西行进入秦国，通过秦孝公的宠臣景监来求见孝公。孝公与他交谈，好几天还不满足。景监对卫鞅说："你用什么说中我国君的心意？我的国君高兴得很啊。"卫鞅说："我就用强国之术向国君陈述，国君大为高兴。"秦孝公立即任用卫鞅，卫鞅准备变法，但秦孝公担心天下非议自己。卫鞅说："行动迟疑不决就不会成名，做事犹豫不定就不会成功。圣人如果可以强国，就不袭用成法；如果可以利民，就不遵循旧礼。"秦孝公说："好。""治理社会不只一条道路，有利国家不必效法古代。所以商汤、周武不循古道而缔造王业，夏桀、商纣不改礼制而亡国。违反古道的不可以否定，而因循旧礼的不值得赞美。"秦孝公说："好。"用卫鞅为左庶长，终于决定变法的命令。法令在百姓中实行一年，秦国百姓到国都来说新法不方便的人数以千计。在这时太子触犯法令。卫鞅说："法令不能实行，是由于上面的人触犯法令。"准备依法惩处太子。但太子是国君的继承人，不能施加刑罚，便对太子太傅公子虔行刑，并对太子太师公孙贾处以黥刑。第二天，秦国百姓都服从法令了。实行新法十年，秦国百姓皆大欢喜，路上不捡拾他人遗物，山中没有毛贼强盗，家家富裕，人人满足。于是秦孝公任用卫鞅为大良造。经过五年，秦人国富兵强，秦孝公派遣卫鞅领兵攻伐魏国。卫鞅事先埋伏了穿戴盔甲的武士而袭击俘虏了魏公子卬，乘势攻击他的军队，打垮全部魏军而返回秦国。魏惠王因军队屡次败于齐国、秦国，国内十分空虚，日益衰落，非常恐慌，于是派遣使者割让河西之地奉送给秦国以求和解。而后魏惠王就离开安邑，迁都到大梁。魏惠王说："我悔恨当初不听公叔座的话啊。"卫鞅击败魏军归来，秦孝公封给他於、商之间的十五个邑，从此号称商君。

五代史伶官传序

课前预习练 解释下列粗体字的含义

五代史伶官传序

欧 阳 修

呜呼！盛衰之理，虽曰天命，岂非**人事**(人的作为)哉！**原**(推其根本)庄宗之**所以**(……的原因)得天下，与其**所以**(……的原因)失之者，可以知之矣。

世言(世人传言)晋王之**将终**(临死)也，**以**(把)三**矢**(箭)赐庄宗而告之曰："梁，吾仇也；燕王吾所立，契丹与吾约为兄弟，而皆背晋以**归**(归附)梁。此三者，吾遗恨也。**与**(给)**尔**(你)三矢，尔**其**(副词，表示祈使语气，一定)**无**(同"毋")忘**乃**(你，你的)父之志！"庄宗受而藏之于庙。其后用兵，则遣**从事**(官名，这里泛指一般属官)以一少**牢**(祭祀用的牲畜。古代祭祀用牛、羊、猪各一头叫"太牢"，用羊、猪各一头叫"少牢")**告庙**(祭告祖庙)，**请**(敬辞，用以代替某些动词，表示恭敬、慎重)其矢，**盛**(chéng，用容器装东西)以锦囊，**负**(背着)而**前**(名词作状语，向前)驱，及凯旋而**纳**(收藏)之。

方(正)其**系**(捆绑，缚)燕父子以**组**(绳索)，**函**(匣子，名词作动词，用匣子装)梁君臣之首，入于太庙，还矢先王，而告以成功[句式：省略句、状语后置句，"告(之)以成功""以成功告(之)"]，其意气之盛，可谓壮哉！及**仇雠**(chóu，仇人)已灭，天下已定，一夫**夜**(在夜里)呼，**乱**(形容词作动词，作乱)者**四**(名词作状语，在四面)应，**仓皇**(急急忙忙的样子)**东**(名词作状语，向东)出，未及见贼而士卒离散，君臣相**顾**(看)，不知所归，**至于**(直到)誓天断发，泣下沾襟，**何其**(多么，用疑问来表示程度)**衰**(衰败)也！岂得之难而失之易欤？**抑**(或者，还是)**本**(考察，探究)其成败之迹，而**皆自于人欤**(都出自人的原因吗)？《书》曰："满招损，谦得益。"忧劳可以**兴**(使动用法，使……兴盛)国，**逸豫**(安乐)可以**亡**(使动用法，使……灭亡)身，自然之理也。

故方其**盛**(强盛)也，**举**(全，整个)天下之豪杰莫能与之争；及其衰也，数十伶人困之，而身死国灭，**为**(被)天下笑。夫祸患常积于**忽微**(极小的事。忽：一寸的十万分之一；微：一寸的百万分之一)，而智勇多困于**所溺**(所溺爱的人或物。溺：沉湎、无节制)，岂**独**(只是)伶人也哉？

课后巩固练

一 基础过关练

(一)

"雠"同"仇"，仇敌

(二)

1.①归附 ②返回

2.①祭告 ②告诉 ③禀告

3.①兴盛 ②装 ③旺盛 ④强盛

4.①围困 ②困扰 ③困厄 ④困难

5.①微小的事 ②悄悄地 ③为隐藏身份而改装 ④(如果)没有

6.①副词，表祈使语气，一定 ②语气词，多么 ③代词，他 ④语气副词，大概，表揣测

7.①介词，跟、和 ②动词，给

(三)

1.名词作动词，用匣子装

2.名词作动词,探求,考察

3.名词作动词,推究

4.名词作状语,在夜里;在四面

5.形容词作名词,细小的事情

6.形容词作名词,智勇的人

7.名词作状语,向前

8.名词作状语,向东

9.使动用法,使……兴盛;使……灭亡

(四)

1.句式:判断句,“也”为标志。

译文:忧劳可以使国家兴盛,安乐可以使自身灭亡,这是自然的道理。

2.句式:状语后置句、被动句,第一个“于”为状语后置的标志;第二个“于”为被动句的标志。

译文:祸患常常由微小的事情积累造成,而有智慧、英勇的人也大多被所沉溺的人或事困扰。

3.句式:状语后置句,正常语序应为“方其以组系燕父子”。

译文:当他用绳子绑住燕王父子。

4.句式:省略句,应为“(庄宗)则遣从事以一少牢告(于)庙”。

译文:庄宗便派手下的随从官员用猪、羊在太庙祭告祖先。

5.句式:固定句式,“何其”翻译为“多么……啊”。

译文:多么衰微啊!

(五)

√,满招损,谦受益:骄傲自满会受到损害,谦虚、虚心才能得到益处。

(六)

1.×,祭祀时用羊、猪各一头叫“少牢”。 2.√ 3.√ 4.√

(七)

1.虽曰天命,岂非人事哉

2.岂得之难而失之易欤?抑本其成败之迹,而皆自于人欤

3.至于誓天断发,泣下沾襟,何其衰也

4.忧劳可以兴国,逸豫可以亡身

5.忧劳可以兴国,逸豫可以亡身

6.夫祸患常积于忽微,而智勇多困于所溺

7.方其系燕父子以组,函梁君臣之首,入于太庙,还矢先王,而告以成功

8.满招损,谦得益

拓展阅读练

1.D【解析】“李嗣源兵”是主语,“反”意思是反叛,作谓语,主谓结构完整,中间不可断开,排除B;“向京师”,“京师”作“向”的宾语,宾语后面应断开,排除C;“庄宗至万胜”,“万胜”,地名,是“至”的宾语,中间不可断开,排除A。故选D。

2.C【解析】C.“一百二十年为一循环”错误,六十年为一循环。

3.A【解析】A.“还请别人给自己取了个艺名叫李天下”错误。从原文“又别为优名以自目,曰李天下”来看,他的艺名是自己取的。

4.(1)然而当时的各位伶官,只有新磨特别善于演滑稽戏,他的笑话也流传最广,但没有听说他别的过错和恶行。

(2)庄宗对郭从谦开玩笑说:“你的同党李存乂、郭崇韬背叛我,你又叫王温谋反。你还想干什么呢?”

5.不可贪图安逸享乐,应当谨慎行事、防微杜渐。

[参考译文]

文段一

(后唐)庄宗既喜好乐舞谐戏,又通晓音乐,能谱曲,到现在汾州、晋州一带的民间百姓中,很多人能唱他作曲的歌,被称为“皇帝亲自制作”的歌到处都是。他的小名叫亚子,当时有人叫他亚次。另外他又给自己取了个艺名,叫李天下。从他做王,到做天子,他常常与伶人一道在庭院里演杂戏,伶人因此而当权,最终导致国家灭亡。然而当时的各位伶官,只有敬新磨特别善于演滑稽戏,他的笑话也流传最广,但没有听说他别的过错和恶行。那些败坏政治祸乱国家的伶官,以景进、史彦琼、郭门高三人为首。

郭门高名叫从谦,门高是他的艺名。他虽然是凭着演杂戏进用,但曾经立有军功,所以庄宗任命他为从马直指挥使。从马直,是皇帝的亲军。

郭从谦因为姓郭，就认郭崇韬为叔父，皇弟李存乂又收他为养子。郭崇韬死，李存乂被囚禁，郭从谦在军中摆酒，愤愤然流下眼泪，诉说两个人的冤屈。这时，从马直军士王温在宫中值夜守卫，夜里密谋作乱，事情被发觉而被杀。庄宗对郭从谦开玩笑说："你的同党李存乂、郭崇韬背叛我，你又叫王温谋反。你还想干什么呢？"郭从谦很害怕，回去之后就刺激他手下士兵说："花光你们的钱财，吃肉喝酒，不要为以后打算了。"士卒问他缘故，郭从谦就说："皇上因为王温的缘故，等到攻破邺都后，就把你们这些人全部活埋。"士卒们相信了他，全都想叛乱。李嗣源的军队反叛，攻向京城，庄宗向东退往汴州，然而李嗣源先进入汴州。庄宗到了万胜，不能前进，就又往回走。士兵逃散，还剩二万余人。过了几天，庄宗又向东往汜水去，计划扼守关隘来抵挡李嗣源。四月丁亥初一，庄宗在中兴殿大会群臣，宰相奏对三刻后结束。随从皇帝车驾的黄甲马军在宣仁门列阵，步军在五凤门列阵等候。庄宗入内殿吃饭，郭从谦从军营出来，露出刀、搭满箭，率军攻打兴教门，和黄甲军对射。庄宗听说叛乱，率领诸王的卫士将叛乱士兵赶出兴教门。乱兵纵火烧了兴教门，攀着城墙进入宫中，庄宗杀死了几十上百人。乱兵从楼上向庄宗射箭，庄宗受重伤，跌倒在绛霄殿走廊下，从皇后到诸王身边的侍从全都逃跑了。到午时，庄宗驾崩。五坊乐人善友聚集乐器焚烧庄宗的遗体。李嗣源进入洛阳，得到庄宗的尸骨，埋葬在新安的雍陵。李嗣源任命郭从谦为景州刺史，不久之后又杀了他。

《左传》上说："你从这里开始，就必将在这里结束。"庄宗喜欢伶人，而被乐官郭门高弑杀，用乐器焚烧尸体。能不相信吗？能不引以为戒吗？

三 高考真题练

1.B【解析】句意为：他回答说："自从中兴以来，郊祀往往有大赦，我认为不合时宜。为什么呢？老百姓不明白这个道理，他们还认为每逢郊祀必定大赦，到这个时候，凶恶愚蠢之辈又要产生侥幸的心理了。"于是就听从了他的意见。"愚意尝谓非宜"意思是：我认为不合时宜，主谓宾齐全；"何者"是针对"愚意尝谓非宜"而发问的，故要断开，排除C、D。"黎庶不达其意"，"黎庶"是主语，"不达"是谓语，"其意"是宾语，本句主谓宾齐全，结构完整，中间不能断开。排除A。故选B。

2.A【解析】"太守……主要掌管……军事、科举……"说法错误。太守不负责掌管军事和科举，太守的职责是"治民、进贤、决讼、检奸，还可以自行任免所属掾史"。

3.C【解析】"借口家中有人患病，不愿到任办公"表述有误，原文是"旧制，朝臣家有时疾，染易三人以上者，身虽无病，百日不得入宫"，是原来有规定，不是找借口，不愿到任办公。

4.(1) 朝臣家中有人得流行病，如果三人以上染病，即使本人未病，百日之内也不准进宫。

(2) 王彪之病重，皇帝派黄门侍郎探问病痛，赐钱三十万给他治病买药。

【解析】(1)"时疾"，传染病；假设语气补充，"如果"；"身"，自己；"虽"，即使。

(2) 主语补充，"王彪之"；"笃"，沉重、严重；"遣"，派，派遣；"所苦"，病情、病痛；"营"，置办。

[参考译文]

王彪之，字叔武。二十岁时，胡须鬓角都白了，当时人称他为"王白须"。最初担任佐著作郎、东海王文学。堂伯父王导对他说："选官想要任命你为尚书郎，你有幸可以担任诸王公的佐官了。"王彪之说："职位的高低本来就不值得计较，只要是在合适的时候任职。至于破格提拔，这并不是我的愿望。"于是担任郎官。后多次升迁，担任御史中丞、侍中、廷尉。当时永嘉太守谢毅，在皇帝大赦后处死当地人周矫，周矫堂兄周球到州郡中申诉冤情。扬州刺史殷浩派从事拘捕谢毅，交付廷尉审理。王彪之认为周球是诉讼案件的当事人，没有爵位，不该廷尉审理，因此不肯受理，这件事在州里互相推诿。穆帝下诏令命王彪之受理此案。王彪之又上疏据理力争，当时的人把他比作西汉廷尉张释之。这时恰逢皇帝要在南郊祭天，简文帝任抚军，执掌国政，向王彪之询问是否应该大赦。他回答说："自从中兴以来，郊祀往往有大赦，我认为不合时宜。为什么呢？(因为)老百姓不明白郊祀时大赦天下的真正用意，还会认为每逢郊祀必定大赦，到这个时候，凶恶愚蠢之辈又要产

生侥幸的心理了。”(简文帝)于是就听从了他的意见。永和末年,常流行瘟疫。按旧例,朝臣家中有人得传染病,如果三人以上染病,即使本人无病,百日内也不得进宫。此时,文武百官多称家有时疾,不入朝理事。王彪之又进言道:“瘟疫流行的时候,没有哪一家不染病的。如果因此就不入宫,那值班侍卫都将缺乏,君主的皇宫就要空了。”朝廷听从了王彪之的进谏。等到简文帝驾崩,群臣疑惑,不敢立太子为帝。有人说,这件事应该由大司马来处置。王彪之严肃地说:“国君驾崩,太子应当继位为君,大司马怎敢提出异议?如果事先在大司马的面前询问,一定反被他责备。”于是朝议决定(立太子为帝)。等到孝武帝即位,太皇太后因为孝武帝年幼,令桓温依照周公的旧例辅政。事情已经施行了,王彪之说:“这是不同寻常的大事,大司马一定会坚决辞让,使国家大事停顿,荒废先帝遗业,不敢奉命。谨慎地封好诏书送还宫内,请求不要这样做。”于是事情也就没能实行。王彪之被加封为光禄大夫、仪同三司,没有正式任命。(王彪之)病重后,皇帝派黄门侍郎探问病痛,赐钱三十万给他治病买药。太元二年去世,享年七十三岁。就赠以光禄的官职,谥号是简。

陈 情 表

课前预习练 解释下列粗体字的含义

陈 情 表

李 密

臣密言:臣**以**(因为)**险衅**(艰难祸患,指命运不好。险:坎坷;衅:祸患),**夙**(早年)遭**闵凶**(忧患凶丧之事。闵:忧患)。生孩六月,<u>慈父**见背**</u>(句式:宾语前置。弃我而去,指尊长去世。见:用在动词前代称自己,可译为“我”);**行年**(年岁,年龄)四岁,舅**夺**(强行改变)母志。祖母刘**愍**(怜惜)臣孤弱,躬亲抚养。臣**少**(小时候)多疾病,九岁**不行**(不会走路。这里形容柔弱),**零丁**(孤独的样子)孤苦,**至于**(直到)**成立**(成人自立)。既无伯叔,终**鲜**(少,这里是“没有”的意思)兄弟,门**衰**(衰微)**祚**(福分)薄,晚有**儿息**(子嗣)。**外**(名词作状语,在外)无**期功**〔指近亲。古代以亲属关系的远近确定丧服和服丧的时间。期:穿一年孝服的亲族;功:穿大功服(九个月)、小功服(五个月)的亲族〕**强近**(勉强算是亲近的)之亲,**内**(名词作状语,在内)无**应门**(守候和应接叩门)**五尺之僮**(儿童、小孩子)。**茕茕孑立**(孤单无依靠地独自生活。茕茕:孤单的样子;孑:孤单),**形影相吊**(身体和影子互相安慰。吊:安慰)。而刘**夙**(早)**婴**(缠绕)疾病,常在床**蓐**(rù,草垫子),臣侍汤药,未曾**废离**(停止侍奉而离开)。

逮(及、至)**奉**(承奉)圣朝,**沐浴**(承受恩泽)**清化**(清明的教化)。前太守臣逵**察**(经考察后予以推举)臣**孝廉**(汉代所设荐举人才的一种科目,推举孝顺父母、品行方正的人),后刺史臣荣**举**(举荐)臣**秀才**(汉代选拔人才的一种科目,推举优秀人才,与科举考试中的“秀才”不同)。臣**以**(因为)供养无**主**(主事的人),**辞**(辞谢)不赴命。诏书特**下**(下达、颁布),**拜**(授官)臣郎中,**寻**(不久)蒙国恩,**除**(授官)臣洗马。**猥**(谦辞,辱)**以**(凭借)**微贱**(形容词作名词,卑微低贱的身份),**当**(承担,担任)侍东宫,非臣**陨首**(头落地,指不惜性命)所能上**报**(报答)。臣具**以**(用)表**闻**(使上闻、报告),辞不就职。诏书**切峻**(急切严厉),责臣**逋慢**(有意拖

延，怠慢上命。逋：bū，逃避；慢：怠慢、轻慢）；郡县逼迫，催臣上道；州司临门，急**于**（比）**星火**（流星）。臣欲**奉**（遵照）诏**奔驰**（急速赴职），**则**（表转折）刘病**日**（名词作状语，一天比一天）**笃**（病重）；欲**苟**（姑且）顺私情，则**告诉**（申诉）不许：臣之进退，实为狼狈。

伏惟（俯伏思量）圣朝**以**（用）孝治天下，凡在**故老**（元老，旧臣），犹蒙**矜**（怜惜）**育**（养育），况臣孤苦，特为尤甚。且臣少**仕**（做官）伪朝，历职郎署，本**图**（希图）宦达，不**矜**（看重、推崇）**名节**（名誉与节操）。今臣亡国贱俘，至微至**陋**（浅陋），过蒙**拔擢**（提拔、擢升），宠命**优渥**（优厚），岂敢**盘桓**（犹疑不决的样子），有所**希冀**（非分的愿望）。但以刘**日薄西山**（太阳快要落山。比喻人的寿命即将终了。薄：迫近），气息**奄奄**（气息微弱、将要断气的样子），人命**危浅**（垂危），朝不虑夕。臣无祖母，**无以**（没有用来……的办法）至今日；祖母无臣，无以终余年。母孙二人，**更相**（相互）为命。**是以**（因此）**区区**（自己的私情）不能**废远**（停止奉养而远离祖母）。

臣密今年四十**有**（同"又"，用在整数和零数之间）四，祖母今年九十有六，**是**（这样）臣尽节于陛下之日长，报养刘之日短也。乌鸟私情，愿**乞**（祈求）**终养**（奉养祖母以终其天年）。臣之**辛苦**（辛酸悲苦），非独蜀之人士及二州牧伯**所见明知**（明明白白知道的。见：表被动），皇天后土实所共**鉴**（照察、审辨）。愿陛下**矜愍**（怜恤）**愚诚**（谦辞，指自己的诚意、衷情），**听**（任从，应许）臣微**志**（心愿、希望），**庶**（希望）刘侥幸，保**卒**（终）余年。臣生当**陨首**（头落地，指不惜性命），死当结草。臣不**胜**（尽）犬马怖惧之情，**谨**（恭敬地）**拜表**（上表章）以**闻**（使上闻）。

课后巩固练

一 基础过关练

（一）

"有"同"又"，用在整数和零数之间

（二）

1.①子嗣 ②气息 ③叹息 ④休息

2.①用在动词前代称自己，可译为"我" ②被 ③（被）接见

3.①授官 ②台阶 ③去除

4.①怜悯 ②看重 ③木棍 ④庄重 ⑤骄傲，自满

5.①介词，凭借的身份 ②连词，因为 ③动词，认为 ④和"为"固定搭配，把……作为或制成 ⑤在 ⑥连词，表结果，以致

（三）

1.早年

2.强行改变

3.少，这里是"没有"的意思

4.福分

5.穿一年孝服的亲族

6.孤单

7.逃避

8.病重

9.申诉

10.迫近

11.希望

12.呈上

（四）

1.特殊句式：判断句。

译文：（皇帝的恩遇）不是我用生命所能报答的。

2.特殊句式：状语后置句。正常语序为"于星火急"。

译文：州官登门催促，比流星还要迅急。

3.特殊句式：被动句。

译文：想暂且顺应自己的私情，但申诉不被许可。

（五）

1.√，日薄西山：太阳快要落山了，比喻衰老的人或腐朽的事物临近死亡。

2.√，急于星火：形容非常急迫。

3.×，形影相吊：身体和自己的影子相互慰问，形容孤独。

4. ×,朝不虑夕:保得住早上,不一定保得住晚上,形容情况危急。

(六)

1. √

2. ×,大功服指九个月,小功服指五个月。

3. ×,一个皇帝所用年号少则一个,多则十几个。如唐高宗有14个,明清皇帝大多一人一个年号,故后世即以年号作为皇帝的称呼,如永乐皇帝、康熙皇帝等。

4. ×,“孝廉”是一种自下而上的选举人才的制度。

(七)

1. 臣以险衅,夙遭闵凶。

2. 生孩六月,慈父见背。行年四岁,舅夺母志。

3. 外无期功强近之亲,内无应门五尺之僮。

4. 茕茕孑立,形影相吊。

5. 乌鸟私情,愿乞终养。

6. 但以刘日薄西山,气息奄奄,人命危浅,朝不虑夕。

7. 臣生当陨首,死当结草。

8. 臣欲奉诏奔驰,则刘病日笃,欲苟顺私情,则告诉不许。

9. 本图宦达,不矜名节。

10. 臣无祖母,无以至今日;祖母无臣,无以终余年。

二 拓展阅读练

1. D【解析】意为“琐碎”。

2. C【解析】“为人正直”文中没有说到。“未能调回京城任职”的原因是朝中没有人帮助他,而不是“没有得到皇上的赏识”。

3. ①安乐公得到诸葛亮的帮助而能抵抗魏国,任用黄皓而亡国,从这可知成败的原因是一样的。【解析】采分点:抗、任、是、一。

②他的下属把信的内容禀告给了司隶,司隶因为李密在县里的名声清廉谨慎,没有弹劾他。【解析】采分点:白、书、清、慎、“弗之劾”宾语前置。

[参考译文]

李密,字令伯,犍为武阳人(今四川省彭山县),他的一个名字叫虔。父亲很早就去世了,母亲何氏改嫁。当时李密只有几岁,他恋母情深,性情淳厚,思念成疾。祖母刘氏亲自抚养他。李密侍奉祖母以孝顺和恭敬闻名当时。祖母刘氏一有病,他就哭泣,侍候在祖母身旁,夜里未曾脱衣。为祖母端饭菜、端汤药,他总要尝过后才让祖母用。有空闲的时候就讲学而忘记疲劳,并且像对待老师一样侍奉谯周。谯周的学生把他与子游和子夏并列(认为是很有才华的人)。

他年少时在蜀汉做郎官。多次出使吴国,颇有辩才,吴人称赞他。蜀汉平定后,泰始初年,晋武帝委任他为太子洗马。他因为祖母年事已高,无人奉养,没有接受官职。于是上疏《陈情表》。

皇帝看了以后说:“(这个)读书人高雅的名声,不是徒有虚名啊。”于是就停止征召(他)。后来(他的祖母)刘去世了,(他)服完丧,又以洗马的身份被征召到洛阳。当时(有个叫)张华的司空问他说:“(你认为)安乐公这个人怎么样?”李密说:“可以与齐桓公相并列。”张华问其中的原因,他回答说:“齐桓公得到管仲(的辅助)而称霸,任用竖刁而使自己死了不得埋葬。安乐公得到诸葛亮的帮助而能抵抗魏国,任用黄皓而亡国,从这可知成败的原因是一样的。”又问“孔明的规劝提醒的话为什么那么琐碎?”李密说:“过去舜、禹、皋陶在一起谈话,所以能够简洁高雅;《大诰》是说给普通人听的,应该具体琐碎一点。孔明和与他对话的人水平不相等,他的言论教导因此具体琐碎。”张华认为他讲的道理很好。

(后来李密)到外地做温县的县令,很讨厌下属官吏,曾经给人写信说:“庆父这种人不死,鲁国的灾难不会停止。”他的下属把信的内容禀告给了司隶,司隶因为李密在县城的名声清廉谨慎,没有弹劾他。李密有才能,常盼望转回朝廷做官,可是朝廷中无人作后盾,于是被调到汉中升作太守,他自己因为不如意而心怀怨恨。等到皇帝在东堂赏赐酒席,让李密作诗时,他在诗的末尾说:“我这人也有心里话,说来话长。做官却朝中无人,不如回家种田。圣明的皇帝高高在上,(我的)这番话哪会正确啊!”武帝对此很生气,因此都官从事马上奏请罢免李密的官职。此后(李密)在家中死去。

三 高考真题练

1.B【解析】“忠贤及魏广微”是并列结构，是动词“劾”的对象，中间不应断开，据此排除A、C项。“拟”是打算、准备的意思，“十一月二日”是“上之”的时间，中间不应断开，据此排除D项。

2.C【解析】“殿下是古代对太子、诸王、丞相的敬称”说法有误。殿下是中国古代对皇后、皇太子、诸王的敬称，对皇帝的敬称为“陛下”。也指现代社会用于对君主制国家王储、王子、公主等的敬称。不能称丞相为“殿下”。

3.D【解析】“母亲、兄长以及同宗群从十余人被迫害致死”说法有误。原文中说“忠贤令抚按严追，系其群从十四人。长兄光霁坐累死，母以哭子死。都御史周应秋犹以所司承追不力，疏趣之，由是诸人家族尽破”，开始时拘捕光斗同族兄弟子侄十四人，最终左光斗家破人亡。

4.(1)杨涟等起初不招认，随后担心不招认会被严刑拷打而死，希望被送往掌司法刑狱的官署，得以稍稍延缓死期，日后再做谋划。【解析】采分点：承、已而、为……所、图。

(2)都御史周应秋还认为主管官员受命追查不力，上疏催促此事，因而使他们家破人亡。【解析】采分点：所司、疏、趣、由是。

5.第一问，左光斗对京都附近地区有恩德。第二问，没有成功，在救助过程中左光斗被害。

［参考译文］

左斗光，字遗直，桐城人。万历三十五年考中进士。后来升为中书舍人。被选拔授予御使，负责巡视京城。其间收捕处理了吏部的一些凶悍作恶的官吏，收缴假印七十多枚，假官一百多人，整个京城都为之震动惊悚。出京管理屯田，于是分条上疏共陈述三因十四条建议，皇上下诏全部应允施行，因而水利大兴，北方人开始懂得种植水稻。邹元标曾经说：“三十年前，京都人不知道稻草为何物，如今所处的地方都是水稻，这是种植水田的好处啊！”阉人刘朝称东宫有旨，索要供外戚聚居的土地。光斗没有将意旨拆封还给了刘朝，说：“天下每一尺土地都归殿下所有，今日怎敢私自授予。”阉人愤然离开。杨涟弹劾魏忠贤，左光斗和他一起谋划，又和高攀龙一起揭发崔呈秀贪赃。魏忠贤和他的党羽都对他非常怨恨。等魏忠贤驱逐了赵南星、高攀龙、魏大中以后，接着将驱逐杨涟、左光斗。左光斗很气愤，草拟奏疏，弹劾魏忠贤和魏广徽有三十二条当斩之罪，准备十一月二日奏上，预先将妻子儿女遣还原籍。魏忠贤刺探得知，提前两天将他和杨涟二人一起免职。

奸邪小人还不解恨，又制造汪文言案，将左光斗的名字挂上，派差役前往逮捕(左光斗)。父老乡亲抱着马头号哭，声震原野，差役也为之流泪。到京后，左光斗被关入诏狱，严刑拷问。许显纯诬蔑他们收受杨镐和熊廷弼的贿赂，杨涟等人起初不承认，后来害怕不承认就会被严刑拷打而死，希望被送往掌司法刑狱的官署，能够稍微延缓死期好为以后澄清真相进行谋划。于是他们都承认了那些莫须有的罪名。左光斗也虚担了收受贿银二万两的罪名。魏忠贤于是假借圣旨，仍命许显纯每过五天就追赃拷打一次，不交给法司，杨涟等人这才后悔自己失算了。容城人孙奇逢，是一个有节操的侠士，和定兴人鹿正一起，认为光斗为官时对京城所管辖地区的人民有恩德，倡议为他们凑齐钱款，人们争相响应。共捐得数千两银子，商量要代他们缴纳罚金，来缓解他们的讼事，但左光斗已经与杨涟在同一天被狱卒杀害，当时是天启五年(1625)七月二十六日，左光斗享年五十一岁。左光斗死后，赃物追查还未结束。魏忠贤命令抚按严厉追缴，拘捕光斗同族兄弟子侄十四人。长兄左光霁因被牵连治罪而死，母亲因哭泣儿子悲伤而死。都御史周应秋还认为主管官员追查不力，上疏催促他们力办，因此最终使他们家破人亡。魏忠贤被杀后，朝廷追赐左光斗为右都御使，录用了他的一个儿子。随后，再次追赠他为太子少保。福王时，追加谥号为“忠毅”。

项脊轩志

课前预习练 解释下列粗体字的含义

项脊轩志

归有光

项脊轩,**旧**(旧日的,原来的)南阁子也。室仅**方丈**(一丈见方),可容一人居。百年老屋,尘泥**渗漉**(渗漏),**雨泽**(雨水)**下**(向下)注;每移**案**(案几,桌子),**顾视**(向周围看)无可**置**(放置)者。又**北向**(方位朝北),不能得日,**日**(一天)过午已**昏**(昏暗)。余稍为**修葺**(修补),使不**上**(从上面)漏。前**辟**(新开、开辟)四窗,**垣墙**(用作动词,砌上垣墙)周庭,以**当**(阻挡)南日,日影反照,室**始**(才)**洞然**(明亮的样子)。又杂植兰桂竹木于庭,旧时**栏楯**(shǔn,栏杆),亦遂**增胜**(增加光彩。胜:美)。借书满架,**偃仰**(俯仰,这里指安居、休息)**啸歌**(长啸歌吟),**冥然兀坐**(静静地独自端坐),**万籁**(自然界万物发出的响声)有声;而庭阶寂寂,小鸟时来啄食,人至不去。**三五**(农历每月十五)之夜,明月半墙,桂影**斑驳**(错杂),风移影动,**珊珊**(树影摇动的样子)可爱。

然余居于此,**多**(形容词作名词,许多事)可喜,亦多可悲。**先是**(在此以前)庭中通南北为一。**迨**(等到)**诸父**(伯父、叔父的统称)**异爨**(cuàn,分灶做饭,意思是分家),内外多置小门墙,**往往**(到处、处处)**而**(表修饰)是。东犬**西**(向西边)吠,客**逾**(越过)**庖**(厨房)**而**(表承接)**宴**(吃饭),鸡栖于厅。庭中始为篱,**已**(不久后)为墙,**凡**(总共)**再**(两次)变矣。家有老妪,尝居于此。妪,**先**(故去的)大母婢也,**乳**(名词作动词,喂奶、哺育)二世,**先妣**(去世的母亲)**抚**(爱护,这里指对待)之甚厚。室西连于**中闺**(内室),先妣尝一至。妪每谓余曰:"**某所**(这个地方),**而**(你的)母立于**兹**(这)。"妪又曰:"汝姊在吾怀,呱呱**而**(表修饰)泣;娘以指叩门扉曰:'儿寒乎?欲食乎?'吾从板外相为应答。"语未**毕**(完毕),余泣,妪亦泣。余自**束发**(15岁左右,束发成髻,已示成童)读书轩中,一日,大母**过**(来到,看望)余曰:"吾儿,久不见**若**(你的)影,何**竟日**(整天)默默在此,**大类**(很像)女郎也?"**比**(到,等到)去,以手**阖**(关闭)门,自语曰:"吾家读书久不**效**(效果),儿**之**(主谓之间,取消句子独立性)成,则可待乎!"**顷之**(一会儿),持一象笏至,曰:"此吾祖太常公宣德间执此**以**(来,表目的)朝,他日汝当用之!"**瞻顾**(瞻视回顾)遗迹,如在昨日,令人**长号**(大哭)不自禁。

轩东故尝为厨,人往,从轩前**过**(经过)。余**扃**(jiōng,关闭)**牖**(窗户)**而**(表修饰)居,久**之**(音节助词),能以足音辨人。轩凡四遭火,得不焚,**殆**(恐怕,可能)有神护者。

……

余**既**(已经)为此志,后五年,吾妻**来归**(嫁到我家来),时至轩中,从余问古事,或**凭**(伏,靠)**几**(书桌)学**书**(写字)。吾妻**归宁**(出嫁的女子回娘家省亲),述**诸**(各位)小妹语曰:"闻姊家有阁子,**且**(助词,用于句首,这里有"那么"之意)何谓阁子也?"其后六年,吾妻死,室坏不修。其后二年,余久卧病无聊,乃使人复葺南阁子,其**制**(形制,规制)稍异于前。然自后余多在外,不常居。

庭有枇杷树,吾妻死之年所**手**(亲手)植也,今已**亭亭**(耸立的样子)如**盖**(伞盖)矣。

课后巩固练

一 基础过关练

（一）

1.“而”同“尔”，你　2.“阖”同“合”，关闭

（二）

1.①居住　②贮存，积蓄　③停留　④担任　⑤过了，经过

2.①像，类似　②种类　③事物

3.①嫁到（我）家来　②归附　③归送，归还　④归附　⑤使……返回　⑥同“馈”，赠送

4.①朝见、上朝　②使……朝拜　③朝廷　④早晨　⑤早晨

5.①案几，桌子　②查明、查验。案，同“按”　③同牍连用，这里指公事文书　④盛放食物的小几，一说指“碗”

（三）

1.名词作动词：吃饭

2.名词作动词：上朝

3.效果

4.名词作动词：砌上垣墙

5.名词作状语：下，朝下；上，从上面

6.名词作状语：朝西

7.名词作状语：在前方

8.名词作状语：亲手

9.形容词作名词：许多事

10.古今异义：一丈见方

11.古今异义：到处

12.古今异义：两次

（四）

1.句式：判断句。译文：这个老婆婆，是我死去的祖母的婢女。

2.句式：省略句、状语后置句。译文：（我）又在庭院里随意地种上兰花、桂树、竹子等。

3.句式：状语后置句。译文：形制跟过去稍有不同。

4.句式：省略句。译文：（项脊轩）能够不被焚毁，大概是有神灵在保护着吧。

（五）

1.×，兄弟阋墙，意思是指兄弟之间的纠纷，也比喻内部争斗。

2.√，家道中落，意思是家业衰败，境况不如从前富裕。

3.√，睹物思人，意思是看见离别的人留下的东西就想起了这个人。

（六）

1.×，“三五之夜”的“三五”指的是农历的每月十五。　2.√　3.√

（七）

1.偃仰啸歌，冥然兀坐

2.三五之夜，明月半墙，桂影斑驳，风移影动

3.庭有枇杷树，吾妻死之年所手植也，今已亭亭如盖矣

二 拓展阅读练

1.①我的妻子准备了美酒来慰劳我。我说：“难道没有遗憾吗？”【解析】具：备办、准备。相：代指我。得无：难道、恐怕。

②又过了三年，倭寇侵犯我国边境，在一天之中多次抢劫掠夺，我的房子没有被毁坏，堂里的书也没有损毁。【解析】抄掠：抢劫、掠夺。数过：多次。无恙：也没有被抢掠/损毁。

2.①理解、关心丈夫，善解人意②温良贤淑，深得长辈欢心。

【解析】文段一丈夫落榜，妻子没有丝毫埋怨，不仅置备酒，还用体贴的话语宽慰丈夫，丈夫的朋友去世后，能和丈夫共情。文段二，通过父亲的话语，侧面展现妻子美好品格。

［参考译文］

文段一

庚戌年的时候，我到京城参加会试落榜，从陆路走了十天才到家。那个时候正是芍药花盛开的时候，我的妻子准备了美酒来慰劳我。我说：“难

道没有遗憾吗?”她说:“我正想和你一起去鹿门山采药隐居,有什么好遗憾的呢?”长沙张文隐公去世的时候,我悲伤地痛哭,妻子也潸然泪下,说道:“这个世上再也没有了解你的人了！但是张公是有负于你的啊!”辛亥年五月末,我的妻子去世,是在张文隐公去世后的第二年。

文段二

又过了三年,倭奴侵犯我国边境,在一天之中多次抢劫掠夺,我的房子没有被毁坏,堂里的书也没有损毁。后来我一直居住在县城,一年才去两次而已。辛酉年的清明节,我带着儿子儿媳前来祭扫,留下来把损坏的地方加以修葺,长住在这里没有离开。一天,我的父亲闲坐在厅堂里,悲痛地对我说:“房子还在,人却已经不在了,我想念我的好儿媳啊!”我退下后,十分哀伤,于是将这些记录下来,写了这篇《世美堂后记》。

三 高考真题练

1.C【解析】本题在A、B两项共计设有三处错误,第一是“窥觊储贰”后未点断,第二是“冒籍”归属于下句,第三是“事由己发”归属于下句,而D项则兼有这三处错误。A项“窥觊储贰”与后面“广结术士之流”均为陈登云所列举的郑承宪罪状,属并列关系,二者之间有“且”字表示顺接,应予断开,“科场冒籍”作为“重惩”的宾语不能与“重惩”分开,分开则是错误的。B项“事由己发”是承宪的妻子“扬言”的具体内容,应该属于上句,“用以恐喝勋贵”则是“扬言”的目的。C项没有错误,是正确选项。整句话的意思是:郑承宪包藏祸心,觊觎储君之位,而且广泛交结术士之流。当初陛下重惩科场冒名顶替之人,郑承宪的妻子每每扬言事情是自己揭发的,用来恐吓勋贵,以巧言惑动朝廷人士。

2.D【解析】A项是关于古代宫廷制度的专用词语。中宫,是皇后居所的代称,也可用来代称皇后。中宫一词的由来是,因古代建筑宫城时,皇后的宫室都位于子午线上,而一般而言,皇后寝宫前是君王的居室,左右两旁为嫔妃的居室,后方多为太后及宫中年老女性养老之处,整体而言,是以居住位置来反映皇后统辖后宫的领导地位,因而皇后又有“六宫之长”一称。B项的“陛下”是对古代帝王的尊称,陛下的“陛”指帝王宫殿的台阶。“陛下”原来指的是站在台阶下的侍卫。臣子向天子进言时,不能直呼天子,必须先呼台下的侍卫而转告之。后来“陛下”就成为与帝王面对面时应对的敬称。C项“吏部”考查的是古代职官知识,吏部是中国古代官署之一,东汉始置吏曹,改自尚书常侍曹,魏晋以后称吏部。隋唐、五代,吏部被列为尚书省六部之首,长官称为吏部尚书,下设吏部司、司封司、司勋司、考功司,掌管天下文官的任免、考核、升降、勋封、调动等事务。以上三项表述并无不当之处,都是正确的。只有D项说到的“移疾”指官员上书称病请求退职,这话是对的;但称病的原因有很多种,只说是因受到权臣诋毁则不准确。所以,D项的表述是错误的,是该题的正确选项。

3.D【解析】A项的分析概括是陈登云不畏权贵,弹劾贵妃之父。他出于对朝廷的忠心,即便对郑承宪这样的国戚,也大胆揭发对方为非作歹、包藏祸心,于是引起了被弹劾者的痛恨与同僚们的担忧,但有幸的是皇帝并未做出反应,也就是没有发怒。B项的分析概括是陈登云敢于直言,检举多名重臣。他在朝既久,发现诸多问题,于是奏告一干大臣,“论罢”或“论贬”,即其中有些人因此遭到贬职或罢免,以至朝廷里的大官们都很畏惧他。C项的分析概括是陈登云上疏指出,选才慎于始进。他认为二十年来,刚直者很少被提拔进京,在朝者却背公结党,谄媚权贵,与其误用后罢免,不如进用时慎重。这三个选项的概括和分析均与原文的意思相符合,没有不当之处。D项的分析概括说陈登云关心百姓,奏请救助灾区。在他巡视河南期间,当地年成歉收,百姓相食,他向朝廷呈告灾情。行文到这里,也都是符合原文意思的。只是下文又说,皇上当即派遣寺丞锺化民筹措钱款赈济灾民,却不符合原文意思。因为原文的表述是皇上当即派遣寺丞锺化民“赍帑金”赈济灾民,所谓“帑金”是指国库所藏的钱币,所以这句话的意思是皇帝专门从国库中拨付了救灾钱款,因此不是锺化民去筹措款项。

4.(1)其中难道没有刚正的人,但禁不住抵触排挤,大多无法安身。【解析】胜:能承受,能承担。龃龉:原指牙齿上下对不上,用来比喻意见不合、

不相投合、抵触等。采分点：岂、胜、龃龉。

(2)副使崔应麟见到百姓吃湖泽中的雁粪，便装入袋中给陈登云看，登云随即送至朝廷。【解析】啖：吃。矢：同“屎”，即粪便。囊：指口袋，原来是名词，这里作动词，用口袋装。

［参考译文］

陈登云，字从龙，唐山人。万历五年(1577)进士。授职鄢陵知县，政绩最好，升为御史。出按辽东，上疏陈明安定边境的十条对策，又请求加速建立首功的赏赐制度。后改任山西巡抚。回到京城，恰好朝廷大臣正在争论立储君的事。陈登云认为朝议迟迟不能决定，是贵妃家人暗中捣鬼。万历十六年六月因发生灾害，上疏弹劾贵妃父亲郑承宪，说：“郑承宪包藏祸心，觊觎储君。天天与宦官往来，商量对策，而且广泛交结山人、术士、道士、和尚之流。当初陛下重惩科场冒名顶替之人，郑承宪的妻子每每扬言事情是自己揭发的，用来恐吓勋贵，以巧言感动朝廷人士。不但惠安遭到他们算计，即使中宫与太后家也谨慎避开他们的锋芒。陛下统治国家已经很久了，这是惠政的结果，而郑承宪每次对人说，认为是不立太子的结果。干扰盛典，蓄谋已久，以后有什么事他干不出来呢？”疏上，贵妃、郑承宪都发了脾气，同仁也以为陈登云危险，但皇上把奏疏留下了。很久以后，他又上疏弹劾吏部尚书陆光祖，四川提学副使冯时可，应天巡抚李涞、顺天巡抚王致祥，礼部侍郎韩世能、尚书罗万化、南京太仆卿徐用检。朝廷的大官都很怕他。当时，正好考选科道，陈登云因而上疏说：“近来御史官，壬午以前害怕淫威，刚正的变温柔了；壬午以后拘于情面，正直的变为谄媚。其间难道没有刚正的人吗，但不能承受抵触排挤，没有安身的地方。二十年来，以正直提升为京官的只有一两个人。背着皇上，培植党羽，摇尾乞怜，像所谓的‘七豺’‘八狗’，御史占了一半。台谏是为天下主持是非的，而被人践踏到这种地步，怎能希望他不顾情面，正直地处理事情，为国除掉奸人、消灭败类呢！与其因误用而贬退，不如谨慎地考察人选。”因而条陈数件事献给皇上。出任河南巡按。那年发生大饥荒，人相互吞食。副使崔应麟看见百姓吃湖中的雁屎，便装入袋中给陈登云看，陈登云随即送到朝廷。皇上立即派遣寺丞锺化民分发库银赈恤百姓。陈登云三次巡视地方，执政严厉，按规定应当提升为京官，屡次被宫中扣住不下发，于是他称病归家。不久之后就死了。

兰亭集序

课前预习练 解释下列粗体字的含义

兰亭集序

王 羲 之

永和九年，岁在癸丑，**暮春**(春季的末一个月，农历三月)之初，<u>会于会稽山阴之兰亭</u>(句式：状语后置句)，**修禊**〔xì，古代民俗，于农历三月上旬的巳日(三国魏以后始固定为三月初三)到水边嬉戏，以祓除不祥，称为“修禊”〕事也。群**贤**(形容词作名词，贤能的人)**毕**(全，都)至，**少长**(形容词作名词，年轻的人、长者)**咸**(全，都)集。此地有崇山峻岭，茂林**修竹**(高高的竹子)，又有清流激湍，**映**(映衬)**带**(名词作动词，围绕)左右，引**以为**(来作为)**流**(使……流动)**觞**(酒杯)曲水，**列**(排列)坐其**次**

(旁边)。虽无丝竹管弦之盛,**一觞**(名词作动词,饮酒)**一咏**(作诗),亦足以畅叙**幽情**(深远高雅的情思)。

是(这)日也,天朗气清,**惠风**(和风)和畅。仰观宇宙**之**(定语后置的标志)大,俯察**品类**(自然界的万物)之盛(句式:定语后置句),**所以**(用来、用以)**游目**(纵目观赏)**骋怀**(开畅胸怀。骋:开畅、舒展),足以**极**(穷尽)**视听**(动词作名词,眼睛、耳朵)之娱,**信**(实在)**可**(值得)乐也。

夫人**之**(取消句子独立性)**相与**(互相交往),**俯仰**(一俯一仰之间,比喻时间短暂)一世。**或**(有的人)取**诸**(相当于"之于")**怀抱**(心怀),**悟言**(晤谈、对谈。悟:同"晤",面对)一室之内;或**因**(随着)寄所托,**放浪形骸**(放纵、不受拘束。形骸:人的躯体)之外。虽**趣**(同"取")舍万**殊**(不一样),**静躁**(动)不同,当其**欣**(感到欣喜)**于**(对……事物)所遇(句式:状语后置句,"于所遇欣"),**暂**(一时)得于己,**快然**(高兴的样子)自**足**(满足),不知老之将至;**及**(等到)其所**之**(动词,求得)既倦,情随事迁,感慨**系**(连接)之矣。**向**(过去)之所欣,俯仰之间,已为陈迹,犹不能不**以**(因)**之**(指"向之所欣……已为陈迹")**兴**(发生、引起)怀,况**修短**(寿命长短)随**化**(自然),终**期**(到、及)于**尽**(生命的结束)!古人云:"死生亦大矣。"岂不痛哉!

每览昔人兴感之**由**(原因),若合一**契**(符契),未尝不**临**(面对)文**嗟悼**(叹息哀伤。悼:悲伤),不能**喻**(明白)之于怀(句式:状语后置句)。**固**(乃、因而,一说本来)知**一**(作动词,把……看作一样)死生为**虚诞**(虚妄荒诞),**齐**(作动词,把……看作相等)彭**殇**(未成年而死去的人)为**妄作**(虚妄之谈)。后之视今,亦**犹**(如同,好像)今之视昔,悲夫!故**列**(一个一个)**叙**(记下)时人,录其所述,**虽**(纵使)世殊事异,**所以**(……的原因)兴怀,其**致**(意态,情趣)**一**(作动词,是一样的)也。后之览者,亦将有感于**斯**(此、这,指这次集会)**文**(诗文)。

课后巩固练

一 基础过关练

(一)

"趣"同"取",取得

(二)

1.①旁边 ②驻扎 ③次一等 ④次序

2.①意态,情趣 ②达到 ③得到 ④招致

3.①高 ②长 ③学习进步 ④办好

4.①到、及 ②期望、要求 ③时间期限

5.①尚且,还 ②如同,好像

(三)

1.名词作动词,以……为带,环绕

2.名词作动词,饮酒

3.形容词作名词,贤能的人

4.形容词作名词,大事

5.形容词的意动用法,把……看作一样

6.形容词的意动用法,把……看作相等

(四)

1.句式:判断句,"为"表示判断。

译文:本来就知道把死和生等同起来的说法是不真实的。

2.句式:状语后置句,"于会稽山阴之兰亭会"。

译文:(我们)在会稽山阴的兰亭会集。

3.句式:状语后置句,"不能于怀喻之"。

译文:不能在心里明白这是什么原因。

4.句式:定语后置句,"仰观大宇宙,俯察盛品类"。

译文:抬头观望辽阔的宇宙,低头品察繁多的自然万物。

5.句式:省略句,"引(之)以为流觞曲水"。

译文:引(清流急湍)作为流觞曲水。

6.句式:省略句和状语后置句,"(于)其次列坐"。

译文:(我们)在曲水旁边排列坐。

7.句式:省略句和状语后置句,"(于)一室之内悟言"。

译文:(有的人)在室中晤谈。

8.句式:状语后置句,"亦将(于)斯文有感"。

译文:也将会对这次集会的诗文生发感慨吧。

9.句式:省略句和状语后置句,"(于)左右

映带”。

译文:(景物)在亭子四周互相衬托。

(五)

1.×,瓜田李下:比喻容易引起嫌疑的地方。望文生义。

2.√,奔走呼号:一面奔跑,一面呼唤。形容办成某事而到处宣传,以争取同情和支持。

3.√,如虎添翼:好像老虎长翅膀。比喻强有力的人得到帮助变得更加强有力。

4.√,习以为常:常常如此成了习惯,就当作应该的事情了。

5.√,长袖善舞:原指有所依靠,事情就容易成功。后形容有财势会要手段的人,善于钻营取巧,会走门路。

6.×,蹉跎岁月:形容虚度光阴,含贬义。

7.×,暮鼓晨钟:佛寺、道观早晚仪式,早上敲钟,晚上打鼓。现多比喻可以使人警觉醒悟的话,望文生义。

8.√,海晏河清:形容天下太平。

(六)

1.√ 2.×,《兰亭集序》是诗集的序言,不是赠序。 3.√ 4.√

(七)

1.或取诸怀抱,悟言一室之内;或因寄所托,放浪形骸之外

2.固知一死生为虚诞,齐彭殇为妄作

3.虽世殊事异,所以兴怀,其致一也

4.况修短随化,终期于尽

二 拓展阅读练

1.C【解析】表示说话的词语后应断开,如“自称”后应断开,“云”后应断开,据此排除A、D两项;“张芝临池学书”的主语是“张芝”,“池水尽黑”的主语是“池水”,“池水”前应断开,据此排除B项。故选C。

2.王羲之高兴地写完后,用笼子装着鹅回去了,深以此为乐。【解析】欣然:高兴的样子。毕:完成。笼:名词作状语,用笼子装。

3.(1)王羲之小时候不善言谈,人们不认为他有什么奇特之处。【解析】讷于言:不善言谈。奇:形容词的意动用法,认为……奇特。“未之奇”,宾语前置句,应为“未奇之”。

(2)王家的众位子弟都不错,可是一听到择婿的信使到的消息后,都显得拘谨不自然。只有一个人坐在东床上袒露着腹部吃东西,好像什么也没有听到。【解析】并佳:都不错。咸:都。矜持:拘谨不自然。

[参考译文](一)

王羲之生性喜爱鹅,会稽有一位独居的老妇人养了一只鹅,(鹅)擅长鸣叫,(他)想买而没能得到,于是就带着亲友,命人驾车,前去观看。老妇人听说王羲之将要到来,把鹅煮了用来招待他,他为此慨叹惋惜了一整天。另外,山阴有一位道士,养了一群好鹅,王羲之前去观看,心里非常喜欢它们,坚决请求买下它们。道士说:“你若替我抄写《道德经》,这群鹅就全部送给你。”王羲之高兴地写完后,用笼子装着鹅回去了,深以此为乐。他曾到学生家去,看见棐木做的几案光滑洁净,就在上面写起字来,一半楷书,一半草书。后来这些字被那位学生的父亲误刮去了,他的学生惊诧、懊悔了好几天。他又曾经在蕺山看见一位老妇人,拿着六角竹扇在卖。王羲之在她卖的扇子上题字,(每把扇子上)各写了五个字。老妇人起初有点生气。王羲之就对老妇人说:“你只要说是王右军写的,(凭此)就可以卖到几百钱了。”老妇人按照他的话做了,人人都争着买扇子。过了几天,老妇人又拿着扇子过来,王羲之只是微笑着,不作回答。他的书法在当时就很被世人看重,诸如此类的事情很多。王羲之常自称“我的书法和钟繇相比,可以说不相上下;和张芝的草书相比也如同大雁排行”。又曾经写信给人说:“张芝临池学写字,池水都变成了黑色,如果天下人像他那样沉迷于书法,也不一定会比他差。”

[参考译文](二)

王羲之字逸少,是司徒王导的侄子。王羲之小时候不善言谈,人们不认为他有什么奇特之处。等到长大后,他很善于辩论,并且以正直、刚强著称,尤其擅长隶书,为古今之首,议论的人们称赞

他的书法笔势,认为是“飘若浮云,矫若惊龙”。他深受堂伯父王敦、王导的器重。当时陈留人阮裕享有盛誉,也把王羲之和王承、王悦视为王家的三位少年英才。当时的太尉郗鉴派门生向王导请求在王家子弟中选女婿,王导让门生到东边厢房里去看所有的王家子弟。门生回去后对郗鉴说:“王家的众位子弟都不错,可是一听到择婿的信使到的消息后,都显得拘谨不自然。只有一个人坐在东床上袒露着腹部吃东西,好像什么也没有听到。”郗鉴说:“这正是我要选的佳婿啊!”一打听,原来是王羲之,就把女儿嫁给了他。

三 高考真题练

1.B【解析】“不烦一兵”和“不伤一人”字数相同,结构相似,都是后文“得商于之地六百里”的前提,“而”是连词,所以“而”之前应断开,由此排除A、D。“子”是第二人称,指“你”,是“不贺”的主语,因此“子”前应断开,由此排除C。

2.A【解析】A.“约车”的“约”是“拴套、准备”之意,“与诸将约”的“约”是“约定”之意,二者含义不同。说法错误。B.“宣言”是指特意宣扬某种言论,使人周知;作文告的“宣言”是指国家、政党、团体或领导人对重大问题公开表态以进行的宣传号召,二者含义不同。说法正确。C.“孤国”中的“孤”是孤单、孤立的意思;《赤壁赋》“泣孤舟之嫠妇”的“孤”字是孤单之意,二者含义相同。说法正确。D.“阴合”的“阴”是私下、暗中的意思,《岳阳楼记》“朝晖夕阴”的“阴”字指阴晦的气象,二者含义不同。说法正确。

3.B【解析】B.“还能得到秦国的恩惠”说法错误。原文“西德于秦”的意思是“(因对秦国施有恩惠)从而得到秦国的感激”,而不是“得到秦国的恩惠”。

4.(1)楚王不听从,说:“我的计划已经妥当了,你就闭口不要多说,就等待看我(得到割地)吧。”

【解析】“善”,形容词,妥当,好。“其”,副词,表命令语气,还是。“弭口”,住口。

(2)张仪在证实楚齐确实断交以后,才出来接见楚国的使臣说:“从这里到那里,纵横总共是六里土地。”

【解析】“绝”,动词,断绝。“乃”,副词,才。“广从”,纵横。

［参考译文］

齐国帮助楚国进攻秦国,攻下了(秦地)曲沃。后来秦想要进攻齐国,由于齐、楚友好,秦惠王为此忧虑,对张仪说:“我想要发兵攻齐,无奈齐、楚两国关系正密切,请你为我考虑一下,怎么办呢?”张仪说:“请大王为我准备车马和金钱,让我试试看。”于是张仪去南方楚国见到楚怀王,说:“现在对秦王来说齐王的罪恶是最严重的,秦国准备征讨齐国,然而楚国跟齐国交好。如果大王能关起国门跟齐断绝交邦,让我劝说秦王献上商于的土地,方圆六百里。如果这样,楚国就在北面削弱了齐国的势力,又在西面对秦国施有恩惠,且获得了商于六百里土地,这就是一举三得的上策。”楚怀王非常高兴,在朝堂上宣布说:“我已经得到商于六百里土地。”听见这话的群臣都向怀王道贺,陈轸最后晋见,唯独不向怀王道贺。怀王说:“我不派遣一个士兵,不伤亡一名将士,就得到商于六百里土地,我自认为这是非常明智的,朝中百官都向我道贺,只有你一个人不道贺,这是为什么?”陈轸回答说:“我认为大王不但得不到商于六百里土地,反而一定会招来祸患。”怀王问:“为什么?”陈轸回答说:“秦王之所以重视大王的原因,是因为有齐国这样一个强大盟邦。如今还没有得到秦国的割地却先和齐国断绝邦交,是让楚国陷于孤立状态啊,秦国又怎会重视一个孤立无援的国家呢?何况楚国如果先跟齐国断交,然后再向秦要求割让土地,那么必然遭到张仪欺骗。结果是西面惹出秦国的祸患,北面切断了齐国的后援,这样秦齐两国的兵都一定会进攻楚国。”楚王不听从,说:“我的计划已经妥当了,你就闭口不要多说,就等待看我(得到割地)吧。”怀王派使者跟齐国断绝邦交。张仪回到秦国之后,秦王就派使者前往齐国,秦齐的盟约暗中缔结成功。楚国派遣一名将军去秦国接收土地。张仪在证实楚齐确实断交以后,才出来接见楚国的使臣说:“从这里到那里,纵横总共是六里土地。”楚国使节回国报告楚怀王,怀王大怒,准备发兵去攻打秦国。陈轸说:“攻打秦国,不是一个好办法。大王不如趁此机会将一个大都市送给秦国,跟秦连兵伐齐,这样可以把损失

在秦国手里的土地再从齐国补偿回来。楚怀王没有采纳，于是发兵北去攻打秦国。秦、齐两国合兵，楚军在杜陵惨败。可见，楚国的土地并非不大，人民也并非软弱，之所以会几乎亡国，是怀王没有采纳陈轸的忠告，而过于听信张仪的缘故。

归去来兮辞并序

课前预习练 解释下列粗体字的含义

归去来兮辞并序

陶 渊 明

余家贫，**耕植**（耕田种植）不足以**自给**（宾语前置句，"给自"。供给自己生活）。**幼稚**（小孩）**盈室**（满屋），瓶无储**粟**（粮食），**生**（维持）**生**（生活）所**资**（凭借），未见其**术**（经营生计的本领）。**亲故**（亲友）多劝余为长吏，**脱然**（忧虑解除而放松的样子）**有怀**（有了某种念头），求之**靡**（没有）**途**（门路）。**会**（恰逢）有四方之事，诸侯以**惠爱**（爱惜人才）为德，家叔**以**（因为）余贫苦，遂**见**（表被动）用于小邑。于时**风波**（比喻战乱）**未静**（未停息），心**惮**（害怕）**远**（到远方）**役**（供职），彭泽**去**（距离）家百里，公田之利，足以为酒。故便求之。及**少日**（不多几天），**眷然**（思念的样子）有"**归欤**"（回去）之情。**何则**（为什么呢）？**质性**（本性）自然，非**矫厉**（造作勉强）所得。饥冻虽**切**（急切、急迫），**违己**（违反自己的意志）**交病**（身心都感到痛苦。交：都）。尝**从**（从事）**人事**（做官），皆口腹**自役**（宾语前置，即"役自"，役使自己）。于是怅然**慷慨**（感叹），深愧平生之志。犹望**一稔**（庄稼成熟），当**敛裳**（收拾衣装）**宵**（名词作状语，在晚上）逝。**寻**（不久）程氏妹丧于武昌，情在**骏奔**（急速奔驰），自免去职。仲秋至冬，在官八十余日。因事**顺心**（顺遂心愿），**命**（给……命名）篇曰《归去来兮》。乙巳岁十一月也。

归去来兮，田园将**芜**（田地荒废）**胡**（为什么）不归？既自**以**（让，使）心**为**（被）**形**（身体）**役**（奴役），**奚**（何，为什么）惆怅而独悲？悟**已往**（已经过去的错误）之不**谏**（挽回），知来者之可**追**（补救）。**实**（确实）**迷途**（出来做官）其未远，觉今是而昨**非**（错误）。舟**遥遥**（漂流摇荡的样子）以轻**飏**（yáng，船缓缓前进），风飘飘而吹衣。问**征夫**（行人）以前路，**恨**（遗憾、怨）晨光之**熹微**（光线微弱）。

乃（于是）瞻**衡宇**（简陋的房屋。衡：横木，横木为门，是贫者之居的布置），**载**（语助词）欣载奔。僮仆欢迎，稚子候门。三**径**（院中小路，代指隐士住处）**就**（接近）荒，松菊犹存。携幼入室，有酒盈樽。**引**（拿起）**壶觞**（酒壶酒杯）以自酌，**眄**（miàn，看）庭**柯**（草木的枝茎，这里指树）以**怡**（使动用法，使……愉快）颜。倚南窗以**寄傲**（寄托傲世的情怀），**审**（深知）**容膝**（仅能容纳双膝，形容居处狭小）之**易安**（容易使人安适）。园**日**（名词作状语，每天）**涉**（游玩、游览）以成趣，门虽设而常关。**策**（名词作动词，拄着）**扶老**（拐杖）以**流憩**（无目的地漫步和随时随地休息），时**矫首**（抬起头。矫：举）而**遐观**（远望。遐：向远处）。云**无心**（无意）以出**岫**（峰峦），鸟倦飞而知还。**景**（日光）**翳翳**（yì，阴暗的样子）以将入（太阳下山），抚孤松而**盘桓**（徘徊）。

归去来兮，请**息**（停止）交以绝游。世与我而相违，复**驾**（驾车）**言**（助词）兮**焉求**（句式：宾语前置句，即"求焉"，追求什么）？**悦**（意动用法，以……为喜悦）亲戚之**情话**（知心话），**乐**（意动用法，以……为快乐）**琴书**（名词活用为动词，弹琴读书）以消忧。农人告余以**春及**（春天到了），将有**事**

(耕种之事)于**西畴**(西边的田地)。**或**(有时)**命**(命人备置)巾车,或**棹**(名词作动词,用桨划着)孤舟。既**窈窕**(幽深的样子)以**寻**(循着)壑,亦崎岖而经丘。木欣欣以向荣,泉涓涓而始流。**善**(羡慕)万物之**得时**(顺应天时),感吾生之**行**(将要)**休**(终结)。

已矣乎!**寓**(寄托)形**宇内**(天地间)复几时?**曷**(相当于"何",为什么)不**委心**(随心)任**去留**(生死)?**胡为**(为什么)乎**遑遑**(惊恐匆忙、心神不定)欲**何之**(句式:宾语前置句,即"之何",到哪里去)?富贵非吾愿,**帝乡**(仙境)不可**期**(期求)。**怀**(留恋、爱惜)**良辰**(美好的时光,指上文所说万物得时的春天)以孤往,**或**(有时)**植**(扶着)杖而**耘**(除草)**耔**(培土)。登东**皋**(高地)以**舒啸**(放声长啸),**临**(面对)清流而赋诗。**聊**(姑且)**乘化**(顺随自然)以**归尽**(到生命的尽头),乐夫天命复**奚疑**(句式:宾语前置句,即"疑奚",疑虑什么呢)!

课后巩固练

一 基础过关练

(一)

1. 就
①动词,接近
②动词,登上
③动词,接受(刑罚)
④动词,就任

2. 策
①名词作动词,拄着
②名词,马鞭子
③策略,政策
④名词作动词,鞭打,驾驭

3. 引
①动词,端起
②动词,引来
③动词,拉弓
④动词,引用、援引

4. 之
①代词,代"余为长吏"这件事
②的
③助词,主谓之间取消句子独立性
④动词,到、往
⑤助词,宾语前置的标志
⑥音节助词,无实义

(二)

1. 挽回
2. 补救
3. 船缓缓前进
4. 横木,横木为门,是贫者之居的布置
5. 看
6. 深知
7. 举
8. 峰峦
9. 阴暗的样子
10. 羡慕
11. 除草培土
12. 顺随自然

(三)

1. 句式:被动句。
译文:于是我被委派到小县做官。

2. 句式:宾语前置句。疑问代词"焉"作宾语。
译文:还要驾车出去追求什么?

3. 句式:省略句、状语后置句。应为"稚子于门候"。
译文:小孩子在家门口等候。

4. 句式:宾语前置句。疑问代词"胡""何"作宾语。应为"为胡遑遑欲之何"。
译文:为什么心神惶惶不安,到底想要到哪里去?

5. 句式:宾语前置句。疑问代词"奚"作宾语。应为"乐夫天命复疑奚"。
译文:乐天安命,还疑虑什么呢?

6. 句式:状语后置句。"于西畴"作状语。应为"将于西畴有事"。
译文:将要到西边的田里去耕种。

7. 句式:状语后置句。"以春及"作状语。应为

“农人以春及告余”。

译文:农夫把春天到了的消息告诉我。

(四)

1.×,迷途知返:比喻做错事了知道改正。此处属于望文生义。

2.√,欣欣向荣:形容草木茂盛,也形容事业蓬勃发展。

3.√,事与愿违:事情的发展和主观愿望相反。

(五)

1.√

2.×,句子以四言、六言为主

3.√

4.√

(六)

1.木欣欣以向荣,泉涓涓而始流

2.实迷途其未远,觉今是而昨非

3.悦亲戚之情话,乐琴书以消忧

4.云无心以出岫,鸟倦飞而知还

5.舟遥遥以轻飏,风飘飘而吹衣

6.悟已往之不谏,知来者之可追

7.舟遥遥以轻飏,风飘飘而吹衣

8.策扶老以流憩,时矫首而遐观

9.寓形宇内复几时,曷不委心任去留

10.既自以心为形役,奚惆怅而独悲

11.引壶觞以自酌,眄庭柯以怡颜

12.倚南窗以寄傲,审容膝之易安

13.园日涉以成趣,门虽设而常关

14.景翳翳以将入,抚孤松而盘桓

15.聊乘化以归尽,乐夫天命复奚疑

二 拓展阅读练

1.D

2.C

3.(1)现在派给你这个佣人,(让他)帮助你砍柴打水。他也是别人的儿子,你要善待他。【解析】采分点:遣、薪水、遇,各1分;此亦人子也,判断句1分。

(2)陶渊明的妻子翟氏也能安于勤劳清苦,和陶渊明志趣相投。【解析】采分点:安、勤、苦、同志(古今异义词)。

[参考译文]

陶渊明,字元亮,也叫陶潜,字渊明,浔阳柴桑人。他的曾祖父陶侃,是晋朝的大司马。陶渊明少年时就有高雅的志趣,博学多识,擅长写文章,超脱世俗的拘束,卓尔不群,率真任情。曾经写作《五柳先生传》以自比,当时的人称这篇文章为实录。

(陶渊明)父母年老,家里很穷,被起用任命为州祭酒。忍受不了官场琐事,不久自请解职归家。州郡召他担任主簿,(他)没有前去任职。(他)亲自耕种自给自足,竟得了羸疾(慢性虚弱性疾病)。江州刺史檀道济前去探望他,陶渊明卧床挨饿好几天了。檀道济说:“贤人处世,朝廷无道就隐居,政治开明就出来做官。如今你生在文教昌明的时代,为什么如此糟践自己呢?”陶渊明回答说:“我怎敢充当贤人,我的志向比不了他们。”檀道济送给他粮食和肉,他却挥手让檀道济离开。后来担任镇军、建威参军,陶渊明对亲戚朋友说:“我打算做邑令,用俸禄作为隐居生活的费用,可以吗?”当政者听说后,任命他为彭泽县令。不带家眷独自上任,送了一个仆人给他的儿子,写信说:“你每天的用度,难以自给自足。现在派给你这个佣人,(让他)帮助你砍柴打水。他也是别人的儿子,你要善待他。”(陶渊明)下令让吏员在官府的公田上种高粱,他说:“我常常能喝醉酒就够了。”妻子和儿女们坚持要求种稻谷,于是用二顷五十亩的田地种高粱,用五十亩种稻谷。

年终,恰逢州郡派督邮到彭泽县,下属请示陶渊明说:“您应该装束整齐穿官服面见他。”陶渊明叹气说:“我岂能为五斗米的俸禄向乡里小儿弯腰鞠躬(丧失尊严)啊!”当天就解下印绶辞去官职,写了一篇《归去来兮辞》。

朝廷征召他为著作郎,他没有前去任职。江州刺史王弘打算和他结交,却没有办到。陶渊明曾经去庐山,王弘让陶渊明的老朋友庞通之准备酒席,在半路栗里间邀请他。陶渊明有脚疾,让一个门生和两个儿子交替抬竹轿。到了以后,欣然和庞通之一同饮酒。不一会儿,王弘到了,陶渊明

也没有什么抵触。

起初，颜延之担任刘柳后军功曹，在浔阳和陶渊明有交情。后来他任始安郡太守，经过浔阳，常常去陶渊明的住所饮酒。每次去，都要畅饮直到喝醉。王弘打算邀请颜延之赴宴，整天都找不到他。颜延之临调走的时候，留下两万钱给陶渊明。陶渊明全部送给酒家，以便来了就能喝酒。

曾经在九月九日的一天，（陶渊明）在房子边上的菊花丛中闲坐，时间长了，采了一把菊花，忽然赶上王弘送酒来了，随即就喝，喝醉才回去。陶渊明不懂音律，却保存了一张无弦琴，每次酒后快意，都弹拨一番寄托心意。来拜访的人不论贵贱，只要有酒就招待他们。陶渊明如果先喝醉，就告诉客人：“我喝醉了要睡觉，你可以走了。”他的天真直率达到这种地步。郡守曾经来拜访他，正赶上他酿的酒熟了，陶渊明就取下头上的葛巾滤酒，滤完，又把头巾戴在头上。

陶渊明的妻子翟氏也能安于勤劳清苦，和陶渊明志趣相投。陶渊明自认为曾祖父是晋朝的宰相，耻于自己作为后代又屈居人下，自从宋高祖的基业渐渐兴盛，他再也不愿意做官。元嘉四年，将要接受朝廷的征召时，恰逢他去世了，当时年仅六十三岁，世人称他为“靖节先生”。

三 高考真题练

1.D【解析】“著”的解释有误，在这里应是“登记、记载”之意。所以选D。

2.C【解析】文段先写刘瑾等人引导皇帝沉溺声色犬马的行为，接着写韩文对这些行为的不满，然后须注意表示对象的名词，如“刘瑾”“韩文”，可作单句存在的动词，如“退朝”“语及”“泣下”等。

3.B【解析】“不顾非议”不合文意，“一再”也无根据。

4.(1)淳安公主有三百顷皇上赏赐的田地，又想夺取任丘老百姓的产业，韩文竭力抗争才让这事停止下来。

(2)韩文立即偕同各位大臣匍匐在金銮宝殿给皇帝上书，奏章递入皇宫，皇帝吃惊地哭泣着吃不下饭，刘瑾等人十分恐惧。

［参考译文］

韩文，字贯道，成化二年考中进士，授予工科给事中官职，出任湖广右参议。中贵人督太和山，侵吞公款。韩文竭力制止，并用余钱换万石米，以备赈灾借贷之用。九溪土司与邻境部落因争夺土地相互攻打，韩文前往训导，交战双方都表示服从。弘治十六年，（韩文）任南京兵部尚书。此年收成不好，米价高涨。韩文请求提前发放三个月的军饷，户部认为有困难。韩文说：“救灾如救火，如有罪责，由我承担。”于是打开粮仓发放十六万石粮食，米价恢复正常。第二年任命为户部尚书。韩文为人凝重敦厚，和蔼纯美，平时谨慎谦虚。而到面临大事，坚决果断不妥协。武宗即位，赏赐及修建皇家陵墓、完成大婚的各项费用，需要银钱一百八十多万两，国库无力供给。韩文请求先启用承运库，皇帝下诏不允许。韩文说：“国库空虚，赏赐除京边军士以外，请分别给银钞，略加一些内库及内府钱，并暂时借用勋臣外戚赐庄的田税，然后下令承运库内官核实库内储积的金银，记录于簿籍，并全部取消各种不急需的开支。”按旧有规定，监局、仓库内官不能超过二三人，后来逐渐增加，有的一仓十多人，韩文竭力请求裁减。淳安公主有三百顷皇上赏赐的土地，又想夺取任丘百姓的田产，韩文竭力抗争才停止。（韩文）主持国家经济两年，竭力遏制权贵幸臣，权贵幸臣对他深恶痛绝。而这时青宫原有刘瑾等八人号称“八虎”的宦官，天天引诱皇帝逐狗跑马、放鹰猎兔、莺歌燕舞、沉迷角抵，不理朝政。韩文每次退朝，对同僚谈及此事，便伤心落泪。郎中李梦阳进言说：“您如果在此时率领大臣坚决抗争，除去‘八虎’也很容易的。”韩文捋须挺胸，毅然改变容色说：“好！即使事不成功，我这个年纪死也无憾了，不死不足以报效国家。”于是偕同诸大臣直接上疏皇帝，奏疏呈进，皇帝震惊哭泣不能进食。刘瑾等人非常恐惧。刘瑾特别恨韩文，天天派人探察韩文的过失。一个月后，有人把假银输入内库，于是以此作为韩文的罪状。皇帝下诏降韩文一级官职退休，刘瑾并未解恨，以遗失户籍档案定罪，逮捕韩文入狱。几个月后才释放，罚米一千石输送到大同。不久又再次罚米，家业荡然无存。刘瑾被诛杀后，恢复原官，退休。韩文于嘉靖五年去世，时年八十六岁。

种树郭橐驼传

课前预习练 解释下列粗体字的含义

种树郭橐驼传

柳　宗　元

郭橐驼,不知始何名。病偻,**隆然**(脊背高起的样子)伏行,有**类**(像)橐驼者,故乡人**号**(起外号)之"驼"。驼闻之曰:"甚善。名我**固**(确实)**当**(恰当)。"**因**(于是)舍其名,亦自谓"橐驼"**云**(句末语气词)。

其乡曰丰乐乡,在长安西。驼**业**(以……为业)种树,凡长安豪富人为观游及卖果者(句式:定语后置句),皆争**迎取**(迎接)**养**(用、使)。视驼所种树,或**移徙**(移植),无不活;且**硕**(高大)茂,早**实**(名词作动词,结果实)以**蕃**(多)。他植者虽**窥伺**(暗中观察)**效慕**(仿效),**莫**(没有人)能如也。

有问之,对曰:"橐驼非能使木寿且**孳**(繁殖)也,能顺木之**天**(天性,指自然生长规律),以**致**(使达到)其性焉尔。凡植木之**性**(性质、方法),其**本**(根)欲舒,其**培**(培土)欲平,其土欲故,其**筑**(捣土)欲密。**既**(已经)**然**(这样)已,勿动勿**虑**(惦记),去不复**顾**(照看)。其**莳**(栽种)也**若子**(像对待孩子那样),其**置**(放下)也若弃,则其天者全而其性得矣。故吾不**害**(妨害)其长而已,非有能**硕茂**(使动用法,使……高大茂盛)之也;不**抑耗**(损伤)**其实**(它的果实)而已,非有能早而蕃之也。他植者则不然。根**拳**(拳曲,伸展不开)而土**易**(换),其培之也,若不过焉则不及。**苟**(如果)有能反**是**(这)者,则又爱之太**恩**(宠爱),忧之太勤。旦视而暮抚,已去而复顾。甚者,**爪**(指甲,用作动词,用指甲抠、掐)其**肤**(树皮)以验其**生枯**(生死),摇其本以观其疏密,而木之性日以**离**(背离)矣。虽曰爱之,**其实**(这实际上)害之;虽曰忧之,其实仇之,故不我若也。吾又何能为哉!"

问者曰:"以子之道,移之官**理**(治),可乎?"驼曰:"我知种树而已,理,非吾业也。然吾居乡,见**长**(zhǎng,统治、治理)**人**(民)者好**烦**(繁多)其令,**若**(好像)甚**怜**(怜爱)焉,而**卒**(到头来、最终)以祸。旦暮吏来而呼曰:'官命促**尔**(你们)耕,**勖**(勉励)尔植,**督**(督促)尔获,早缫**而**(你们的)**绪**(丝头),早织而**缕**(线),**字**(养育)而幼孩,**遂**(成、养好)而鸡豚。'鸣鼓而聚之,击木而召之。吾小人**辍**(停止,中断)**飧**(sūn,晚饭)**饔**(yōng,早饭)以**劳**(慰劳)吏者,且不得**暇**(空闲时间),又何以**蕃**(使繁盛)吾生而安吾性耶?故**病**(困苦)且**怠**(疲倦)。若是,则与吾业者**其**(表推测,大概)亦有**类**(像、相似)乎?"

问者曰:"**嘻**(叹词,表高兴),不亦善夫!吾问养树,得**养人**(治民)**术**(方法)。"**传**(zhuàn,记载)其事**以为**(把……作为)官戒也。

课后巩固练

一 基础过关练

(一)

"而"同"尔",你们的

(二)

1.①名词作动词,结果实　②果实　③实际上

2.①像　②如果　③如,及,比得上

3.①表承接　②同"尔",你们(的)　③表并

列,又 ④表顺接,于是

4.①而且,并且 ②表因果,因而 ③表目的,来 ④把

(三)

1.脊背弯曲,驼背

2.确实

3.繁殖

4.宠爱;急切,殷切

5.勉励

6.困苦;疲倦

(四)

1.句式:宾语前置句。应为"又以何蕃吾生而安吾性耶"。

译文:又凭借什么使我们人口增多、生活安定呢?

2.句式:定语后置句。应为"凡为观游及卖果的长安豪富人"。

译文:凡是经营园林游览和种树卖果的长安豪富人。

(五)

1.√,引以为戒:把过去的教训引用来以警戒自己。

2.×,过犹不及:做事做过了头,跟做得不够,都不好,不合语境。

3.×,起死回生:使死人复活,多形容医术或技术高明,也比喻把处于毁灭境地的事物挽救过来。

4.×,长此以往:老是这样下去,多就不好的情况说。

5.×,移花接木:指暗中使用手段,更换人或事物,不合语境。

(六)

1.√ 2.√ 3.×,东汉都城不是长安。

(七)

1.其本欲舒,其培欲平,其土欲故,其筑欲密

2.根拳而土易,其培之也,若不过焉则不及

3.勿动勿虑,去不复顾。其莳也若子,其置也若弃

4.虽曰爱之,其实害之;虽曰忧之,其实仇之

5.见长人者好烦其令,若甚怜焉,而卒以祸

二 拓展阅读练

1.D【解析】原文是"俄而斤者斫,刀者削,皆视其色,俟其言,莫敢自断者。其不胜任者,怒而退之,亦莫敢愠焉"。

2.B【解析】B项,京兆尹指的是长安地区的长官。

3.C【解析】C项,"都围成圈子愤怒地与那个木匠对峙着"错,应该为"都围成圈子面对那个木匠师傅站着"。

4.(1)那个木匠师傅是放弃他的手艺,专门发挥他的智力,而且是能了解、掌握(体察)建筑学关键问题的人吧。

(2)有才能的人,按正常途径推荐他,使他不必感激谁的恩德;没有能力的,就辞退他,也没有谁敢怨恨。

5.通过"梓人之道"阐述治国的大道,梓人的工作足可作为宰相辅佐天子治理天下的法则,天下万事万物没有比这个更接近于宰相之道的了。

[参考译文]

裴封叔的住宅,在光德里。有个木匠师傅敲响了他的大门,想在他那里租间空屋居住。他的职业让他随身带有量尺(度量长短的工具)、圆规、曲尺(量方的器具)、墨线和墨斗等东西,家里没有木工用的磨刀石和刀斧这些工具。问他的技能,他说:"我善于计算建筑材料,看房屋建筑的规模,(考虑怎样用料)适合高低、深浅、方圆和长短的需要,(随后)我就指挥工匠们的具体劳作。若是没有我,工匠们就无法建成一座房屋。所以到官府干活谋生,我得到的工资(是工人们的)三倍;到私家干活,我得到的工钱是总收入的大半。"有一天,(我)到他的屋里去,看见他睡的床缺了一只脚(自己)却不会修理,(他)说:"打算请别的木工来修。"我觉得他很可笑,觉得他是个没有技术却贪图工钱和财物的人。

后来,京兆尹要修建衙门,我经过那里。看到积聚了许多建筑材料,汇聚了许多工人。他们有的拿着斧头,有的拿着刀锯,都围成圈子面对那个木匠师傅站着。木匠师傅左手拿着度量工具,右手拿着一根棒,就站在中间。(他)估量房屋的规

格，观察哪根木头可以选用，然后挥着手里的那根木棒说："砍！"那些拿斧头的工人们就奔向右边；回过头去指着（木料）说："锯！"那些拿锯子的工人们就奔向左边。一会儿拿斧头的在砍，拿刀子的在削，都看他的脸色，等他说话，没有哪一个敢自己决定怎么干。其中有个别担当不起任务的，他就生气地斥退那个人，也没有谁敢怨恨他。他在墙上画了一座房屋的图样，只有一尺见方的面积，却可以把房屋结构丝毫不差地全部勾画出来，照着图样的尺寸来计算建造大厦，就不会有出入了。房屋建成以后，在正梁上题字说："某年某月某日某人建造。"就是他的姓名。所有实际动手造房子的工匠们都不列名。我向四周一看大吃一惊，这才明白那个木匠师傅的技术确实是十分高超。

接着，我感叹道：那个木匠师傅是放弃他的手艺，专门发挥他的智力，而且是能了解、掌握（体察）建筑学关键问题的人吧！我听说用脑力的人指挥（役使）人，用体力的人被人指挥（役使），他大概（也许、恐怕）就是用脑力的人吧？有手艺的人使用他的技能，有智慧的人出谋划策，他也许就是有智慧的人吧？这完全可以被辅佐帝王、治理国家的人效法，事情没有什么比这更近似的了。

那些治理国家的帝王，根本在于用人。那些辅佐皇帝、治理国家的宰相，选拔、任命官吏，指挥、使用官吏，分别按照朝廷的法律规定来升降他们，一律按朝廷的制度来整顿他们，就像那个木匠师傅依据规矩、绳墨来决定房屋的规格（规制、规模）一样。选择天下的官吏，使他们适合所担当的职务；安定天下的百姓，使他们专心工作。观察了京城就能了解乡野，观察了乡野就能了解各地，观察了各地就能了解全国，那些远的、近的、小的、大的各种事情，都可以用手按着图纸来决定怎样处理它们。这就像木匠师傅在墙上先画房屋草图然后照着它建造房屋直到完成一样。有才能的人，按正常途径推荐他，使他不必感激谁的恩德；没有能力的，就辞退他，也没有谁敢怨恨。就像那位木匠善于指挥众工匠而不夸耀自己的手艺一样。只有这样做宰相的方法才能被真正掌握，全国各地也就能治理好了。做宰相的方法真正掌握好了，全国各地真正治理好了，天下的人就会抬头仰望着说："这是我们宰相的功劳呀！"后人也会根据史书记载的事迹仰慕地说："这是那位宰相的才能呀！"就像那位木匠师傅把自己的名字写在梁上表明自己的劳绩一样，而实际动手造房子的工人们是不能列名的。宰相真是伟大呀！懂得这个道理的，只有我们所说的宰相罢了。

我认为做木匠师傅的道理跟做宰相的道理相似，因而写了这篇文章并且将它保存起来。

三 高考真题练

1.A【解析】A项的"意"应该是"意料、料想"的意思。

2.B【解析】B项与"反对重理学轻技艺"无关。

3.D【解析】D项的分析是错误的，应该是"痛惜的是他的后人竟然忌讳而不愿宣扬，甘心舍弃你祖父神奇的医学成就"。

4.(1)即使是你的仇人，也不会有不同的说法。

(2)你不用人们都相信的事来为过世的祖父作传。

(3)而唯独一瓢先生能用少许药物救活我，（这）就是我从内心折服而确实认为他是不朽之人的原因。

【解析】第一句的关键词是"虽""词"。第二句的关键词是"所共信""传"。第三句的关键字是"活：使……活""仆：指自己，我""所以：……原因""以为：认为"。

［参考译文］

天生了一位不朽的人物，可是他的儿子或是孙子却一定要把他推入必然朽灭的地方，这就是我忧愤悲伤的原因啊！所谓不朽的人与事物，并不一定只有周公、孔子这样的人物然后才可以不朽，后羿的射技、弈秋的棋艺、俞跗的医术，都是可以不朽的。假使一定要等到出了周公、孔子这样的人物然后才可以不朽的话，那么古往今来的人间哪里能够有如此众多的周公、孔子这样的人呢?!

你的祖父一瓢先生，是一位不朽的医生，在活到高寿的时候不幸去世了，我正想着要收集记述他的概要事迹，用来使他永传不朽，可没想到你寄来的墓志铭中竟然没有一个字涉及医学，反而把他依附到了陈文恭先生讲论理学一类的事情当中

什么什么的。唉！从此一瓢先生就要不被传扬了！要淹没了！

任何学问都贵在身体力行，而不在于口头讲论。神圣的学问没有哪一种比得上仁学的了，先生能够凭着他的医术施爱于大众，使他们没有因病而早死，这就是孔子的“老人，要使他们晚年安心；年轻人，要使他们归向仁学”的学问啊！从自己的现实地位和情况出发去实践仁学，有什么能比这更为高尚的呢？那么何必舍弃这个去追求别的东西呢！然而，文恭，是位高官；你的祖父，是位平民。高官要是借助平民来抬高自己，名声就会很好；可是平民要是依仗高官来使自己也显得地位尊贵，就太浅薄了。如果拉住路上的人然后问他说：一瓢先生不是名医吗？即使你的仇人，也没有不同的意见。又问他说：一瓢先生大概是位理学家吧？即使你的亲人，也有不同的意见。你不用人们都相信的事实给先人立传，却用人们都怀疑的事实给先人立传，只怕是因为“技艺上的成就位次在下”的说法而去做那计较名位的事了吧？不知道技艺就是仁道中有实践特点的学术啊！精心地探求技艺，哪种技艺不属于仁道？表面上符合仁道，仁道和技艺两者都会被丢弃。医术作为一门技艺，尤其不能轻易谈论，神农氏开创了它，黄帝光大了它，周公让冢宰兼管着它，其中的道理一直通向神圣的境地。如今天下的名医绝迹了，只有讲论理学这一类的人仍然没有绝迹的原因是什么呢？医疗的效果会立即表现出来，所以名医在一百个医生中也没有一个；理学讲论之时没有依据，所以浅薄的儒生到处都是。你不把先人尊奉到百无一人的人物当中，却反而使他被贬低到了到处都是的人们当中，真是大错特错啊！

我从前曾经患了病，病得很重，生命已处于危险之中，那时即使有十位周敦颐、程颢、程颐和张载、朱熹这样的理学家又有什么帮助？可是先生独独能用一药物使我活命，这就是我从心里折服而且确实认为他是不朽之人的原因啊！料想此外一定有可以用来救助世人，可以用来使世人长寿的奇特医案和良方，要是记述下来并使之流传下去，定会高出程朱“语录”中的陈腐言论极其之多。可是你竟然忌讳而不愿宣扬，甘心舍弃你祖父神奇的医学成就而把它依附到臭腐的理学之中。这样，在理学界未必能够增加一个虚假的席位，但医学界却反而失去了一位真正的人物了。难道不荒谬吗?！难道不令人感到痛惜吗?！

石钟山记

课前预习练 解释下列粗体字的含义

石钟山记

苏　轼

《水经》云：“彭蠡之口有石钟山**焉**(兼词，“于此”)。”郦元**以为**(认为)下**临**(靠近)深潭，微风**鼓**(激荡，掀动)浪，水石相**搏**(撞击、拍打)，声如洪钟。**是**(这个)说也，人常疑之。今**以**(把)钟磬置水中，**虽**(即使)大风浪不能**鸣**(使……发出声响)也，**而**(表递进，更)况石乎！至唐李渤**始**(才)**访**(访寻)其**遗踪**(旧址，陈迹。这里指所在地)，**得**(找到)双石于潭上，扣而**聆**(聆听，仔细地听)之，南声**函胡**(同“含糊”，重浊模糊)，北音**清越**(清脆悠扬)，**桴**(fú，鼓槌)止**响**(声音)**腾**(传播)，**余韵**(声音)**徐**(慢慢)**歇**(消失)。自以为得之矣。然是说也，余**尤**(更加)疑之。石之**铿然**(形容敲击金石发

出的响亮的声音)有声者,所在皆是也,而此**独**(唯独)以钟**名**(名词作动词,命名),何哉?

元丰七年六月丁丑,余自齐安**舟**(名词作动词,坐船)行**适**(到)临汝,而长子迈将赴饶之德兴尉,送之至湖口,**因**(因此)**得**(能够)观所谓石钟者。寺僧使小童持斧,于乱石间**择**(选)其一二**扣**(敲打)之,**硿硿焉**(kōng,硿硿地响。焉:相当于"然")。余**固**(本来)笑而不信也。至暮夜月明,独与迈乘小舟,至绝壁下。大石**侧**(名词作状语,在旁边)立千尺,如猛兽奇鬼,**森然**(阴森的样子)欲搏人;而山上**栖鹘**(hú,宿巢的隼),闻人声亦惊起,**磔磔**(zhé,鸟鸣声,这里作动词,磔磔地叫)云霄间;又有若老人咳且笑于山谷中者,**或**(有人)曰此鹳鹤也。余**方**(正)**心动**(内心惊恐)欲还,而大声发于水上,**噌吰**(chēng hóng,形容钟鼓的声音)如钟鼓不**绝**(停止)。舟人大恐。**徐**(慢慢)而察之,则山下皆石穴**罅**(xià,裂缝),不知其浅深,微波入**焉**(兼词,相当于"于此",代指洞穴和裂缝),**涵澹**(水波动荡)澎湃而**为**(产生、形成)此也。舟回至两山间,将入港口,有大石当**中流**(江河水流中央),可坐百人,**空中**(中间是空的)而多**窍**(窟窿),与风水相吞吐,有**窾坎**(kuǎn kǎn,击物声)**镗鞳**(tāng tà,钟鼓声)之声,与向之噌吰者相应,如乐作焉。因笑谓迈曰:"汝**识**(知道)之乎?噌吰者,周景王之无射也;窾坎镗鞳者,魏庄子之歌钟也。<u>古之人不**余**(我)欺也</u>(句式:宾语前置,古之人不欺我也)!"

事不**目**(名词作状语,亲眼)见**耳**(名词作状语,亲耳)闻,而**臆断**(凭主观想象去推断)其有无,可乎?郦元之所见闻,**殆**(大概)与余同,而言之不详;士大夫**终**(终究)不肯以小舟夜泊绝壁之下,故**莫**(不)能知;而渔工水师虽知而不能**言**(用文字表述、记载)。此世**所以**(……的原因)不传也。而陋者**乃**(竟然)以斧斤**考**(敲)击而**求**(寻求)之,自以为得**其**(它的)**实**(实质、真相)。余**是以**(因此)记之,盖叹郦元之**简**(简略),而**笑**(讥笑)李渤之**陋**(浅陋)也。

课后巩固练

一 基础过关练

(一)

"函胡"同"含糊",重浊模糊

(二)

1.①墙壁

②陡峭如墙的山崖

③军营,营垒

④坚守营垒,筑营垒,驻守

⑤边,面

2.①仔细看,观察

②了解,弄清楚

③考察后予以推举

3.①危险的事

②大概,恐怕

③近于,几乎,差不多

④同"怠",疲乏,倦怠

(三)

1.名词作动词,激起、掀起

2.名词作动词,命名

3.使动用法,使……鸣

4.名词作状语,乘船

5.名词作状语,在旁边

6.名词作动词,磔磔地叫

7.形容词作名词,浅度、深度

8.激荡冲击

9.名词作状语,用眼睛

10.名词作状语,凭主观想象

11.名词作状语,在夜里

(四)

1.句式:判断句,"者也"为标志。

译文:发出如钟鼓一样声响的,是周景王的无射大钟。

2.句式:宾语前置句,应为"不欺余"。

译文:古代的人没有欺骗我们啊。

3.句式:定语后置句,标志"……者",应为"有铿然声之石"。

译文:能够发出铿然之声的石头。

4.句式:状语后置句,正常语序应为“于山谷中又有若老人咳且笑者”。

译文:山谷中还传来像老人一边咳嗽一边笑的声音。

(五)

1.×,安之若素:表示对不顺利或不正常的情况,和往常一样毫不在意。近义还有“泰然自若”。不合语境。

2.×,“安步当车”意指慢慢地步行,就当作是坐车。比如可以说“反正路也不远,我们还是安步当车吧!”用“安步当车”必须具备两个条件:一是行走速度缓慢,二是行走者不慌不忙地步行,表现出的是一种闲适平和的心情。

3.×,半青半黄:是指庄稼半熟半不熟,也可以比喻其他事物或思想未达到成熟阶段。

4.×,别无长物:意思是“除此之外,空无所有”,指物质,非才能。

5.×,“筚路蓝缕”指驾着柴车,穿着破旧的衣服去开辟山林。形容创业的艰苦,误解词义。

6.×,“敝帚自珍”不能用于他人的礼物。

7.√,“不孚众望”不使人们信服,未符合大家的期望。孚:令人信服。贬义。不负众望:没辜负大家的期望,褒义。

8.×,不胫而走:没有腿却能跑,形容传布迅速,此处应为“不翼而飞”,比喻东西突然不见了。

(六)

1.√ 2.×,年号从汉武帝开始设立 3.√

(七)

1.石之铿然有声者,所在皆是也

2.士大夫终不肯以小舟夜泊绝壁之下,故莫能知;而渔工水师虽知而不能言

3.事不目见耳闻,而臆断其有无,可乎?

4.郦元以为下临深潭,微风鼓浪,水石相搏,声如洪钟

5.大石侧立千尺,如猛兽奇鬼,森然欲搏人

6.古之人不余欺也

二 拓展阅读练

1.C

2.(1)你如果能成为范滂一样的人,我就不能成为范滂母亲一样的人吗?

【解析】评分标准:“汝”译为第二人称得1分,“顾”译为“就不能”“难道”得1分,反问得1分,通顺得2分。

(2)我先前有些想法(见解),口中没能说出来,今天读到这本书,(才发现它)说的是我心里的话啊。

【解析】评分标准:“昔”译为“过去”“以前”“先前”得1分,“未能言”译为“不能说出”得1分,“是”译为“这”得1分,句子通顺得2分。

[参考译文]

苏轼,字子瞻,是眉州眉山县人。十岁的时候,其父苏洵到外地去游学,母亲程氏则亲自教他读书,苏轼每听闻古今兴衰成败的历史,都能道出其概要。程氏读到《后汉书·范滂传》时,发出深深的慨叹,苏轼对她说:“我如果想和范滂一样为名节而不顾生死,母亲您答应吗?”程氏说:“你如果能成为范滂一样的人,我就不能成为范滂母亲一样的人吗?”

(苏轼)到二十岁时,就精通经传历史,每天写文章几千字,喜欢贾谊、陆贽的书。不久读《庄子》,感叹说:“我先前有些想法(见解),口中没能说出来,今天读到这本书,(才发现它)说的是我心里的话啊。”嘉祐二年,参加礼部考试。当时文章晦涩怪异的弊习很重,主考官欧阳修想加以改正,见到苏轼《刑赏忠厚论》,很惊喜,想定他为进士第一名,但怀疑是自己的门客曾巩写的,便放在了第二名;又以《春秋》经义策问取得第一,殿试中乙科。后来(他)凭推荐信谒见欧阳修,欧阳修对梅圣俞说:“我当避开此人,好让他出人头地。”听说这句话的人一开始只当是欧阳修的戏言而不信,后来才终于信服。

苏轼服母丧。嘉祐五年,他调任福昌主簿。欧阳修因他才能识见都好,举荐他进秘阁。考试作策论六篇,过去人们应试不起草,所以文章多数写得不好。苏轼开始起草,文理就很清晰。又笔答制策,被列入第三等。从宋初以来,制策被列入第三等的,只有吴育和苏轼而已。

任职大理评事、签书凤翔府叛官。关中自从元昊叛乱后,百姓贫困,差役繁重,岐山下每年输送到南山的木筏,从渭河进入黄河,经过砥柱的险

处，衙前役人相继破产。苏轼访察到其利弊所在，为他们修订衙规，让他们自己选择水工按时进送或停止，从此害处被减少了一半。

治平二年，入朝判登闻鼓院。英宗在做藩王时就听到他的名声，想用唐朝旧例召他进翰林院，管理制诰之事。宰相韩琦说："苏轼的才能，远大杰出，将来自然应当担当天下大任。关键在于朝廷要培养他，就要使天下的士人无不敬畏羡慕而佩服他，都想要朝廷使用他，然后才召来加以重用，那所有的人都没有异议了。现在突然重用他，天下的士人未必以为正确，恰恰足以使他受到牵累。"英宗说："姑且给他修注一职如何？"韩琦说："记注和制诰地位相近，不可马上授予。不如在馆阁中将较靠上的官职授予他，而且请召来考试。"英宗说："考试不知他能否胜任，像苏轼会有不能担任的吗？"韩琦还是不同意，到试了他两篇论，又列入三等，苏轼得到了直史馆的职位。

三 高考真题练

1.B【解析】A."镌与修者/官降珪修撰"中的"镌"是"裁减，削职"的意思，必须与"官"搭配，此处断句错。C."俄以《实录》成进/左中允再迁翰林学士"中的"进"是"晋升"的意思，"左中允"是其宾语，两者不能断开，此项错。D."镌与修者/官降珪修撰/俄以《实录》成进/左中允再迁翰林学士"，根据对A项与C项的分析，可知此项有两处错误。B.正确。

2.A【解析】A."礼部"，在明代有尚书一人，左、右侍郎各一人，下设四司，分别为：仪制清吏司，掌嘉礼、军礼及管理学务、科举考试事；祠祭清吏司，掌吉礼、凶礼事务；主客清吏司，掌宾礼及接待外宾事务；精膳清吏司，掌筵飨等事务。选项提到的"土地""户籍"都不属于礼部职责范围。

3.C【解析】C项表述不当。原文"两京言官交章请留，不听"句中，"不听"是说权贵不予理睬，不是傅珪坚持离职。

4.(1)极力奏陈当时社会弊病十件事，话语多指斥受宠的权贵，权贵愈加痛恨他。【解析】"权幸"，得帝王宠幸、有权势的人；"嫉"，痛恨。每译对一处给1分。译出大意给3分。

(2)又认为傅珪刚正忠实，敢于直言，应当起用。吏部按照卢雍的话上奏，没有回复。【解析】"忠谠"，忠诚正直；"报"，回复，答复。每译对一处给1分。译出大意给3分。

［参考译文］

傅珪，字邦瑞，是清苑人。明成化二十三年进士。被选为庶吉士。弘治年间，被授予编修，不久又兼任司经局校书。参与修订《大明会典》，完成后，升迁为左中允。明武宗登基，凭借东宫的厚待，晋升为左谕德，担任讲官，编辑修订《孝宗实录》。当时文学大臣有不依附刘瑾的，刘瑾嫉恨他们。刘瑾说，《大明会典》是刘健等人完成的，耗费过多，参与编修的官员被降职，傅珪被降为修撰。不久又因为《实录》编纂完成，晋升为左中允，又升迁为翰林学士，后又担任吏部左、右侍郎。明正德六年，替代费宏担任礼部尚书。礼部的事务比照其他部司相对简单，从傅珪开始屡有争端，奏章于是多了起来。明武宗喜好佛法，自称"大庆法王"。番僧请赐百顷田地作为大庆法王的下院，皇帝的诏令直接下到礼部，宣称"大庆法王"与圣旨一起下诏。傅珪假装不知道，持章表上奏皇上："谁是'大庆法王'，竟敢和天子一同下诏，对皇上太不尊敬。"对诏书不予过问，征田的事也只好停止。傅珪平居无事时，像质朴而不善辞令的人。一旦遇到大事，坚毅果断坚持立场，别人不能改变，最终因此忤逆受(皇上)宠爱的权贵而离开朝廷。教坊司臧贤请求更换牙牌，标准像朝廷官员一样，又请求改铸方印，傅珪抗拒不执行。臧贤日夜在太监们当中肆意诽谤傅珪，希望将傅珪赶出朝廷。御史张羽上奏云南发生灾情，傅珪于是竭力陈说四方灾变十分可怕。八年五月，又上奏四月出现灾情，于是说："整个二百四十二年间，灾变不过六十九件事。而现在从去年秋天以来，地震动天打雷，冰雹降落星辰陨落，龙虎出现，地裂山崩，共有四十二件事，而且水灾、旱灾不算，灾祸从来没有像现在这么厉害的。"极力奏陈当时社会弊病十件事，话语多指斥受宠的权贵，权贵愈加痛恨他。正

赶上户部尚书孙交也因为恪守正道被认为忤逆，于是权贵假托皇帝诏命让二人辞职。两京的言官上奏章请求挽留，权贵不予理睬。傅珪回家三年，御史卢雍赞扬傅珪在位时有古代大臣的风范，家中没有积存的钱物，每天的生活都十分艰难，请求颁发月廪、岁隶，以表示对他的优待礼遇。又认为傅珪刚正忠实，敢于直言，应当起用。吏部按照卢雍的话上奏，没有回复。而恰逢傅珪去世，享年五十七岁。嘉靖元年他被列为先朝守正大臣，追赠太子少保，谥号文毅。

U+

语文

文言练习

下册

参考答案

ISBN 978-7-5697-3031-9

9 787569 730319 >

定价：50.00元